本项目获得集美大学法学院海商法研究系列丛书项目和集美大学博士科研启动基金资助

海 商 法 研 究 系 列

海事电子数据的
证据法问题研究

高 波 ◎著

厦门大学出版社
XIAMEN UNIVERSITY PRESS

国家一级出版社
全国百佳图书出版单位

图书在版编目(CIP)数据

海事电子数据的证据法问题研究/高波著.—厦门:厦门大学出版社,2021.7
(集美大学诚毅法学文库/许翠霞主编)
ISBN 978-7-5615-8290-9

Ⅰ.①海⋯　Ⅱ.①高⋯　Ⅲ.①海商法—电子—证据—数据收集—研究—中国
Ⅳ.①D923.993.4②D924.364

中国版本图书馆 CIP 数据核字(2021)第 137607 号

出 版 人	郑文礼
责任编辑	甘世恒　郑晓曦

出版发行 厦门大学出版社

社　　址	厦门市软件园二期望海路 39 号
邮政编码	361008
总　　机	0592-2181111　0592-2181406(传真)
营销中心	0592-2184458　0592-2181365
网　　址	http://www.xmupress.com
邮　　箱	xmup@xmupress.com
印　　刷	厦门集大印刷有限公司

开本	720 mm×1 000 mm　1/16
印张	14.25
插页	2
字数	268 千字
版次	2021 年 7 月第 1 版
印次	2021 年 7 月第 1 次印刷
定价	59.00 元

本书如有印装质量问题请直接寄承印厂调换

厦门大学出版社
微信二维码

厦门大学出版社
微博二维码

前 言

　　我国海洋国土面积广袤,海洋的生态服务价值和自然资源是国家安全以及经济社会发展的重要基础和保障。近年来,随着海上运输、渔业捕捞、石油勘探开发等生产活动的持续快速发展,发生在海上的突发事故不断增多,然而,各种原因造成我国海事证据研究,尤其是海事电子数据研究非常匮乏,缺少了证据的支撑来解决海事纠纷如同"缘木求鱼",海事责任认定也就成了空中楼阁,难以实现。

　　我国于2012年修订的《刑事诉讼法》《民事诉讼法》和2014年修订的《行政诉讼法》均将电子数据列为法定证据种类之一。然而,电子数据与传统证据相比具有其独特性,这导致电子数据在收集、保全、举证、质证以及认证等方面有不同于传统证据的要求。

　　现代化船舶集成了大量的电子设备,先进的电子技术基本上都会应用于航海领域。海事电子数据不仅包括录音、录像,还有雷达、GPS、AIS等专门的航海仪器产生的电子数据。选择"海事电子数据"作为研究主题,则是出于海事领域中电子数据的种类非常丰富,为海事纠纷提供了大量的证据材料。虽然海事电子数据仅为电子数据中的一类,但所谓"麻雀虽小,五脏俱全",其在司法运用中不仅有着与一般电子数据相同的要求,同时,还有其特殊性及其在海事诉讼中存在的特殊证据规则。因此,通过聚焦海事电子数据研究,一方面,可以在丰富的海事电子数据研究材料中寻找一般电子数据的普遍性适用规则;另一方面,则可以发现海事电子数据的特殊性及其在海事司法中的特殊适用规则。

　　本书正文共分为六章。

　　第一章阐述了海事电子数据的概念和发展历史。本章首先对"海事""电子数据""海事电子数据"三个基本概念进行了界定,明确研究的范围。接着将海事电子数据和对与海事电子数据容易混淆的电子数据、电子证据、科学证据进行比较,明确它们的关系,重点阐述相较于普通电子数据的海事电子数据的特点。最后通过海事电子数据的历史发展,分析海事电子数据的形成以及其在海事纠纷解决中的功能。

第二章研究了海事电子数据的分类与证据价值分析。本章从最基本的航海仪器出发,不仅阐明了产生海事电子数据的物质基础,还对海事电子数据进行了分类研究,最终分析了海事电子数据的证据价值。

第三章分析了海事电子数据的收集与保全。电子数据与传统证据的差异在收集与保全环节表现得比较突出。本章从海事电子数据收集与保全的关系入手,研究了海事电子数据收集与保全的主体、对象及程序问题。

第四章探讨了海事电子数据的举证与质证。本章基于现代证明理论重点研究海事电子数据在船舶碰撞案中的特殊举证规则,并以真实性为中心专门研究了质疑海事电子数据的方法。

第五章研究海事电子数据的认证。本章以普通电子数据的认证为研究起点,对海事电子数据认证的具体要求以及海事技术鉴定的认证问题进行了研究,最后利用对海事电子数据认证规则的分析,形成电子数据认证的普遍性规则。

第六章进一步展望大数据时代海事电子数据的证据法实践。作者认为在 E-Navigation 战略下形成的数字化航海必然受大数据的影响。在研究大数据对海事电子数据的影响后,提出了大数据时代海事电子数据收集方式与思维模式等方面的应对措施。

结语部分在综合上述各章研究的基础上,分析海事电子数据与电子证据、电子数据的异同,由此得出海事电子数据作为一种特殊的电子数据类型,在司法运用各环节不仅要遵从电子数据的一般规定,还要适用独特的海事诉讼证据规则的结论。

目　　录

第 一 章

海事电子数据的概念和发展历史

第一节　基础概念的界定

对"海事电子数据"概念的准确界定及特征的把握是海事电子数据理论研究中的基础性工作。只有解决了"海事""电子数据""海事电子数据"是什么的问题,才能进一步分析研究海事电子数据的具体形态、证明价值、收集与保全、举证、质证和认证等一系列问题。

在对海事电子数据的研究中,如果不能正确掌握相关的概念,就不能深入研究海事电子数据的证据规则,海事电子数据的收集、保全、质证及其认证等方面的研究也难以做到有的放矢。因为概念是人们为了认识事物而形成的思维模式,它是人们认识之网上的纽结。那么,法律概念则是具有法律意义的概念,是人们认识法律事物而形成的思维模式,是认识法律与表达法律的认识之网上的纽结。[1] 严谨的法律研究应当建立在精确概念的基础之上,因此,对海事电子数据的研究首先应从概念开始,在归纳出所有客体的本质共性的基础上形成科学的概念。[2] 为了避免发生研究方向上的混乱,应首先明确"海事""电子数据""海事电子数据"等概念的内涵和外延。

---

[1]　张文显:《法理学》,高等教育出版社、北京大学出版社 2007 年第 3 版,第 114 页。
[2]　房保国:《科学证据研究》,中国政法大学出版社 2012 年版,第 205 页。

一、海事

对于海事,至今尚无统一的概念。"从词源的角度考查,海事 admiralty 是由拉丁语的 admirate 变体而来,与此相关的另一个词是 maritime"[①],中文文义上"海事"一词可理解为"海上事故或海难事故",简称海事,如各国海事调查统计法规中海事及其相关概念包括:《联合国海洋法公约》〔1982〕第 221 条中的"maritime casualty";IMO《海事调查法规》(海安会 A.849 号决议)中的"marine casualties and incidents";而加拿大的运输事故调查法中则使用"marine occurrence"一词;英国在商船运输规则(海事事故报告和调查规则)中则使用"marine accident"一词;我国《船舶交通事故统计规则》使用了"海上船舶交通事故"这一概念;《海上交通事故调查处理条例》使用"海上交通事故"等。

中文文义上"海事"一词还可理解为"海上事务",也可简称为海事。海上事务包含但不限于:航运、造船、验船、港口、航道、航标、船舶、船员、海事教育与培训、海洋污染与环境保护、航行安全、海域开发与利用、海上保安、海事调查、损害赔偿、海洋资源、海洋生态、海洋科考、海洋捕捞、海洋综合利用等涉海事务。

然而将"海事"理解为"海上事故或海难事故"则过于狭隘,不利于海事这一概念的内涵与外延的拓展,将"海事"理解为"海上事务"则过于宽泛,致使概念模糊。鉴于"海事"这一概念理解的多样化,它需要在具体的研究环境中明确其范围。

本书从证据法角度研究海事电子数据问题,那么就要从我国《海事诉讼特别程序法》以及有关海事行政法方面的法律规范中探讨"海事"的概念。我国《海事诉讼特别程序法》中并没有说明什么是海事,而是对海事法院的受理范围进行了规定,那么就从海事法院的受案范围上来分析海事的外延。海事法院受理的纠纷包括,当事人因海事侵权纠纷提起的诉讼、海商合同纠纷提起的诉讼以及法律规定的其他海事纠纷提起的诉讼。而海事法院的具体受案范围自 1984 年 6 月我国开始设立海事法院以来多次变化,如 1989 年 5 月 13 日,最高人民法院法(交)发〔1989〕6 号文下发了《关于海事法院收案范围的规定》。该规定将海事法院的收案范围明确为:(1)海事侵权纠纷案件;(2)海商合同纠纷案件;(3)其他海事海商案件;(4)海事执行案件;(5)海事请求保全案

---

① 金正佳:《海事诉讼法论》,大连海事大学出版社 2001 年版,第 1 页。

件等五大类。该规定修改和扩大了 1984 年最高人民法院《关于设立海事法院几个问题的决定》中海事法院的受案范围。而在 2001 年 9 月 11 日最高人民法院发布的《关于海事法院受理案件范围的若干规定》(法释〔2001〕27 号),明确海事法院受理海事侵权纠纷案件;海商合同纠纷案件;其他海事海商纠纷案件;海事执行案件四大类共计 63 种案件。2003 年 8 月 12 日最高人民法院又下发《关于海事行政案件管辖问题的通知》(法办〔2003〕253 号),根据这一通知,海事法院不再审理行政案件、行政赔偿案件,同时明确海事法院也不审查和执行行政机关申请执行其具体行政行为的案件。2016 年 2 月 24 日最高人民法院发布了《关于海事法院受理案件范围的规定》,对我国海事法院受案范围又一次调整充实。在原有 63 项海事案件类型的基础上增加了 45 项案件类型,将海事案件类型增加至 108 项。增加的案件类型主要是以下四类:一是在传统航运贸易中新出现的民商事纠纷案件,具体增加为港口货物质押监管合同纠纷等 28 项;二是海洋开发利用和海洋生态环境保护类民商事纠纷案件,具体增加为污染海洋环境、破坏海洋生态责任纠纷案件等 9 项;三是民事诉讼法修订后和海事诉讼实践中新出现的程序性案件,具体增加为就海事纠纷申请司法确认调解协议案件等 3 项;四是具体细化海事行政案件类型,即海事法院再一次恢复了受理和审理海事行政诉讼案件的权力。从 1984 年至 2016 年,海事法院的受案范围多次变化,不仅反映了我国审判机构在对待专业性审判与便利性审判之间的犹豫,其中最主要的范围变化集中在关于海事行政案件是否由海事法院受理的问题上,这不仅是顾及海事纠纷的专业技术性强的问题,而且也从另一个角度说明了司法机关对"海事"这一概念的理解存在不确定性。

　　从海事行政法的角度分析"海事"。我国海事的主管机构是中华人民共和国海事局①,其负责海上交通安全监管(其中长江海事局和黑龙江海事局负责长江和黑龙江流域),负责船舶及其他水上运载工具航行的交通管制、船舶或其他水上设施的登记和检验、防止船舶污染、负责航海保障、对于遇险船舶的救助打捞和水上消防、对船舶的通信导航、对船舶与港口设施保安进行检查,

---

　　① 1999 年国务院决定设置交通部直属海事机构,即交通运输部直属海事局共 20 个,负责中央管理水域的海上安全航行管理、防止船舶污染及其他有关管理等工作;这 20 个交通部直属海事局除长江海事局和黑龙江海事局外,均分布于我国沿海各地,在内地河流的管理属于地方海事局管理,隶属于各省自治区直辖市的交通部门。参见高波:《海事行政法研究》,国防工业出版社 2010 年版,第 55 页。

以及对海上危险品运输监督管理等工作;负责管理船员资格证书考核的有关工作;对中央管理水域(即沿海及长江和黑龙江流域,其他内河流域由各省交通部门管理)的交通安全事故进行调查和处理;并在《中华人民共和国海上交通安全法》的授权下行使海事行政处罚权。

综合来看,在我国理论界与实务界并没有明确的"海事"概念,其内涵与外延在不同的领域有不同的理解,因此,基于本研究角度与目的,本书将"海事"范围界定为海事司法权及海事行政权行使过程中涉及的海上事务总和。

二、电子数据

电子数据记录了大量的信息。记录信息的能力是原始社会和先进社会的分界线之一,早期文明最古老的抽象工具就是基础计算以及长度和重量的计算。公元前 3000 年,信息记录在印度河流域、埃及和美索不达米亚平原地区就有了很大的发展,而日常的计量方法也有了很大的改善。美索不达米亚平原上数字书写的发展,促生了一种记录生产交易的精确方法,这让早期文明能够计量并记载事实情况,并且为日后所用。计量和记录一起促成了数据的诞生,它们是数据化最早的根基。

(一)从模拟信号到数字信号

信息被记录下来的最主要目的是能够在不同主体间进行传输。而运载信息的工具或信息的载体就是信号。一般而言,信号包含声、光、电等。例如,音乐的播放产生的声波传递到耳朵,使人们听到美妙的声音,这属于声信号;中国古代为了长距离、快速地传送信息,利用烽火台的烟,向远方军队传递敌人入侵的消息,这是光信号;现代社会中各种无线电波、四通八达的电话网中的电流等属于电信号。无论是声信号、光信号还是电信号都是传输信号的一种方式。

而信号的形式经历了"模拟信号"到"数字信号"的发展过程。"模拟信号"是运用模拟实体信号的一种表达方式。人们能通过感知器官来感知,如阅读,通过视觉系统对文字的感知,在人们的大脑中就会有反应,可以从书中得到相关信息,那么纸上的字就是一种"模拟"。除了文字以外,人们在生活中还能见到许多"模拟"的东西,最初的电话就是使用"模拟信号",即采用连续变化的电磁波来模拟声波的变化传输声音信号,电磁波作为传输介质的方式将声音传出去。模拟信号采用连续变化的电磁波来表示时,需要通过传统的电话网、有线电视网连续不断地将模拟信号传输。一般来说,模拟信号需要有形载体或是信息的存储媒体,如纸、相机的胶卷、电视机的荧光屏、收音机的喇叭等。[①]

与"模拟信号"相类似,数字信号也是人们生活中的实体的一种表达方式。人们发现在生活中的一些信息可以描述成 1 或 0,如开或关、真或伪、高或低、黑或白、上或下、入或出、有磁或无磁、高频或低频、凸或凹等,由此两种完全不同的、对立的,且又可相互转换的状态被抽象化,它们之间的共性被发现,最终一种信息传递的最小计量单位产生了,这就是"比特"。"比特"是由英文的 binary(二进制的)和 digit(数字)组合而成"bit"一词的音译,它的意思是"二进制数字",由数字"0"和"1"来表示。比特没有颜色、没有大小、没有质量,能以光速传播。它的问世,使人们发现所有的数学计算都可以用比特的逻辑运算来表示,数字信息的基本元素不是十进制的"1234567890",而是二进制的"01"(比特)。当人使用信息传递的最小基本元素是比特后,计算机实现从机械式向电子式质的飞跃,使得计算不再是困难的事,计算已深入人们的工作与生活中;越来越多的自然现象、自然规律正在逐步实现数字表达,以往使用笔在纸上记录文字信息,电子化时代也可以把这些文字信息输入到计算机设备或手机等电子设备的存储器中。人们可以阅读一本印刷成册的书,也可以阅读数字化的电子出版物。当有着沙沙声音的留声机已放入博物馆,卡式录音机逐渐消失在人们的视野中时,人们已经习惯使用永不会磨损的数字化音乐。所以,麻省理工学院教授尼古拉斯·尼葛洛庞蒂(Nicholas Negroponte)在他的标志性著作《数字化生存》(Being Digital)中论述的主题就是"从原子到比特",即现在世界已由原子世界蜕变成位元世界。

(二)从电子数字到电子数据

如前所述,电子数据信息就是一串比特。把一个信息数据化,意味着从这个信息中取样。如果取样频率足够高,就可以把这样的样本紧密地排列起来,几乎能让原状完全重现。模拟信号通过这种数字处理,不但可以解决传输过程中的失真,还可以通过数据压缩、数据纠错,还原高保真的音像、视频图像。

---

① 当事人运用传统的录音录像收集的证据多属于我国《刑事诉讼法》第 48 条、《民事诉讼法》第 63 条中所称的视听资料。考察视听资料的立法本意以及电子技术的发展,视听资料与电子数据还是存在区别的,后文还将对此问题进行更深入的论述。

例如胶片电影的数字化修复就是一个从模拟信号到数字信号的过程。[1] 电子数字技术使媒体世界发生了质的变革:数字通信、数字扩频、宽带网络通信、数字电话、数字电视……数字化的信息传递已不是困难的事。

因为"模拟"与"数字"都是进行光—电—磁转化,它们的根本区别仅在于光信号转化为电信号的环节:转化为"模拟信号"时,电信号是十进制的连续变量,用图形表示时,它如同一条圆滑起伏变化的曲线;而转化为"数字信号"时,电信号是二进制的非连续变量,用图形表示时,它就像一组连在一起高低参差不等的一个个阶状水平线段。

信息变成数字信号后,原来信息的物理局限性、物理属性都将产生变化,会抽象为无质量、无局限、无物理形状的"数字",信息可以运用数学去描述、分析与研究,为使用计算机去处理、控制提供了基础。数字信息是信息的更高形式的标志,是对信息"量"的表示,是 21 世纪信息时代的形象的描述。当信息能以符合当时生产实际需要的精度,以数字形式来表达时,这样的信息就是数字信息,简称"数字"。数字信息是随着生产实际需要的不断提高而不断发展的。

但是数字并不是数据。数据(data)这个词在拉丁文里是"已知"的意思,也可以理解为"事实",这是欧几里得的一部经典著作的标题,这本书用已知的或者可由已知推导的知识来解释几何学。如今,数据代表着对某件事物的描述,数据可以记录、分析和重组。而数据化与数字化则大相径庭。数字化指的是把模拟数据转换成用 0 和 1 表示的二制码,这样计算机就可以处理这些数据了。以人们最熟悉的图书为例,将图书数字化的方法是运用光学扫描技术将纸质图书转换成为电子图片格式,即完成了图书的数字化,方便人们携带与传输。谷歌公司于 2004 年制订一个计划,拟将所有版权条例允许的图书内容都进行数字化,目的是让任何人在世界上任何角落,

---

[1] 电影最初是用胶片拍的,胶片长时间存留会有划痕和脏点,由于保管问题,胶片存放过程中也有消色和发霉的情况,如果单纯地将胶片转换成数字影像,它还是带有瑕疵的。运用数字修复可以把这些瑕疵修复掉,重新调色润饰,使得画面质量有整体的提高。很多软件如 After Effect 和 Conbustion 都可以进行划痕脏点清除以及色彩润饰。数字化的形式使得胶片时代经典的胶片拷贝得以更长时间的妥善保存,数字化解决了胶片因为老化而出现的变形等问题,可以将影片画面的对比度、清晰度、声音的立体感和声效大幅度地提升。参见新华网:《拯救中国老电影,让胶片电影通过数字化修复得以永存》,http://news.xinhuanet.com/newmedia/2015-01/23/c_133940973.htm,下载日期:2015 年 1 月 23 日。

都能运用互联网络免费阅读这些数字化的图书。为了完成这一个伟大的计划,谷歌公司不仅发明了能自动翻页的图书扫描仪,还与世界上各大著名图书馆进行合作。其实,谷歌所做的仅仅是数字化文本,是将纸质的图书变成电子图像版的图书,它所使用的方法是将图书的每一页都扫描成为高分辨率的数字图像,然后存入谷歌服务器中,供互联网用户使用。当然,谷歌并不是第一个梦想在计算机时代唤醒书写文明所蕴含的财富的公司,它也不是第一个吃螃蟹的人。1971 年,一个志愿者提出倡议把公共领域的书籍放上网络,制作成电子书,方便更多的人阅读,这就是古登堡计划(Project Gutenburg)①。这是非常有意义的,我国早期的图书数字化也是以这种方式来完成的。②

　　然而,人们很快就发现,仅对图书进行数字化是不能满足人们的需求的,面对浩如烟海的图书,人们要想知道自己要找的内容在哪本书上,想寻找自己需要的片段并进行摘录与编辑几乎变成了不可能完成的任务,这些数字化的图书不能通过搜索词被查找到,也不能被分析。因为这些电子图片式的数字文本没有被数据化。古登堡计划没有把书籍数据化,也没有开发出书籍的其他功能;它关注的是阅读,关注的是保存而不是扩充书籍的用途。这些图像只有依靠人的阅读才能转化为有用的信息。③ 而谷歌意识到,图书信息只有被数据化,它的巨大潜在价值才会被释放出来。因此谷歌使用了能识别数字图像的光学符号识别软件(OCR)④来识别文本的字、词、句和段落,如此一来,书页的数字化图像就转化成了数据化文本。同样,亚马逊也拥有数据化的书籍,该公司创始人兼总裁贝索斯说服了上百家出版社在 Kindle 上发布它们的图书,Kindle 的图书并不是数字图像,这些书是数据化了的图书,而不只是简单

---

　　①　古登堡计划(Project Gutenberg)是一个以自由的和电子化的形式,将大量版权过期的书籍,录入公共互联网领域的一项协作计划。最初是在 1971 年 7 月由 Michael Hart 发起的。参见 https://www.gutenberg.org/,下载日期:2020 年 7 月 6 日。

　　②　例如人们最常见的超星图书,基本上就是将纸质图书通过扫描的方式形成电子图片的方式来实现的。

　　③　[美]维克多·迈尔-舍恩伯格、肯尼思·库克耶:《大数据时代——生活、工作与思维的大变革》,盛杨燕、周涛译,浙江人民出版社 2013 年版,第 103～109 页。

　　④　OCR,即光学字符识别,它是运用扫描仪或数码相机等图像采集设备收集电子图片,然后运用检测暗、亮的模式确定其形状,用软件将图片中的字符识别为文字的过程。运用 OCR 技术可以将电子图片式的图书内容转化为可编辑的文字。这种技术目前被广泛地应用于电子识别领域,例如,人们常用的名片识别软件,交通管理中的自动抓拍系统,还有停车场的车牌识别等都是 OCR 技术的运用。

的图像数字化,人们可以更换字体大小和用黑白以及彩色两种方式看书。如今,不仅人类可以使用这些文本信息,计算机也可以处理和分析这些文本数据。通过检索和查询,人们可以对它进行无穷无尽的文本分析;也可以揭示一个词以及词组第一次出现的时间及其成为流行词的时间,据此可以发现几百年来人类思维发展和思想传播的轨迹。

信息从数字化发展到数据化后,传统的视听资料已经不能涵盖电子数据了,即使数字化后的视听资料与电子数据相比仍有天壤之别。[①] 电子数据最大的特点是人们可以利用电子设备对电子数据信息的具体内容进行编辑、搜索、分析,数据化信息的意义与价值得以充分体现。因此,我国 2012 年修订后的《刑事诉讼法》《民事诉讼法》,以及 2014 年修订的《行政诉讼法》都将电子数据区别于视听资料,把其列为法定证据种类之一。在 2020 年 12 月 23 日通过的《关于适用〈中华人民共和国民事诉讼法〉的解释》(以下简称《民事诉讼法解释》)第 116 条中进一步明确"电子数据是指通过电子邮件、电子数据交换、网上聊天记录、博客、微博客、手机短信、电子签名、域名等形成或者存储在电子介质中的信息"。但这个定义基本上是采用列举方法作出的,没有触及电子数据的本质。

本书认为,电子证据的部分外延与电子数据证据的全部外延相重合。运用"属加差定义"[②]方法,认为电子数据系指由电子计算系统原生,以二进制数字为表达方式,可进行编辑、重组、存储和处理的电子信息。刑事诉讼中的电子数据则是指数据信息中能证明犯罪构成要件、犯罪行为与被害人或犯罪者的关联[③],民事诉讼和行政诉讼中的电子数据则是指足以证明其请求权基础

---

① 最为常见的视听资料数字化是将传统的录音磁带、录像磁带通过音频视频采集硬件与软件存于计算机中。但这还不是数据化,目前视听资料数据化还是一个技术难题,尚不能实现如同文本电子数据资料那样快速检索。"图像视频大数据是人工智能的突破口",2014 年 9 月中国科学院自动化研究所促成"图像视频大数据产业技术创新战略联盟"致力于推动我国图像视频大数据产业技术创新、标准制定、测评认证。参见人民网:《我国成立"图像视频大数据"创新联盟》,http://scitech.people.com.cn/n/2014/0920/c1007-25698974.html,下载日期:2014 年 9 月 20 日。

② 属加差定义(definition by genus and difference)赋予词项以意义的办法,是认定一个属词项和一个或更多的种差词,把它们组合起来,传达出正在定义的那个词项的意义。参见[美]帕特里克·赫尔利:《简明逻辑学导论》,陈波等译,世界图书出版公司 2010 年版,第 77 页。

③ [美]Eoghan Casey:《数字证据与计算机犯罪》,陈圣琳等译,电子工业出版社 2004 年版,第 4 页。

的构成要件,足以为法院判决的基础证明。

三、海事电子数据

从海事角度看,但凡涉及现代航海的关键技术——导航技术、船舶通信技术、船舶操纵与控制技术、船舶避碰技术、船舶货运技术和海上交通安全管理技术等的发展趋势无不显示一个特征——"数据化"。于是,现代科学技术的发展方向——"海事电子数据"的轮廓便清晰地呈现出来。

除了海上数据通信以外,实现数据化信息的关键是船舶位置,电子海图的生成采用数字矢量①方法去代替光栅扫描②方法,不但大大减少所需内存,而且使像素信息有了物理属性,成为可供计算机处理的"真正信息",形成了EC-DIS③航海综合信息平台。ECDIS可把以往所有的航海图书资料的内容、雷达信息、气象、海况、GMDSS④、AIS⑤、PORTS⑥等与航海有关的信息集成与共享。除了船舶位置信息外,船舶的运动姿态、航路及港口、海况、气象、货物及物流等高精度航海信息已经或正在实现数据化。例如,采用数字编码技术的卫星导航系统,可使船舶定位数据化;航路及航行环境信息数据化可实现"电子数据导航";船舶运动及多船会遇信息的数据化、船舶避碰信息的数字化,基于数字避碰信息的各种智能决策方案可实现"电子数据避碰";港口区域

---

① 矢量,既有大小又有方向的量。一般来说,在物理学中称作矢量,在数学中称作向量。在计算机中,矢量图可以无限放大永不变形。

② 光栅扫描,即屏幕显示中电子束的运动轨迹是固定的。电子束先从荧光屏左上角开始,逐条扫描光栅直到最后一条水平线,就完成了整个屏幕的扫描。

③ ECDIS,即电子海图显示与信息系统。它是指符合有关国际标准的船用电子海图系统。它运用计算机技术,将定位、测深、雷达等设备收集的信息互相连接,综合反映船舶行驶状态,这一系统可以为船舶驾驶人员提供各种船舶航行信息查询、量算,将航行的航海记录在系统中。

④ GMDSS(Global Maritime Distress and Safety System),即全球海上遇险与安全系统。这个系统主要由海事卫星通信系统和极轨道卫星搜救系统、海岸电台以及海上安全信息播发系统三大部分构成。当船舶遇险后,可通过这个系统发出求救信号。

⑤ AIS(Automatic Identification System),即船舶自动识别系统。它由岸基设施和船载设备组成,采用新型的现代通信技术、计算机技术等将船舶航行中的信息集中为一体的数字助航系统和设备。

⑥ PORTS(Physical Oceanographic Rea-Time System),即港口物理海洋环境要素实时监测与预报系统。

实时潮汐、潮流数字预报,港口仓储,装卸机械,交通,物流信息的数据化可实现"电子数据港口"。

可以预见的是,在不远的将来,在统一的船岸信息平台的基础上,通过卫星数码通信和互联网可以实现海上信息高速公路。在海上信息高速公路上,各种航海信息的数据不断涌现。有了航海技术的数据化,电子数据在海事领域才有广阔的应用空间,这些"电子数据"运用到海事诉讼中必然是重要的证据材料,它们就是本书中的"海事电子数据"。海事电子数据的具体范畴包括"海事管理机构设置的 CCTV①、VTS②、VHF③、AIS、LRIT④、海事执法录音、录像,船舶配备的 VDR⑤、ECDIS、GPS⑥、NAVTEX⑦,港口码头及有关部门设置的公共场所电子监控设备所记录、传输、存储的电子数据信息,以及所有

---

① CCTV,也称闭路视频系统,是一种图像通信系统,其信号从源点只传给预先安排好的与源点相通的特定电视机。其广泛用于大量不同类型的监视工作、教育、电视会议等。

② VTS(Vessel Traffic Services),船舶交通服务。一般是由船舶主管机关实施的、其目的是加强船舶交通安全以及提高水上交通效率而采取的管理和服务。在我国通常称 VTS 为船舶交通管理系统。

③ VHF(Very High Frequency),甚高频,是指频带由 30MHz 到 300MHz 的无线电电波。其多数用作电台及电视台广播,同时又是航空和航海的沟通频道。

④ LRIT 是船舶远程识别与跟踪系统,这个系统是通过从船载自动识别系统,也就是 AIS 系统自动提取船舶识别码、船位和时间等数据,然后通过全球海上遇险和搜救系统的卫星通信或高频无线电通信设备(HF)以固定的时间间隔发送 LRIT 数据,接收站经计算机对数据处理,可以对航行的船舶实现远程识别与跟踪。

⑤ VDR(Voyage Data Recorder),即船载航行数据记录仪,它是一种实时记录并保存船舶发生事故前后船体有关信息的仪器,又名船用黑匣子。

⑥ GPS(Global Positioning System),即全球定位系统。

⑦ NAVTEX 系统是为海上航行的船舶播发航行警告、气象警告、气象预报和其他紧急信息的专用广播系统,是全球航行警告业务的一部分。

被计算机程序处理并通过计算机程序储存或者传输的各种符号"①。

第二节　海事电子数据相关概念的比较

与其他形式的证据不同,电子数据是"形成或者存储在电子介质中的信息"②。"信息就是信息,不是物质也不是能量。"③所以,将电子数据信息作为证明问题的根据只能是一种无形的非物质载体。而电子信息之所以能够被用来证明待证事实,并不在于电子数据的存在形式如何,而是依靠从电子数据中传输的蕴含着待证事实信息。因此,电子数据中的信息对于证据法理论而言的意义在于:证据的关键在于证据中所蕴含的证明待证事实的信息,从这个角度看证据就是待证事实的信息载体。正如 2012 年 3 月 14 日修正的《刑事诉讼法》第 48 条第 1 款关于证据概念所规定的"可以用于证明案件事实的材料,都是证据"。证据与待证事实的联系纽带其实只是待证事实留下的事实信息;司法证明中所要求的证据具有客观性指的是证据中的信息不以人的意志为转移的客观存在,它是客观真实的。电子数据是客观存在的,它揭示了证据是事实信息的物质载体的重要属性。

---

① 《海事行政执法证据管理规定》第 9 条:"海事行政执法调查取证应当及时。证据可能灭失或者以后难以取得的,应当立即开展调查取证,或者经海事管理机构负责人批准后实施证据先行登记保存。先行登记保存证据的,应当通知当事人到场,并出具《证据登记保存清单》。《证据登记保存清单》应当由海事行政执法人员和当事人核对后签字或者盖章确认。先行登记保存证据后 7 个工作日内,应当及时作出处理决定,制作并向当事人送达《证据登记保存处理决定书》。如需将证据退还当事人的,应当填写《登记保存证据退还确认单》,并由当事人签字或者盖章确认。"第 17 条:"视听资料是指可以证明案件事实的,以录音、录像、照片、计算机等技术手段记录、存储的音响、活动影像和图形。电子数据包括海事管理机构设置的 CCTV、VTS、VHF、AIS、LRIT,海事执法录音、录像,船舶配备的 VDR、ECDIS、GPS、NAVTEX,港口码头及有关部门设置的公共场所电子监控设备所记录、传输、存储的电子数据信息,以及所有被计算机程序处理并通过计算机程序储存或者传输的各种符号。"

② 《最高人民法院关于适用〈中华人民共和国民事诉讼法〉的解释》第 116 条。

③ [美]维纳:《控制论》,郝秀仁译,科学出版社 1963 年版,第 133 页。

一、电子数据与传统证据的比较

电子数据同传统证据相比,存在诸多不同。电子数据是以比特形式存在的电磁或光信号,它不像图像文字那样能被人直接识别。电子数据是由"0"和"1"组成的"二进制代码",即所谓的数字信号,其必须通过计算机设备才能呈现。基于目前的电子信息技术几乎所有传统证据均可以转化成电子数字的形式进行展示。[①] 但如果只显示这些二进制代码很难了解其所代表的确切含义。

2001 年美国民事规则咨询委员会(Civil Rules Advisory Committee)认识到电子数据与传统证据的差异及其所衍生的问题,为此,民事规则咨询委员会经过 5 年的研究,认为电子数据与传统证据主要有三个方面的差异,它们是信息储存量的培养、保存方式的培养、真实性展现方式的培养。[②]

(一)信息储存量的差异

电子数据与传统证据最大的差异就是电子数据的信息储存量相当惊人,1 GB平均可储存 50 万页的文字页面,因此,以一个 500 GB 的硬盘而言,大概相当于 2.5 亿页的文字信息。进入大数据[③]时代后,电子数据的量更是呈现爆炸式的增长。美国麦肯锡全球研究所报告称,早在 2010 年全球企业在电子存

[①] 2013 年 9 月 6 日晚,在"摩天伦"世界巡演台北站现场,人们观赏到亦真亦幻的"虚拟邓丽君"走上舞台,运用 3D 技术的"虚拟邓丽君"一颦一笑,举手投足,几可乱真。它不仅在形象上展现邓丽君,让人惊讶的是,早在 1995 年去世的邓丽君,竟然现场唱起周杰伦 2006 年以后的作品。这是"数字王国"(Digital Domain)公司利用电子数据虚拟影像重建技术和传统投影技术结合,使邓丽君活灵活现地出现在演出舞台上。参见《万象数字影像研究中心网,揭邓丽君"复活"3 分半钟神秘内幕——全息技术与演绎艺术的完美亮羡》,http://www.wanxiangshuzi.com/? p=1138,下载日期:2013 年 10 月 25 日。

[②] Bauccio, Salvatore J., E-Discovery: Why and how e-mail is changing the way trials are won and lost, 45 *Duq. L. Rev*, 2007, 269, P.270-271.

[③] IBM 公司把大数据概括成三个 V,即大量化 volume、多样化 variety 和快速化 velocity,并向客户推出了"大数据解决方案"服务。参见《IBM 大数据战略》中国计算机报,2011 年 11 月。百度百科给出的大数据的特点是四个"V",分别代表:数量巨大(volume)、类型繁多(variety)、价值高(value)、处理速度快(velocity)。Forrester 分析师布赖恩·霍普金斯和鲍里斯·埃韦尔松在《首席信息官,请用大数据扩展数字视野》报告中给出的大数据的四个特点,分别是:海量(volume)、多样性(variety)、高速(velocity)和易变性(variability)。参见于艳华、宋美娜:《大数据》,载《中兴通讯技术》2012 年第 1 期。

储设备上存储超过 7 EB^① 的电子数据,而消费者在个人电脑和其他智能存储等设备上存储超过 6 EB 新数据,而 1 EB 的电子数据的容量就相当于美国国会图书馆中全部存储数据的 4000 多倍。^② 如今人们在日常生活和工作中收发邮件、使用社交软件、编辑文稿等都不断地产生大量的电子数据。据有关学者研究,目前只需不到两天的时间就能创造出自人类文明诞生以来到 2013 年所有产生的数据总量。^③ Stephen Brobst 认为,过去 3 年里产生的数据量比以往 4 万年的数据量还要多,每一个行业和业务职能领域都在运用电子数据,其已经渗透到人们生活的方方面面,逐渐成为重要的生产因素。^④ IDC^⑤ 研究表明,全世界商业领域存在 1.8 万亿 GB 的电子数据。这些企业级的电子数据还在以每年 55% 的速度增长。

(二)保存方式的差异

电子数据可以很容易地遭到删除或修正,虽然可以通过一些软件与程序将数据加以还原,但是"反恢复"概念的出现,对于电子数据的可信度将遭到严重的破坏。因此,电子数据的重点不仅只有"储存"概念,更重要的是还必须持续地保持其原始内容不变动的内容。这些"恢复"的概念,主要是让计算机读取无法还原已遭删除的资料,例如有些软件包可以将数据彻底删除;有些反恢复行为,甚至将数据证据篡改,导致最终的判断结果发生错误。虽然法律上对篡改电子数据有一定的规范,例如,对于证据加以伪变造或销毁者,该当严重的刑事处罚及罚款。《中华人民共和国刑法》第 306 条规定,辩护人、诉讼代理人在刑事诉讼中伪造、毁灭证据,或者帮助当事人伪造、毁灭证据的行为,通过

---

① 基于电脑的数据储存和运算是以字节(byte)为单位的,1 KB(Kilobyte)=1024 B,又称千字节;更高级的数量单位分别是 1 MB(Megabyte,兆字节)、1 GB(Gigabyte,吉字节)、1 TB(Trillionbyte,太字节)、1 PB(Petabyte,拍字节)、1EB(Exabyte,艾字节)、1 ZB(Zettabyte,泽它字节)、1 YB(Yottabyte,尧它字节),每个单位之间的运算关系是乘以1024。参见《计算机储存容量计量单位》,http://www.tadyz.com/itedu/n991c119.aspx,下载日期:2015 年 1 月 20 日。

② J. Manyika,M.G. Institute, M. Chui:《大数据:创新、竞争和生产力的下一个前沿》,麦肯锡全球研究所 2011 年版,第 8 页。

③ 耿秋、孟剑:《大数据时代 机遇? 挑战?》,载《中国新时代》2012 年第 6 期。

④ J. Manyika,M.G. Institute, M. Chui:《大数据:创新、竞争和生产力的下一个前沿》,麦肯锡全球研究所 2011 年版,第 8 页。

⑤ IDC(Internet Data Center),即互联网数据中心,其可以为用户提供包括申请域名、租用虚拟主机空间、服务器托管租用、云主机等服务。

威胁、引诱的方式要求证人违背事实改变证言或者作伪证的行为,都是犯罪行为,依据刑法要处以 3 年以下有期徒刑或者拘役;如果犯罪行为情节严重的,甚至可以处 3 年以上 7 年以下有期徒刑。《民事诉讼法解释》第 113 条规定,持有书证的当事人以妨碍对方当事人使用为目的,毁灭有关书证或者实施其他致使书证不能使用行为的,人民法院可以对其处以罚款、拘留。本条是关于对妨害证明行为进行公法上制裁的指引性规定。而《最高人民法院关于民事诉讼证据的若干规定》对此未作出规定。但在第 99 条中新增加了"关于书证的规定适用于视听资料、电子数据;存储在电子计算机等电子介质中的视听资料,适用电子数据的规定"。虽然有惩处措施,但是在实践中如果电子数据被篡改、删除,恢复和重新查找原有电子数据还是比传统证据困难得多。

(三)真实性展现方式的差异

电子数据存有所谓的"隐藏性信息"(metadata or data about data),这些信息并不会存在于打印的纸本中,涉及的内容相当广泛。例如,最后编辑者、最后编辑时间,甚至于包括版权保护信息。在 Williams v. Sprint/United Management Co.案中,法院提出"隐藏性信息"的标准,原告 Shirley Williams 要求在证据开示程序中,被告能提交电子表格,但被告仅提交电子表格的打印件。原告接着要求被告能提出电子表格的电子数据,以利于分析纸本印刷物,但遭到被告拒绝。法院依据 Rule 34"文件"(document)的意义,认为当文档是电子格式,电子文件包含的所有信息"一般均可为用户观察"(ordinarily viewable by the user)。因为电子表格的信息是计算机系统用户一般可观察的、法院命令被告提出电子格式的电子表格。在一些电子文件中,还有一些是不能从表面识别的信息,需要特殊软件才能展现,例如数码相片中的 Exif[①] 信息。

---

① Exif 是一种图像文件格式,Exif 格式就是在 JPEG 格式头部插入数码照片的信息,包括拍摄时的光圈、快门、白平衡、ISO、焦距、日期时间等各种和拍摄条件以及相机品牌、型号、色彩编码、拍摄时录制的声音以及全球定位系统(GPS)、缩略图等。即使是用数字相机拍摄的数码照片,其产生的 Exif 信息并不在打印的图片中显示,可以利用特殊的软件,例如 PowerExif 对其中的 Exif 信息进行全方位的编辑和修改。法院审理案件时会参考数码照片的 Exif 信息。例如在一起著作权利纠纷中,法院查阅了为民公司所称的其拍摄的"摄影作品"为民 BYY-280 型液压榨油机,该照片打印件右侧显示:"EXIF 元素数据:品牌 NIKON-CORPORATION、型号 NIKOND700 软件 Ver.1.00 日期/时间 2012-05-0312:16:41 曝光时间 1/40 秒曝光程序光圈优先光圈 F4 最大光圈 F1 聚焦 35mm 测光模式中心重量平均等拍摄数据。"参见《临沂为民机械有限公司与高宾著作权权属、侵权纠纷二审民事判决书》,鲁民三终字〔2014〕第 297 号。

从传统文书证据依据最佳证据法则的理论来看,文书应提出原本,例如我国台湾地区"民事诉讼法"第 352 条第 2 项规定:"私文书应提出其原本。"如果提出义务人不提出原本,依据其第 353 条第 1 项规定:"法院得命提出文书之原本。"如果不提出原本,或者是不能提出原本的情况,依据同条第 2 项规定:"不从前项之命提出原本或不能提出者,法院依其自由心证断定该文书缮本或影印本之证据力。"换言之,就是可能导致失权效的不利结果。如前所论及"最佳证据法则",电子数据很难区分"原本"与"副本"的差别,因为电子数据是以"0"与"1"的方式呈现,尽管可能存在于不同的物理介质中,但构成信息的"0"和"1"组合可能没有任何变化。

二、电子数据、电子证据及科学证据的比较

随着计算机和网络技术的普及,电子数据已经成为传递信息、记录事实的重要载体。证据法理论认为,证据能够用来证明曾经发生过的事实,根据的是证据中蕴含此案件事实发生时所遗留的相关事实信息。[①] 从证据中获取并解读出其中的信息后,才能发现和正确地认定曾经发生过的待证事实。正是基于此,许多西方学者将证据表述为"信息"。[②]

如今,无论是政府机关、民间机构,还是个人,都会使用 U 盘、移动硬盘、博客、BBS[③] 论坛等储存、展示常用的文件、照片、影像文件、音乐、软件、客户数据等资料,档案大小从几 KB,到非常大的 TB,这些都是所谓的电子数据,如果提出于法庭上,有机会作为认定事实、适用法律的基础,即成为证据材料。

---

① 《关于适用〈中华人民共和国民事诉讼法〉的解释》第 116 条将电子数据界定为"存储在电子介质中的信息"。而在一些国家立法中早已将信息作为诉讼证据来使用。英国近几年亦采用了证据中的信息的提法。例如,英国 2002 年的"Proceeds of Crime Act 2002"就有被告陈述信息的责任(defendant's response to statement of information),被告提供的信息规定(provision of information by defendant)等许多立法规定,Rosemary Pattenden 教授对证据的信息问题做了较为具体的解释。参见 Rosemary Pattenden,Evidence Statutes,*Sweet & Maxwell*,2003,pp.216-220。

② 参见 I. H. Dennis,*The Law of Evidence*,London:Published by Sweet & Maxwell,2000,3. "Evidence is information. It is information which provides grounds for belief that a particular fact or facts is true."

③ BBS(Bulletin Board System),即电子公告牌系统。BBS 服务软件,允许用户使用互联网进行连接,用户可以执行下载数据或程序、上传数据,在 BBS 上可以阅读新闻、与其他用户交换消息,许多网络论坛就是采用 BBS 的方式。

然而考虑到电子数据的复杂性和特殊性,其在证据调查收集、质证、认证等问题上难以作出明确和统一的规定,因此,我国三大诉讼法的最新修改也仅仅是对电子数据作了原则性的规定。[①] 基于前述数据化的独有特性,数据化信息在收集、整理与分析上完全不同于数字化的信息,与模拟化的信息更有天壤之别。但由于法律中对其仅作出原则性规定,这导致一些人们常用的词语语义会被理解为多种意思。

(一)电子数据与电子证据的比较

我国 2012 年修改后的《民事诉讼法》《刑事诉讼法》以及 2015 年 5 月开始实施的《行政诉讼法》中都使用了"电子数据"一词。不少学者认为电子证据与电子数据是同一概念,国外学者也经常将"数字证据"与"电子证据"交替使用,但认为必须区分电子设备与其中包含的电子数据的区别。[②] 在国内有学者认为,电子证据是通过数字化运算产生和存储的信息材料,也包括该信息材料所产生的派生物以及电子信息系统。无论是电子证据的产生还是存储,均是转化为机器可直接识别的,以"0"和"1"所组成的二进制数字代码,人不能直接识别这种代码语言,所有代码被输入后进行数值运算和逻辑运算,计算机设备将运算结果转化为人可读可识别的输出形态。[③] 这就是将电子证据混为电子数据的典型。

首先,电子证据并不是我国证据的法定种类[④],虽然法律永远也不可能

---

① 全国人大常委会法制工作委员会民法室:《〈中华人民共和国民事诉讼法〉条文说明、立法理由及相关规定》,北京大学出版社 2012 年版,第 98 页。

② [美]Eoghan Casey:《数字证据与计算机犯罪》,陈圣琳等译,电子工业出版社 2004 年版,第 4 页。

③ 房保国:《科学证据研究》,中国政法大学出版社 2012 年版,第 208 页。

④ 我国三大诉讼法关于证据的分类基本一致。《刑事诉讼法》第 48 条、《民事诉讼法》第 63 条、《行政诉讼法》第 33 条都规定了证据类型。其中,除《刑事诉讼法》中特有的被害人陈述,犯罪嫌疑人、被告人供述和辩解,勘验、检查、辨认、侦查实验笔录等外,《刑事诉讼法》还将"视听资料、电子数据"列到同一款中。而《民事诉讼法》和《行政诉讼法》关于证据的分类,除排列顺序不同外,基本一致,都将"视听资料"与"电子数据"单列为不同的条款。关于我国现行法律证据的分类,学界存在较大的争议。诚然《民事诉讼法》和《行政诉讼法》与《刑事诉讼法》的差异主要是因为诉讼性质的不同。但在关于证据种类的划分上,尤其是关于视听资料与电子数据是否在同一条款中的问题上规定不同,这种现象是值得思考的,《刑事诉讼法》中将视听资料与电子数据合并在一起,这在某种程度上反映了立法者对两者性质认识存在误区。参见裴苍龄:《论证据的种类》,载《法学研究》2003 年第 5 期;龙宗智:《证据分类制度及其改革》,载《法学研究》2005 年第 5 期;裴苍龄:《再论证据的种类》,载《中国刑事法杂志》2009 年第 11 期。

穷尽所有的证据种类,但在法律中明确规定证据的法定种类是中国诉讼立法的传统。因为"我国三大诉讼法对各种证据各类加以明确规定,赋予其特定的名称,并确立收集和审查判断证据的程序和规则,以规范诉讼证明活动。这些证据种类的规定具有法律的约束力,只有符合证据的法定形式的资料,才能够作为定案的依据"[1]。2012 年修改后的两大诉讼法根据司法实践的需要,适度扩大了证据法定种类的范围,也同时强化了我国《刑事诉讼法》自 1979 年以来就存在的在法律中明文规定证据种类的立法方式。[2] 区分电子证据与电子数据证据无论是在技术领域,还是在证据法领域都是有意义的。

其次,学术界对电子证据与电子数据的区别认识不清。目前在世界范围内对电子证据的理解可谓众说纷纭。英文和中文表述都有很多种,每种表述的含义也并不完全相同。常见的英文表述不下 10 种,主要包括"electronic evidence""computer evidence""digital evidence""computer-based evidence""computer-created evidence"等。[3] 常见的中文表述也有近 10 种,有"计算机证据""电子证据""数据电文""网络证据""电子信息""数据证据"[4]"电磁记录"[5]等,最常用的是"电子证据"一词,如何家弘教授主编的《电子证据法研究》、刘品新教授的《美国电子证据规则》和《中国电子证据立法研究》、皮勇教授的《刑事诉讼中的电子证据规则研究》等著作以及为数众多的学术论文几乎都在频繁地使用"电子证据"一词。但对电子证据的定义却依然是五花八门,如有学者认为"电子证据是指以电子形式表现出来的、用以证明案件事实的一切材料"[6]。本书将这种称为"表象式"的定义。因为它仅仅是从电子证据的外在表象出发,只观察到电子证据的外在表现形式,如今电子技术飞速发展,许多证据材料都可以通过转化的方式将证据材料用电子方式表现出来,例如证人证言,如果是以网络视频的方式展现出来,它

---

① 卞建林:《证据法学》,中国政法大学出版社 2007 年第 3 版,第 58 页。

② 陈瑞华:《刑事证据法学》,北京大学出版社 2012 年版,第 106 页。

③ 何家弘:《电子证据法研究》,法律出版社 2002 年版,第 3～4 页。

④ 采用电子数据证据一词,但并未加以定义。

⑤ 我国台湾地区"刑法"第 10 条第 6 项,针对电磁记录加以规定,所谓电磁记录是以电、磁性、光学或其他相类的方式所制成,能够提供给计算机处理的记录。本条规定主要系刑法分则中伪造有价证券、伪造文书、妨害秘密及妨害计算机使用等罪有涉及电磁记录的规定,故抽离于总则中为一致性的定义规范,属于构成要件探讨的范畴。

⑥ 何家弘:《电子证据法研究》,法律出版社 2002 年版,第 5 页。

是不是电子证据呢？法庭中用投影仪展示出犯罪凶器的照片，这一凶器也是电子证据？显然这样以"表现形式"为入口的定义是站不住脚的。那么，有学者将电子证据认定为是运用计算机系统产生的、用计算机系统记录的内容来证明案件待证事实的信息数据①，当然还有其他关于电子证据的定义，诸如"计算机证据说""网络证据说"等。② 但它们几乎都是围绕计算机、网络这一产生电子证据的工具展开的，本书把这种定义称为"产生式"定义。这些定义存在的问题是将电子证据的范围缩小到了计算机或网络应用上，这种界定甚至比电子数据范围还要小。

电子证据不一定仅存在于计算机系统或网络。早在计算机发明之前，1836年就发生一起电报舞弊案件，两个波尔多的银行家收买了一名电报职员，以使他在发送官方电报后增加补充的信号。这种信号使得他们更早地知道国家公债的市价变化，两年后案发，主犯被移送到刑事法庭。③ 同样就视听资料而言，丹麦工程师普尔森早在计算机产生之前就发明了钢丝录音机，可以记录并重现声音。而逐渐被人忘却的卡式录音机、录像机所产生的音频视频资料也不是以计算机为基础产生的，但这些都可归为广义的电子证据类。

最后，科学区分电子证据与电子数据。有学者尝试从广义与狭义的角度来分析电子证据。广义上，电子证据是指一切以电子形式表现出来的证据材料；狭义上，电子证据仅限于由计算机系统产生的证据材料。④ 从前述的分析看，这种界定的问题是广义太"广"，狭义太"狭"。其广义运用了"表象式"，狭义使用了"产生式"。但这为科学地区分电子证据与电子数据提供了一个思路。其实，电子证据是一个"类"概念，它代表了一类与"电子"相关的证据材料，前述"表象式"能较好地反映电子证据的本质特征，即以电子形式存在的证据材料，但外延太宽泛。应当将其限定在运用电子技术"原生"的范围内，运用电子技术原生的，能够证明案件事实的材料就是电子证据。在此强调"原生"性，则是将原本非由电子技术产生，而其后又采用电子技术表现出来的"次生"电子证据材料排除在外，例如在法庭播放的证人证言录

---

① 徐静村：《电子证据——证据学的一个新领域》，载《重庆邮电学院学报（社会科学版）》2003年第1期。

② 蒋平等：《数字取证》，清华大学出版社2007年版，第7页。

③ ［法］帕特里斯·费里奇：《现代信息交流史》，刘大明译，中国人民大学出版社2008年版，第2页。

④ 王继福等：《民事科技证据研究》，知识产权出版社2012年版，第212页。

像、扫描进计算机的书证等并不是电子证据。

《民事诉讼法解释》第 116 条以列举的方式指出电子数据是"形成或者存储在电子介质中的信息"。这个定义不足以区分电子证据与电子数据的不同。严格地讲,电子数据是指以比特的形式存在的数据信息,电子数据既强调记录数据的方式,也强调记录数据的内容。考察国内外关于电子数据的定义,与电子数据最相近的概念有"数据电文"。联合国国际贸易委员会制定的《电子贸易示范法》第 2 条规定,数据电文是指运用光学手段、电磁手段或类似手段生成的,可以发送、接收或储存的电子数据信息,这些手段包括电子数据交换、电子邮件、电报、电传或传真等。我国《民法典》第 469 条中也有类似的规定,如合同的书面形式是指合同书、信件和数据电文等可以有形地表现所载内容的形式。这里所说的数据电文包括电子数据交换和电子邮件、电报、电传、传真等。通过比较分析可见,电子数据与数据电文还是有一定的区别的,例如传真在上述法律规范中被认为是数据电文,但从技术的角度讲,传真并不是电子数据。

Eoghan Casey 从刑事犯罪的角度研究认为:任何使用计算机及类似系统存储或传输的数据,如果被用于表述诸如动机、犯罪现场等的犯罪关键要素,或者是支持或反驳犯罪发生方式的推测就是刑事诉讼中的电子数据。[①] 数字证据标准工作组(Standard Working Group on Digital Evidence)认为任何以数字形式存储或传输的信息都是电子数据证据。计算机证据国际组织(International Organization of Computer Evidence)提出电子数据的定义是指以二进制形式存储或传输的,可以被法庭所接受的信息。我国有学者认为电子数据有广义和狭义之分。[②] 具体而言,所有以光、电、磁等物理方式存储于计算机系统中的指令和资料都是广义的电子数据,例如计算机程序以及程序运行时产生的电子信息资料;那么除计算机程序以外的,存储于计算机系统中的所有电子信息资料就是狭义的电子数据。也就是说,除计算机系统本身运行所不可缺少的程序外,由计算机系统操作者采集并输入计算

---

① ［美］Eoghan Casey:《数字证据与计算机犯罪》,陈圣琳等译,电子工业出版社 2004 年版,第 4 页。

② 唐广良等:《计算机法》,中国社会科学出版社 1993 年版,第 366 页。

机系统的资料才是电子数据。从本质上看,电子数据与计算机系统①密不可分。"由计算机系统操作者采集并输入计算机系统的资料"的定义,使得电子数据与其他形式的数据电文区分开来。

基于以上分析可知,在逻辑上电子证据与电子数据的关系是一种属种关系,电子证据与电子数据的种差(Specific Difference)②是由计算机系统(包括开放计算机系统、通信系统、嵌入式计算机)产生,以二进制编码的电子信号。从逻辑学上看,属概念与种概念的区别是相对而言的。③"电子证据"相对于"电子数据"而言是属概念,相对于"证据"而言则是种概念。可以说电子数据是经过现代化的计算工具和信息处理设备的加工,信息经历了数字化的过程,转换为二进制的机器语言,进而实现了证据从数字化向数据化的转变。因此,"电子证据"与"电子数据"这一属种关系的概念在严谨的法律语言表达中一般是不宜同时使用的。

---

① 从技术角度看,所谓计算机系统包括:一是开放计算机系统,如笔记本电脑、台式电脑、大型计算机服务器等,它们基本上是由硬盘驱动器、键盘、显示器组成的标准化计算机设备组成。大容量的存储空间使得此系统可以产生大量的电子数据。在此系统中某个电子文件就可能包含了证明案件事实的电子信息。二是通信系统,即包括电话通信系统、Internet 网络系统等,如人们常用的电子邮件等。信息的发送时间、内容甚至处理该信息的中介服务器和路由器中的日志文件(log)都可能成为电子数据证据材料。三是嵌入计算机系统,移动电话、PDA、智能卡,以及其他内嵌入计算芯片的系统。例如 GPS 导航系统,目前长足发展的"智能家居"都是运用嵌入计算芯片,使用远程数字编程技术控制各种电气化设备。参见 Henseler J., Computer Crime and Computer Forensics, *Encyclopedia of Forensic Science*, London: Academic press, 2005,p.79.

② 种差是在一个属里区别各不同的种的那个或那些属性。参见[美]帕特里克·赫尔利:《简明逻辑学导论》(第十版),陈波等译,世界图书出版公司 2010 年版,第 77 页。

③ 李娜:《逻辑学导论》,武汉大学出版社 2010 年版,第 16 页。

（二）电子证据与科学证据①的比较

1. 科学证据自身之惑

康德认为，"每一种学问，只要其任务是按照一定原则建立一个固定的知识系统的话，皆可被称为科学"②。不过进入 20 世纪以后，科学不是已经固定形成的知识体系，科学是人类不断认识、改造世界，探求知识的创造性活动。从历史的角度来看，科学是一个发展、变化的概念。基于现代科学技术发展迅速，在诉讼领域亦开始使用"科学证据"一词，1986 年 12 月 31 日《最高人民法院关于加强法院法医工作的通知》中曾指出：法院运用法医技术工作的主要任务是，通过现代科学技术，及时、准确地查明并确定案件真实情况。法医技术工作为审判提供科学证据，更好地维护国家、集体和公民的合法权益，从而确保国家法律的正确实施。1988 年 1 月 28 日最高人民检察院印发《人民检察院文件检验工作细则（试行）》中提道，文件检验是运用现代科学的理论和方

---

① 关于科学证据的称谓存在一定的分歧。陈学权等人将此类证据称为"科技证据"，认为科学证据中的科学不仅指"科学"，而且包括"技术"，用"科技证据"更加符合汉语习惯；张斌等使用"科学证据"指称该类证据，认为从词源上讲"科学证据"更加符合英文"scientific evidence"的汉译并且从理论上讲"科学证据"也具备科学哲学上的依据。这是出于法律语言的统一性、规范性要求。参见陈学权：《科技证据论——以刑事诉讼为视角》，中国政法大学出版社 2007 年版，第 48 页；张斌：《论科学证据的概念》，载《中国刑事法杂志》2006 年第 6 期。但一般认为科技是科学技术的简称，科学技术不能离开科学理论指导，科学要转化为技术才能在实践活动中发挥作用，所以，有学者认为科学与科学技术是两个可以互相转化的概念，在许多文献中都将科学证据与科技证据等同来使用。至于其中是否存在区别，本书不进行深入探讨，有论者主张"科学与技术相互渗透、相互交融的一体化发展趋势。主要表现为：现代科学活动离不开复杂的技术装备和技术手段，离不开技术人员的合作和支持，科学与技术的界限变得越来越模糊"。参见柳燕：《浅论科技证据及其在我国刑事诉讼中的运用问题》，载《犯罪研究》2014 年第 3 期。这就更加明显地表达了"科学"与"科技"的一致性、"科学"与"技术"的一致性——"科学"与"技术"的界限变得越来越模糊。参见夏征农主编：《辞海》，上海辞书出版社 2009 年版，第 1230～1235 页。在最高人民法院和最高人民检察院提及"科学证据"一词的司法解释文件中，使用了"法医技术""现代科学技术""刑事科学技术""专门技术"等词语，但并没有因此而使用或出现"科技证据"一词，而是使用、出现了"科学证据"一词。这也进一步佐证了"科学"与"科技"的混同、混用，并无严加区分的必要。参见王继福：《民事科技证据研究》，知识产权出版社 2012 年版，第 5 页；房保国：《科学证据研究》，中国政法大学出版社 2012 年版，第 5 页。

② ［德］汉斯·波塞尔：《科学：什么是科学》，李文潮译，上海三联书店 2002 年版，第 11 页。

法,它是刑事科学技术的重要组成部分,是为证实犯罪提供科学证据的专门技术手段。这两个文件把法医技术、文件检验技术的功能或者任务表述为提供"科学证据"。此后亦出版了大量的有关科学证据的著作。[①]

无论是科学证据(抑或是科技证据[②]),由于视角不同,国内外学者对其内涵与外延的界定有很大的差别。一是从传统证据的角度进行研究,将科学证据视为一类具有科技含量的专家意见(鉴定意见),属言词证据中的意见证据,并以此为出发点界定科学证据。甚至有论者将科学证据限定在监听、测谎、催眠等技术侦查措施所获取的证据材料方面。[③] 英国学者保罗·罗伯茨认为科学证据就是在案件中超出了律师、法官和陪审团的知识和专业的范围的科学或技术问题,这些问题需要由各种专家或者是法庭科学专家所作出的专门意见或证言;[④]德国学者托马斯·魏根特指出科学证据就是使用科学方法和超越常识的各种鉴定意见;[⑤]日本学者石井一正则认为,科学证据就是利用统计学概率的原理来进行科学论证的证据,以弥补法官经验或者知识不足为目的而出现的各种专家的鉴定意见就是属于科学的证明;[⑥]在《布莱克法律词典》中对科学证据的表述是,那些证明价值由特别的科学知识产生,或者是必须依赖科学原则的事实或意见证据,通常是由具备专门科学知识的专家提供的事实或意见。[⑦] 在法庭上出现了涉及其他科学或学科的事项,那么通常法官会

---

① 通过文献检索,在我国现有的图书资料中有使用"科学证据"这一用语的,例如刘晓丹:《论科学证据》;张斌:《科学证据采信基本原理研究》;房保国主编:《科学证据研究》;邱爱国:《科学证据基础理论研究》等。同样,经过文献检索发现,还有许多研究著作则是以"科技证据"为题目的,例如陈学权:《科技证据论:以刑事诉讼为视角》;王继福:《民事科技证据研究》等。

② 因为本书并非专门研究科学证据或科技证据,不似"电子证据"与"电子数据"的关系,需要进行严格的辨析,所以在本书的行文过程中,无论是科学证据也好,还是技术证据也好,或者是科技证据,本书一概使用"科学证据"来表达。

③ 王跃:《对质权如何适用于科学证据——Williams v.Illinois 判例及启示》,载《现代法学》2014 年第 3 期。

④ [英]麦高伟、杰弗里·威尔逊:《英国刑事司法程序》,刘晓丹译,法律出版社 2003 年版,第 232~258 页。

⑤ [德]托马斯·魏根特:《德国刑事诉讼程序》,岳礼玲、温小洁译,中国政法大学出版社 2004 年版,第 178~179 页。

⑥ [日]石井一正:《日本实用刑事证据法》,陈浩然译,台湾五南图书出版公司 2000 年版,第 10~11 页、第 318~322 页。

⑦ Bryan·A.Garner, *Black's Law Dictionary*(9*th*), Thomson/West Publishing Co,2009,p.639.

寻求相关科学或学科的帮助,这表明法官并不排斥法律以外的一切其他科学。[①] 在科学技术发展的今天,许多知识都超过法官的认知范围,而科学证据在事实认定中的作用又非常明显,因此,充分运用科学、技术或其他专业知识将有助于事实审判者理解证据或确定争议事实,那么就可以运用科学理论,借助具有专门的知识技能、经验或者具备相应资格的专家的意见来作证。[②]

二是基于科学的属性进行分析。正如苏珊·哈克(Susan Haack)所说,在其使用科学证据一词时,只是指与科学理论或者是科学主张相关的证据。通常,从这个意义上来看,科学证据如同与经验主张有关的证据一样,没有更大的区别,仅仅是更复杂、更需要依靠专门的工具以及证据资源的收集,如此而已。[③] 由此可见,苏珊·哈克认为科学证据就是那些与科学主张和科学理论相关的证据。科学证据的本质特征在于其科技性,学界许多学者均以此为基点界定科学证据。如美国学者保罗·C.吉安纳利和爱德华·L.伊温克尔端德认为科学证据就是指基于科学原理或科学原则而得出的证据;[④]田口守一认为,科学证据就是运用科学的侦查方法而形成的证据,或者是由法院鉴定而形成的结果;[⑤]我国台湾学者蔡墩铭等人对此进行了肯定,"藉法科学进行采证取得之证据,即可视为科学证据"[⑥]。我国持该观点的学者还有徐静村[⑦]等。陈学权则认为科学证据必须是借助于科学技术的原理和方法对证据材料进行收集、保全,并且用科学技术手段揭示其证明价值或者其本身就具有的科学技术特性来查明案件事实真相的证据就属于科学证据。[⑧]

三是以详尽列举的方式进行研究。比较有代表性的观点是乔恩·R.华

---

① 齐树洁:《英国证据法新论》,厦门大学出版社 2011 年版,第 256 页。

② 卞建林:《美国联邦刑事诉讼规则和证据规则》,中国政法大学出版社 1996 年版,第 117 页。

③ [美]苏珊·哈克:《理性地捍卫科学:在科学主义与犬儒主义之间》,曾国屏等译,中国人民大学出版社 2008 年版,第 46 页。

④ Giannelli P C., Forensic science, *The Journal of Law*, *Medicine* & *Ethics*, 2005,33(3),pp.535-544.& Giannelli P C., Forensic Science: Under the Microscope, 34 *Ohio N.U. L. Rev.* 315,2008.

⑤ [日]田口守一:《刑事诉讼法》,刘迪、张凌、穆津译,中国政法大学出版社 2004 年版,第 178～179 页。

⑥ 蔡墩铭:《刑事证据法论》,台湾五南图书出版公司 1997 年版,第 3 页。

⑦ 徐静村:《刑事诉讼法》,法律出版社 1997 年版,第 173～180 页。

⑧ 陈学权:《科技证据论——以刑事诉讼为视角》,中国政法大学出版社 2007 年版,第 51 页。

尔兹教授关于科学证据的说明。其在《刑事证据大全》一书中认为科学证据包括醉酒的化学分析等 16 种。[①] 塔安蒂农在其独著的《科学证据的战略性使用》一书中,认为科学证据包括指纹鉴定等 13 种。[②] 与此类似的还有豪森斯、英博和斯塔斯合著的《刑事案件中的科学证据》以及安德烈·A.芒思森思、卡罗尔·E.亨德森、沙龙·G.波特伍德合著的《在刑事案件中的科学证据》等著作中关于科学证据外延的列举。从上述英美法系学者对科学证据的理解来看,尽管以上论述对科学证据的外延描述存在一定的差异,但基本上都是以法庭科学作为理论基础的。[③] 因此科学证据是以专家意见为其表现形式的。也就是说英美法国家在司法实践中主要使用"专家证言"。[④]

虽然美国学者较早开始对科学证据进行研究,形成的理论成果可谓汗牛充栋,但是美国学者并不关注概念的表达。对于 Scientific Evidence(科学证据)、Scientific Opinion(科学意见)、Expert Scientific Testimony(专家科学证言)等相关词语频繁地使用,却不在意对它们内涵的界定。例如 David M. Walker 编著的《法律大辞典》收录 Opinion Evidence(意见证据)、Expert Evidence(专家证据),而没有收录 Scientific Evidence(科学证据)。薛波主编的《元照英美法词典》收录 Expert Opinion(专家意见)、Opinion Evidence(意见证据)、Expert Evidence(专家证据)、Expert Testimony(专家证言)、Expert Witness(专家证人),也未收录 Scientific Evidence(科学证据)这一词条。《美国联邦证据规则》规定的证据有文书、记录、证人证言、意见及专家证言等。而在《布莱克法律词典》收录了 Scientific Evidence(科学证据)词条。综合美国学者的观点,科学证据就是那些由依赖科学原则的事实或由特别科学知识产生证明价值的证据,是由具备相关领域的专家提供的事实或意见。

综观国内外学者对科学证据的研究,尽管论述的角度不相同,但是,科学证据无论是国内还是国外都不是法定证据类型,它仅是一个学理上的概念。

---

① [美]乔恩·R.华尔兹:《刑事证据大全》,何家弘等译,中国人民公安大学出版社 2004 年版,第 456～582 页。

② 陈学权:《科技证据论——以刑事诉讼为视角》,中国政法大学出版社 2007 年版,第 45 页。

③ [美]乔恩·R.华尔兹:《刑事证据大全》,何家弘等译,中国人民公安大学出版社 2004 年版,第 456～582 页。

④ 张南宁:《科学证据基本问题研究》,中国政法大学出版社 2013 年版,第 47 页。

我国三大诉讼法规定的法定证据种类中并没有科学证据。[①]

2. 电子证据与科学证据之惑

从古至今，在诉讼中运用科技手段解决事实认定的问题是一个普遍存在的现象[②]，产生新证据种类也是必然的。与本书密切相关的是电子证据与科学证据的关系问题。学者在阐述科学证据的定义以及范畴时有的提及电子证据，有的没有提到电子证据的问题。例如 Cyril H. Wecht 和 John T. Rago 则是将"数字证据"（digital evidence）列为科学证据的一种。[③] 尽管美国 1923 年弗赖伊（Frye）案之后就对科学证据开始关注，如今科学技术迅猛发展，对科学证据的研究更呈"雪崩"状态[④]，但也较少有学者严谨地辨别电子证据与科学证据的关系。

一类观点认为科学证据与电子证据是相容关系。尽管这类观点出发点存在较大的差异，但是关于科学证据的范畴在较大程度上是吻合的，即对于那些必须借助于专门知识才能对其证明力作出判断的证据，均认为属于科学证据的范畴。科学证据是学理上对证据的一种划分，它是一类概念。根据证据生成、获取、运用过程中的有无科学性，可以将所有的证据划分为科学证据和非科学证据两类。科学证据类是有科学技术含量的证据形态归类；那么，无科技因素的证据类型都属于"非"科学证据类。据此，电子证据明显是属于科学证据类的。

另一类观点认为两者是完全不同的两类证据。有的学者虽然承认科学证据在识别其他证据方面具有重要的功能，但认为所谓科学证据仅仅是一种证据的运用，并非一种独立的证据形式。现代科学证据不是诉讼证据的法定种类，而是在发现、提取、固定、推断对案件有证明意义的事实过程中运用了现代科学技术手段。[⑤] 即根据科学技术的证明性，借助科技方法发现和提示出来

---

① 参见 2012 年修订的《中华人民共和国刑事诉讼法》第 48 条、《中华人民共和国民事诉讼法》第 63 条、2014 年修订的《中华人民共和国行政诉讼法》第 33 条。

② 邱爱民：《科学证据内涵和外延的比较法分析》，载《比较法研究》2010 年第 5 期。

③ Cyril H. Wecht, John T. Rago, *Forensic Science and Law*, Taylor&Francis Group, 2006, p.304.

④ ［美］罗纳德·J.艾伦：《证据法：文本、问题和案例》，张保生等译，高等教育出版社 2006 年版，第 47 页。

⑤ 胡锡庆：《诉讼证明学》，中国法制出版社 2002 年版，第 95 页。

的各种事实材料。持此观点的有何家弘[①]、张南宁[②]等人。对此,何家弘教授曾经指出:在美国法学界的主流意见看来,科学证据与电子证据是完全互不搭界的平行关系。因为美国法学院协会将科学证据与专家证据并称为"专家与科学证据",这其中不包括电子证据的内容。在1994年美国《科学证据参考指南》(The Reference Manual on Scientific Evidence)全文中也没有涉及任何电子证据的内容,仅将专家证据界定为科学证据。显然科学证据与电子证据并不是包容关系。对造成此现象的原因,何家弘教授分析认为,电子证据的高科技特性是不容置疑的,但电子证据并不是科学证据的一种,这表明电子证据无须借助于专家证言才能发挥作用,任何人都可以使用普通方式对电子证据进行举证和质证。[③] 而科学证据是在科学实验室中生成的,实验室的结果决定了科学证据的内容。[④]

基于前文的分析,本书认为,电子证据是基于人类科学技术成果之一的电子技术而形成的。即行为人使用电子设备从事活动,进而在电子设备中储存或输出的证据材料。诸如视听资料和监听记录等。这类证据在纠纷产生之前就存在。虽然电子证据是运用科学技术手段产生或表现出来的,但是,电子证据与DNA检测、枪弹证据、显微检验、法医病理学、毒理学和化学、指纹鉴定等存在明显区别。它们在"真实性"的表现上完全不同。虽然真实性是所有诉讼证据的共同属性,但是,一般认为,与其他证据相比科学证据具有更强的真实性。科学证据的这种更强的真实性是由其科学性所决定的。因为科学的本质就在于追求真理,发现真实世界。基于此,人们认可科学的权威,科学证据也就具有权威的外衣。科学证据的这种权威性,使得办案人员以及诉讼参与人更容易相信和依赖科学证据在查明案件事实真相中的巨大功能。这也反映了人们往往会过分夸大科学证据在司法活动中的地位和作用,而对其消极价值和局限性认识不足。美国曾在一些判例中将计算机产生的电子证据归为科学证据一类,例如People v. Huehn案[⑤],法院认为计算机产生证据是科学证

---

① 何家弘、刘晓丹:《论科学证据的采纳与采信》,载《中国司法鉴定》2002年第1期。
② 张南宁:《科学证据基本问题研究》,中国政法大学出版社2013年版,第47页。
③ 何家弘:《电子证据法研究》,法律出版社2002年版,第14页。
④ 张南宁:《科学证据基本问题研究》,中国政法大学出版社2013年版,第245页。
⑤ People v. Huehn, 53 P.3d 733, 736 (Colo. Ct. App. 2002). 该判决引用许多判决来证明其观点,但综观该判决的内容,似乎仅限于银行商业记录不适用真实性要求的检验,如People v. Lugashi Cal.App.3d 632,252 CalRptr. 434(1988)的判决,认为银行一般商业记录,且符合银行规则的陈述,与私人企业的一般商业与金融记录属不同种类。

据的一种，在采用该证据前，应参照 Frye 案或 Daubert 案[①]的见解，且计算机业务记录相较于个人产生的计算机文件，有较佳的可信度，因此法院并不要求再证明其真实性。

从某种层面上讲，人类社会的进步史就是一部科技发展史。因为科学本身的"科学性"致使法庭对事实真相的探知不可避免地依赖科学证据。诚然，科学的目的是追求真理，科学的任务是排除任何形式的随意性，并以一种系统和高度逻辑的方式解释世界，这为人们乐观地相信科学提供了正当性理由。所以人们往往容易迷信科学证据，导致对某种形式的科学证据持宿命论的态度。但是，所有的科学都不是万能的，因为没有人能够保证所有被接受为真的科学主张在任何时候都是真的，而且几乎可以肯定地说，某些科学主张最终被证明不是真的，而仅仅是"所谓的真"[②]，对纠纷解决具有永恒的价值的是发现事实真相，因为认识活动的基本目标是发现"真实"。[③] 电子证据如何在法庭中呈现其真实性一面，它绝对不同于 DNA、笔迹鉴定、测谎等所谓的科学证据。电子证据因科学技术的发展而产生，但由于电子证据的产生与存在的特殊性，使电子证据真实性的证明不同于科学证据。

3. 电子证据与电子数据之惑

1996 年 12 月 31 日最高人民检察院发布的《关于检察机关侦查工作贯彻

---

① 本判决中认为电子产生证据属科学证据的一种，但并未进一步说明 Frye 案或 Daubert 案所建立的标准与电子证据的关联性。自 1923 年以来，美国科学证据皆参考 Frye 原则，要求新科学证据的认定须以"专业领域一致认同"为标准，但此一证据适用结果却导致许多科学证据无法被承认，例如 DNA 证据；而到了 1993 年，Daubert 案中，美国最高法院才改以《联邦证据规则》第 702 条为依据，认为新科技证据的认定，以是否能协助审问者对案情了解为目的。

在《联邦证据规则》实施之前，在专家证言可采性问题上，适用的是 Frye v. United State[293 F.1013 (D.C. Cir. 1923)]案所确定的标准。法官在 Frye 案中提出科学证据的"普遍接受"标准。自 Frye 案形成"普遍接受"标准后，在 70 年间，"普遍接受"标准一直是审判中确定新型科学证据可采性的主导标准。但是在 1993 年的 Daubert 案中，美国联邦最高法院通过对制定法的解释得出结论认为，《联邦证据规则》第 702 条的条文根本就没有将"普遍接受"确立为可采性的一个绝对前提条件。发现真相是法律探究活动的目标，Daubert 案表明了法院这种立场，即如果技术有效，能够产生准确的结果，那么就应当采纳这样的科学证据，以最大可能发现真相。参见王进喜：《美国〈联邦证据规则〉(2011 年重塑版)条解》，中国法制出版社 2012 年版，第 214 页。

② Haack S., *Of Truth*, *in Science and in Law*, Social Science Electronic Publishing，2008，p.134.

③ 何家弘：《证据法学研究》，中国人民大学出版社 2007 年版，第 228 页。

刑诉法若干问题的意见的通知》第 3 部分第 1 条中把视听资料不周延地划分为录音、录像、照片、胶片、声卡、光盘、电子计算机内存信息资料等。这种将电子计算机内存信息（电子数据）与视听资料不加以区分的做法，直接影响人们对电子证据与电子数据的区别认识。根据最高人民法院于 2001 年颁布的《关于民事诉讼证据的若干规定》第 22 条以及 2002 年颁布的《关于行政诉讼证据若干问题的规定》第 12 条的规定，视听资料包括录音资料和录像资料，以及计算机数据。"录音资料是借助录音设备制作、在录音磁带或者唱片中记录和储存的音响信息。录像资料是借助摄影机、摄像机、录像机、光盘刻录机等设备拍摄现场，制作而成的电影胶卷、录像带、光盘（VCD）和其他记载图像信息的材料。"在司法解释中明确视听资料的范围。视听资料一般分为如下四种：录音资料和录像资料，以及计算机数据和运用其他技术设备取得的信息资料等。然而无论是相关司法解释，还是行业规则，乃至学术见解，对于视听资料的分类都有些交叉乃至混乱，其原因在于未能把电子数据与视听资料作必要的分离，没有考虑到技术的发展。现代科技迅速渗透到社会生活的方方面面，导致出现电子数据的发展远远超过了传统视听资料的范围，现代电子技术的迅猛发展不仅使多媒体庭审等庭审方式发生变革，而且增加了电子数据的内涵，电子数据作为新的证据类型使用被人所熟知。但理论实务界对电子证据与电子数据两者本质上认识不清，仍然对这两个词不加区别地交互使用，如 2010 年颁布的《关于办理死刑案件审查判断证据若干问题的规定》第 29 条没有认识到电子数据与电子证据在审查方面存在的区别，将电子邮件、网上聊天记录、网络博客等电子数据简单地归为电子证据进行审查；2012 年 3 月修订后的《刑事诉讼法》把电子数据与视听资料合并作为一项，在此我们还是能看到电子数据与视听资料混合的影子；而 2012 年 8 月修订后的《民事诉讼法》和 2014 年 11 月修订后的《行政诉讼法》则将其与视听资料分离为独立的两项。从技术的本质上看，电子数据与视听资料应当属于广义的电子证据，在逻辑上，我们可以说电子数据是电子证据，但并不能说电子证据就是电子数据。何家弘教授认为，对电子证据进行分类研究很有必要，他认为根据携带信息方式的不同，电子证据可以分为：模拟式电子证据（模拟证据）、数字式电子证据（数字证据）。模拟式电子证据是通过信息中的某些特征的具体数值或量（如脉冲信号的幅度等）来记载电子信息的内容，如传统录音磁带所录制的各种通话记录。电子数据则是通过信号的离散状态的各种可能组合所赋予各种数值或其他信息的方法来承载电子信息的内容。① 在数字时代,视频与音频都可实现数字化转换,例如传统录音磁带可以转换成 MP3,传统的录像磁带可以转换成 MPEG、AVI、MOV、RMVB② 等格式的电子文件,而经过转换为数字格式的音频视频文件,不仅具有传统视听资料的功能,同时也是一种电子数据。因此,2015 年 2 月实施的《关于适用〈中华人民共和国民事诉讼法〉的解释》第 116 条第 3 款规定:"存储在电子介质中的录音资料和影像资料,适用电子数据的规定。"

三、海事电子数据相较于普通电子数据的特点

海事电子数据的本质属性是一种由特定海事电子设备产生并在海事诉讼活动中运用数据信息进行证明活动,海事电子数据的意义是为当事人在海事诉讼活动中提供有证明价值的电子数据信息。本书认为,在司法活动中使用海事电子数据,不仅要认识到海事电子数据对于取证、举证、质证和认证的特殊要求会影响到法官作出裁决的特性,还要充分认识到海事电子数据自身的局限性。不仅如此,根据证据体系完整性规则的内涵,从证据在诉讼构造上看,认定海事诉讼的待证事实的诉讼证据,只依据电子数据的确实性来认定待证事实是不够的,还必须借助于其他证据形成完整的海事诉讼证据的链条。以船舶碰撞事故为例,船舶碰撞不可能像陆上那样能保留现场,船舶始终是处于动态中的,船舶可能沉没导致大部分直接碰撞信息损毁或灭失。即使船舶没有沉没,船舶在水上也是不断运动的,无法形成现场痕迹比对,待船舶靠岸后,碰撞痕迹或有关证据已经随着环境的改变而部分灭失或改变;有时在能见度不良的环境里,船舶碰撞事故中双方瞭望不佳,船员仅凭借主观感觉进行各自的陈述与事实出入很大,此时的碰撞责任很多都需要借助于现代航海电子技术,如调取 VDR 船载数据,分析船载数据并重建船舶航行状态,查看船舶

---

① 何家弘:《电子证据法研究》,法律出版社 2002 年版,第 30 页。

② 视频文件格式有很多,如 MPEG、AVI、MOV、ASF、FLV 等,这些视频文件是由各软件开发商利用专门的技术进行编码压缩形成的,不同的视频文件格式的特点与系统要求不同。由于不同的播放器支持不同的视频文件格式,或者计算机中缺少相应格式的解码器,导致视频文件不能播放,必须进行格式转换,而在转码的过程中必然会导致视频电子数据的改变,反映到播放过程中,人们的直观感觉就是图像的清晰度与声音的保真度不同。

的 AIS 航行轨迹、回放 VTS 指挥记录等进行认定,在 Quint Star①案中,船舶碰撞的双方都提交了若干证据,法官在分析碰撞的原因、认定碰撞责任时不仅分析了船舶碰撞双方当事人提交的一系列书面相关证据,还着重比对了船舶发生碰撞时双方当事船舶的航向记录仪、VHF 记录、AIS 记录、航海日志等,最终在海事电子数据的帮助下,分析出了船舶碰撞的发生过程,最终认定了双方的责任划分。

海事电子数据既具有一般电子数据的特征,又具有其独有的特殊性。海事电子数据具有其特殊的本质,科学地区分研究海事电子数据与一般电子数据的关系,就是从研究对象所具有的特殊的矛盾性出发的。② 正是由于海事电子数据具有鲜明的特征,才使研究海事电子数据证据规则成为必要。认识海事电子数据独有的特征,是探知海事电子数据的证据规则基础。相比较于一般的电子数据,海事电子数据带有规律性的特质,主要表现在以下几个方面:

(一)海事电子数据收集主体的多样化

一般而言,从民事诉讼的角度观察,电子数据的收集包括两种模式:一种是不通过法院的介入,由当事人及其诉讼代理人直接自行收集;另一种是由法院作出决定,即由当事人向法院申请由法院收集,或者是由法院作出由当事人自行收集的决定。它们的区别在于诉讼证据收集的主体资格不同。受英美法系证据开示程序的影响,有观点认为,应赋予当事人及其诉讼代理人以自行调查取证的权利。虽然知道案件情况的单位和个人,都有义务出庭作证,该义务是公法上的义务,但从我国《民事诉讼法》第 64 条的规定分析,当事人对于自己的主张应当自行收集证据,如果证人拒绝作证,当事人是没有权利要求强制作证的。那么当事人及其代理人因"客观原因"不能自行收集证据时可以申请人民法院调查收集,或者人民法院认为审理案件需要的证据,才由人民法院来收集。该规定强化当事人举证责任、弱化人民法院调查收集证据职能,将当事人对自己的主张提供证据规定成为一种责任,适应了时代的要求。此规定在电子数据的收集实践中将在本书的第三章节中展开。

---

① Lloyd's Law Reports, 2013,Vol. 2, https://lloydslist. maritimeintelligence. informa.com/sectors/law,下载日期:2020 年 3 月 4 日。
② 汪洋:《"从契约到身份"——以船员劳务合同的特殊性及司法应对为视角》,载《中国海商法研究》2014 年第 3 期。

相比较于一般的电子数据,海事电子数据在收集主体上更加复杂。依据我国《海上交通安全法》的规定,海事行政机关有权对船舶碰撞产生的纠纷进行调解,需要有理有据。同时海事行政机关还有海事违法行为的行政处罚权,基于此,海事行政机关在相关案件中会对海事电子数据进行收集。而这些证据可能会在海事诉讼中运用,如何看待海事行政机关所收集的海事电子数据在诉讼中的法律效力,一直存在争议。海事行政机关在行使行政职能过程中收集的海事电子数据对相关案件的调查有意义,但它所收集的海事电子数据材料主要目的是维持海上安全秩序:一是要查明事故原因,预防类似事故的发生;二是收集违反海事行政法律法规行为的证据,以对肇事船舶予以行政处罚、教育肇事者。因此,海事行政机关取证的目的与法院不同。其收集证据不在于解决民事纠纷。也就是说,海事行政机关收集、制作的海事电子数据材料或作出的结论不一定符合海事诉讼的要求。①

2012年修订后的《刑事诉讼法》第52条规定,在刑事诉讼中可以使用行政机关收集的物证、书证、视听资料、电子数据等证据材料。但这并不意味着行政机关在行政执法和查办案件过程中收集的所有证据当然地作为证据使用,这个规定只是解决了行政机关收集证据的可采性问题,依据本条规定,应当根据不同证据种类区别对待:在行政执法和查办案件过程中,行政机关对事后无法重新收集,且其形式与内容不易为收集方式所改变的"客观证据",在刑事诉讼中可以作为证据使用;而对于当事人陈述等,则不宜在刑事诉讼中直接使用,需要有权机关重新取证。② 在民事诉讼法律中,并没有明确指出关于行政机关收集证据的规定。从船舶碰撞诉讼实践中看,船舶碰撞发生后,海事行政机关最先进入现场进行调查,基于海事安全调查的目的,海事行政主管机关需要查清事故发生的原因,而船舶碰撞事故原因的调查主要利用的是VTS系统、AIS系统、VDR数据,甚至是借助于海军雷达观通站形成的相关海事电子数据材料。这些电子数据对查明船舶碰撞的原因,判明责任往往起着至关重要的作用。③ 海事法院在审理船舶碰撞诉讼案件时,由于时间条件与技术条件问题,海事法院依职权调查收集证据材料的能力不足,即使其依职权调查也是依赖于海事行政机关或军事机关收集的材料。而往往海事行政机关所制作

---

① 金正佳:《海事诉讼法论》,大连海事大学出版社2001年版,第109页。

② 卞建林:《中华人民共和国刑事诉讼法最新解读》,中国人民公安大学出版社2012年版,第71页。

③ 李洪积、李守芹:《中国的海事审判》,法律出版社2002年版,第258页。

的材料并不一定符合诉讼中法定证据的要求。① 在实践中,海事法院一般也是将海事行政机关依其职权所形成的证据当作参考使用,要综合其他证据作为定案的依据。如何在程序性、法定性、公正性和规范性方面完善海事行政机关收集海事电子数据的行为,实现与海事诉讼,甚至是刑事诉讼证据的衔接还是一个值得研究的问题。

(二)海事电子数据匮乏、易损性

从经济学的观点来看,资源具有"稀缺性",由于人类面对有限的稀少资源,经济学就是分析人们该如何进行理性的选择,以追求效率最大化的科学。依据法律经济学的理论,无论是诉讼自身,还是证据本质属性都是一种资源。"谁主张,谁举证"从表面上看是确定举证责任问题,但其反映了原告与被告在诉讼构造的证据分配上的稀缺性。稀缺性不但是一种证据数量上的比较,证据数量的不足影响证据链上各环节的完整性;它也是一种质上的比较,证据证明力对抗与程序上的正当性合法性问题是证据稀缺性的本质问题。而由于过程的经历与时间的推移以及空间的变换,证据的自然属性会发生改变,因此反映客观事实的证明会慢慢地消失。船舶活动在江河湖海等流动水域环境中,一旦发生船难事故等,许多证据都会随着船舶沉入海底,其他实物证据尚有保存下来的可能性,但海事电子数据极可能由于电子设备的浸水损坏而损毁,因此海难事故中很难像陆地交通事故那样可以保持事故现场原状。以船舶碰撞案件为例,船舶航行海上发生碰撞后,受船舶发生碰撞的时空环境的特点影响,事故现场保留或完全保留的可能性极小,船舶的真实航迹根本无法保留,故而船舶碰撞诉讼证据存在稀缺性。即使残存在船体上的证据也会很快消逝。在 Golden Polydinamos 案中,法官 Hoffman 认为:"船舶碰撞后,现场的物证远不能令人满意,并须以怀疑的态度对待。"②

海事电子数据由于产生的物理环境与一般电子数据有一定的区别,相比较而言更易于被人为地损毁或篡改。在船舶碰撞等海事侵权损害赔偿案件中,迫切需要快速地固定相关证据,但海上突发事故,海事机关不可能快速及时地赶赴现场进行调查;事故现场不易保存,除了事故当事船舶的船员外,很少有了解案情的第三者,而能够证明船舶在碰撞时的实际动态的 GPS 导航记

---

① 刑海宝:《海事诉讼特别程序研究》,法律出版社 2002 年版,第 394 页。

② Lloyd's Law Report, 2012, Vol. 1, https://lloydslist. maritimeintelligence. informa.com/sectors/law.下载日期:2015 年 4 月 17 日。

录、车钟记录、航海日志、轮机日志、电子海图等图文资料又都掌握在当事船员手中,这为当事方损毁、篡改资料提供了可能性。

(三)海事电子数据受国际公约约束

首先,从海事电子数据形成的硬件上看,许多收集海事电子数据的仪器设备是 IMO(国际海事组织)强制性安装的,并以公约的形式对安装的标准与要求进行了规定。IMO 对于新技术保障安全航行的作用非常重视,1997 年 IMO 提出《船载自动识别系统(AIS)性能标准的建议案》,同年航行安全委员会召开第 43 次会议通过了这一建议,1998 年 IMO 的海安会批准了该建议案。2000 年修订后的 SOLAS74 公约①第 5 章在关于航行安全及其相关导则第 19 条中详细规定了船载 AIS 作为船舶航行设备,必须强制装载的国际要求。IMO 强制规定 2004 年 12 月 31 日前 300 总吨以上的国际航行船舶必须安装 AIS;2008 年 7 月 1 日前 500 总吨以上的非国际航行船舶必须安装 AIS。配合公约的实施,我国积极履行国际公约,由交通运输部海事局下发《关于部分沿海航行船舶安装 AIS 系统的通知》,要求在中国主权管辖海域航行的客船、500 总吨以上的危险化学品船、集装箱船、油船等必须于 2006 年 4 月 30 日之前按规定要求配备 AIS 设备。

同样,船载航行数据记录仪(VDR)也受国际公约的强制约束,国际海事组织海上安全委员会在 2012 年 5 月 22 日通过了 MSC.333(90)号决议,这项决议修订了 A.861(20)号关于《船载航行数据记录仪(VDR)性能标准》。该决议要求自 2014 年 7 月 1 日以后所安装的船载航行记录仪(VDR)性能标准不得低于此协议要求;对于 2014 年 7 月 1 日以前安装的 VDR 性能标准,要求不得低于 A.861(20)决议附件规定的性能标准。② 而各国政府有责任确保这一决议的实施。

在我国的司法实践中,对未经认证的海事仪器产生的电子数据的效力是持否定态度的。在某案中,海事部门调取了浙江某渔船上的 ECIDS 电子数

---

① SOLAS74 公约是海上运输安全最重要的公约之一,于 1980 年 5 月 25 日生效,我国政府于 1980 年 1 月 7 日核准了该公约。它是保障海上人命安全的国际公约,公约对船舶及设备、船员操作、公司和船旗国等进行全面规定,要求实施有效管理和控制,它是海上人命安全方面最古老的公约。SOLAS74 公约由 SOLAS74 公约和其附则及附属于公约附则的单项规则和 1988 年议定书组成(2000 年 2 月 3 日起生效)。

② 初晓、丁士源、冯荣荣:《浅谈航行记录仪(VDR)航海新规范》,载《科技创新与应用》2014 年第 4 期。

据,以证明船舶的航向,但是该渔船使用的 ECIDS 设备并没有经过认证,最后法院并没有认定这个证据。法院认为该渔船上的 ECIDS 设备厂家不符合国际公约的规定,不具备 IMO 的相关决议和 IEC①、IHO② 等标准化机构认证条件。这样的海事仪器所产生的电子数据是不能成为合法证据的。③

其次,在海事数据的内容上也有国际公约进行强制性规定。国际电信联盟(ITU)④在《VHF 海上移动频段采用时分多址(TDMA)技术的通用船载自动识别系统(AIS)的技术特性》(ITU R.M1371-1 决议案)中规定了 AIS 的电子数据的技术细节。国际电工委员会颁布的《通用自动识别系统 A 类船载设备的操作和性能要求、测试方法及测试结果要求》结合了 ITU R.M1371-1 标准中所包含的 AIS 技术特性,强制要求 AIS 电子数据内容应当包括人工输入方式设置的船舶的静态信息,例如海事移动服务标识(MMSI)、呼号和船名、IMO 编号、船长和船宽、船舶类型;GPS 天线位置。还强制包括 AIS 的传感器自动获取的船舶的动态信息,如船位、航行状态等。国际公约强制规定了 VDR 记录数据的内容,国际海事组织要求记录的电子数据内容最初在 A.861 决议中规定为 15 个数据点,在 2012 年 MSC.333(90)号决议中强制增加为 21 个数据点,新决议增加了电子海图系统显示与信息系统、电子航海日志、船舶横摇运动、配置数据、AIS 数据驾驶室值班报警等电子数据。

未按国际公约规定使用、安装的海事电子仪器,或海事仪器未达到国际公约强制规定的标准,其电子数据内容不完善等,不仅会受到海事管理部门的行政处罚,还可能在发生海上事故后,因海事仪器不符合标准、海事电子数据不完整而承担不利的后果。

---

① IEC(International Electrical Commission),即国际电工委员会,成立于 1906 年。国际电工委员会负责有关电气工程和电子工程领域中的国际标准化工作,是世界上成立最早的国际性电工标准化机构。

② IHO(International Hydrographic Organization),即国际海道测量组织,它是政府间技术咨询性的国际组织,其宗旨是协调各国海道测量。组织活动的目的是促进航海资料的统一,促进现代科学成果在航海中的应用,进一步推广可靠有效的海洋测绘方法。

③ 林小松:《海事事故电子证据收集的研究》,载《中国水运》2010 年第 6 期。

④ ITU(International Telecommunication Union),即国际电信联盟,是历史上最长的联合国机构。为了促进全球电信发展,由于无线电频率是有限的,国际电信联盟负责管理全球无线电频谱与卫星轨道资源的分配,它是联合国主管信息通信技术事务机构,负责制定全球电信标准,向发展中国家提供电信援助。

(四)船舶碰撞案中海事电子数据的特殊规则

船舶碰撞事故发生在海上这样一个动态的环境中,碰撞发生后不可能留下碰撞的轨迹,也没有碰撞现场。与其他纠纷证据材料相比,海上船舶碰撞证据材料更具有易失性、稀缺性。除双方当事人外,往往没有其他目击者在场,因此,船舶碰撞事故的纠纷解决比较复杂,船舶碰撞事故中当事船舶的航行数据和船员的陈述成为重要的证据,而这些数据和陈述又存在篡改的可能性,当事人提供的证据真伪掺杂,船舶碰撞案件中的证据问题困扰着世界各国。为此,我国《海事诉讼特别程序法》对碰撞案件的证据问题作了独特的规定:要求在进行诉讼时如实填写《海事事故调查表》,而向船舶碰撞当事人送达起诉状或者答辩状时,不附送有关证据材料、当事人应当在开庭审理前完成举证等。据此,《海事诉讼特别程序法》在船舶碰撞证据举证问题上形成初步文书、送状不附证、严格举证时限等独特规则。而海事电子数据作为解决海事纠纷的重要证据,包括船舶 CCTV 音频视频、GPS 轨迹、VTS 数据、AIS 记录等电子数据。海事仪器记录了船舶航行的动态数据在解决船舶碰撞案中自然应当适用《海事诉讼特别程序法》中规定的特殊证据规则。

(五)海事电子数据多为间接证据

根据证据能否单独证明案件主要事实,也就是证据与案件主要事实的关系,理论上可以把证据分为直接证据和间接证据。[1] 如果各种证据只能证明案件事实的某一种情况,不能独立地直接证明案件的主要事实,如果要证明和案件主要事实有关的情节,还需要与其他证据结合,形成一个证据链条才能形成一个完整的证据体系,那么这种证据就被称为间接证据。我国台湾学者把这种证据称为情况证据。[2] 而英国证据法中则将这种证据称为环境证据,它是指该证据不能直接证明争议的实事,而是运用证明方法从另一事实中推论或推理出待证事实。[3] 海事电子证据多为间接性证据,这是由电子数据的属性以及航海的特殊环境造成的。

首先,从海事电子数据的角度看,海事电子数据所产生的航海仪器存在技术误差,例如确定船舶位置的 GPS 信号存在定位误差(海事仪器的误差

① 卞建林:《证据法学》,中国政法大学出版社 2014 年第 3 版,第 349 页。
② 黄栋培:《民事诉讼法释论》,台湾五南图书出版公司 1982 年版,第 464 页。
③ 齐树洁:《英国证据法新论》,厦门大学出版社 2011 年版,第 109 页。

问题将在本书第二章中进一步阐述），同时船舶是一个运动的物体，确定船舶航行的 AIS 轨迹不是实时的电子数据，而是有时间间隔的，也就是说船舶航行的轨迹是由一系列断断续续的点组成的，其认定的船舶位置与实际船舶位置存在一定的误差。由于海事电子数据显示的轨迹与船舶真实轨迹存在一定的误差，在司法实践中，海事电子数据的信息需要与其他证据结合来作出判定。

其次，船舶碰撞这种海上侵权行为多为突发性，在海洋环境中，由于水流、惯性、天气状况等众多因素的影响，不可能如陆地上交通事故那样能留下行驶方向与路线轨迹，海上几乎不能完整地固定保护事故现场证据，碰撞行为现场除了当事船舶外，几乎没有其他目击船舶。同时，能够证明船舶在碰撞过程中船舶动态的主要证据资料又都由船舶碰撞当事人各自掌握。由于涉及众多的人为性因素，船舶碰撞证据很容易被伪造或毁灭，当事船员为了自身的利益或为了减轻自己的责任而篡改证据的情况时有发生。在 The Sanwa 案中，法官 Clarke 在判词中提到的"Each ship blames the other"[①]。

第三节　海事电子数据的发展历史

人类几乎所有代表性的先进科学技术都会在航海领域内使用，甚至有些技术在航海领域得到广泛应用后，进一步发展到陆地交通工具和航空交通工具上，例如人们熟知的 GPS 定位导航技术。船舶在茫茫大海上航行，为了确保船舶及船员的安全，航海者最为关注的两个关键性问题是位置的确定和信息的沟通。本书中的海事电子数据问题，就是重点围绕海事电子数据最集中的两个领域——通信与导航的技术发展脉络而展开的，这不仅可以明晰前沿科学技术在海事领域的发展，更重要的是可以为进一步分析海事电子数据的形成、特征以及在海事纠纷解决中的地位与功能提供研究思路。

[①]　Lloyd's Law Report，2014，Vol. 1，https://lloydslist. maritimeintelligence. informa.com/sectors/law，下载日期：2018 年 12 月 7 日。

一、非电航海时代

(一)船舶通信

人类的社会活动总离不开消息的传递和交换。现代社会的信息交流方式很多,如书信、电报、电话、广播、互联网络等,这些都是信息传递的方式或信息交流的手段。声音、文字、数据或图像等方式也都可以表达信息。然而从本质上看,声音、文字、数据或图像本身并不是信息而是信息的载体[①],消息就是传递信息的载体,因为消息中包含了原来不知而待知的信息内容。通信的根本目的在于传输含有信息的消息,否则也就失去了通信的意义。

人类历史上击鼓传信是最早最方便的办法,即通过鼓声的变化和专门的击鼓声音节奏,可迅速地把消息准确地传到远方。冷兵器时代,在战场上最为常用的传信工具就是鼓。还有一种中国人更为熟知的信息传递方式——烽火台。烽火台是用于点燃烟火传递固定消息的高台,当人们收到这一固定的消息后,便可获得提前约定好的信息。烽火台所传递的信息极为简单,其无法承载更多的信息,一旦假以其他用途,错乱的烽火信息就会导致悲剧的发生。[②]以现代的眼光来看烽火台是典型的"存储—转发"模式的广播手段(可传播信息到所有可见的地方),其利用火光迅速有效地传递消息。它具有无线性(没有任何连线)、数字化的特征(烽火台只表达两种状态,与如今的计算机基本运算符号"0"和"1"一致)。当然,这在古代非电的自然条件下是非常有效的信息传递方式。

非电时代,远距离传送更多信息系统是旗语的使用。而相对比较复杂的

---

①　在日常生活中,人们也常常认为得到了消息,就是得到了信息,这是错误地把信息等同于消息。例如,当人们收到一封信,接听一个电话,收看了电视等,就认为是得到了"信息"。确实,人们从接收到的信件、电话、广播和电视的消息中能获得各种信息,但是,信息与消息并不是一回事,信息与消息有着密切的联系,但不能等同。消息中包含信息,是信息的载体。得到消息,就是从消息中获得信息。

②　"烽火戏诸侯",西周历史事件,即西周时周幽王,为博褒姒一笑,点燃了烽火台,戏弄了诸侯。褒姒看了果然哈哈大笑。幽王很高兴,因而又多次点燃烽火,导致诸侯们都不相信了,也就渐渐不来了。后来犬戎攻破镐京,杀死周幽王。周幽王的儿子周平王即位,开始了东周时期。

旗语①(通过各色旗子的舞动或者光的闪动)则应当是原始的非电通信所携带信息量最大的通信手段,古代常用来进行布阵和变阵指挥、在船舶航行方面旗语更是得到广泛应用。②

(二)船舶导航

从历史的角度来看,船舶航行的发展历史也是船舶导航技术的发展历史。船舶定位导航是引导船舶安全经济地从一个港口航行到另一个港口的技术。虽然难以确定船舶导航技术的起源,但是船舶导航技术已经有几千年的发展历史。最早出现的导航可以追溯至人类拥有船舶开始。相对信息的沟通而言,人们更关注如何确定船舶在茫茫大海中的方向。最初,航海者只能在近海岸的区域航行,利用岸上的标志物和地形作为参照物引导船舶;没有海图,通常根据经验得出航行方向列表,白天航行,夜间抛锚或靠港。古希腊的航海记载及我国西汉时的汉使航程③,它们的共同特点是大多以通俗的文字记述实际航行经验。

最早出现的导航定位技术是天文导航,它起源于公元前,受益于天文学的发展。经历了几千年的发展,直到 1764 年精确天文钟④的出现,天文航海才成为一项完整的较为精确的技术。天文定位法是通过观测天体的高度来进行定位的方法。该方法使用的条件是天体与水天线必须同时可见,因此往往只能在晨昏曚影与中午才能定位,那时的导航只能确定船舶在南北方向上的位

---

① 旗语通信是以悬挂或挥动不同式样和颜色的旗帜传递信息的通信。旗语通信分为旗号通信和手旗通信。在现代军事通信中旗语已成为辅助通信手段。

② 现代社会,船舶之间的通信方式随着科技的进步而发生改变,从最初依据视觉系统的近距离灯光旗语通信发展到远距离无线电通信,从模拟通信发展到卫星通信等先进的通信方式。尽管通信的方式不断地进步,传统的灯光旗语通信在航海领域却依旧发挥着重要的作用,是先进通信方式替代不了的。因为,旗语通信和灯光通信具有现代通信方式都不能替代的最大特点,那就是器材简单、易于操作、可实现高度保密的功能。参见《海军舰船的灯光旗语通信》,http://blog.sina.com.cn/s/blog_82cb2dcf0100skuv.html,下载日期:2015 年 2 月 10 日。

③ 据《汉书·地理志》关于汉使航程的记载,自汉武帝肇始,下迄汉平帝王莽辅政止,这 100 多年间,已形成由中国雷州半岛出发,经过南海到达黄支以及已程不国的航线,学者认为黄支在今印度的东南岸,已程不国则是今斯里兰卡。

④ 天文钟是一种传统的航海仪器,它既能用来表达天体时空运行又能计算时间。它利用几组齿轮把机轮的运动变慢,把动力机械和传动机械组合在一个整体里,使其保持一个恒定的速度,通过这种方法实现了天文钟与和天体运动一致。

置(纬度),还不能确定经度。

　　船舶定位技术的另外一个重要部分是航路指南。虽然公元前 640 年至公元前 546 年间日晷投影就已出现,但是早期的海图不是基于任何投影方式,而只是一些简单的平面图,也没有考虑地球的形状。托勒密勒于公元 1400 年完成的《地理学》的复印本传到了佛罗伦萨,对欧洲的航海影响巨大,因为此书中提到的系统被用来解决航海导航的难题。1570 年佛兰德制图师墨卡托①改善了托勒密勒的系统,他提出了投影理论②,从此船员能利用这种技术画出比较精准的航线。

二、电子航海时代

　　电时代初期,信息的传递是通过它的载体——"电"来实现的,电信号存在一些物理特性,如连续波的幅度、频率或相位③;脉冲波的幅度、宽度或位置等,而这些物理特性可以被人们加以利用,将信息寄托在电信号的某一参量上。模拟信号和数字信号的区分是按信号参量的取值方式不同划分的。如果直接与消息相对应的信号参量的取值是连续的或取无穷多个值的,这就是模拟信号;如果不直接与消息相对应的信号,而信号参量只能取有限个值,则被称为数字信号,如计算机输入/输出信号、PCM 信号④等都是数字信号。一般来说,按照信道中传输的是模拟信号还是数字信号来划分,可把信息传递系统分为模拟通信系统和数字通信系统。

　　综观人类的信息传送历史,其经历了由(非电)数字—非电模拟—电模拟—(电子)数字这样一个"否定之否定"的螺旋式发展历程。20 世纪后期出现的信息"数字化"浪潮,使得信息传送领域从"模拟"向"数字"过渡,数字通信

---

　　①　墨卡托(Gerardus Mercator,1512 年 3 月 5 日—1594 年 12 月 2 日)是 16 世纪的地图制图学家,精通天文、数学和地理。1540 年印出依比例实测地图,引起广泛重视,并制成了地球仪,1568 年制成著名航海地图"世界平面图",该图采用墨卡托设计的等角投影,被称为"墨卡托投影"。

　　②　墨卡托投影,由荷兰地图学家墨卡托创立。它是一种正轴等角圆柱投影方法,通过假想一个与地轴方向一致的圆柱切或割于地球,按等角关系将经纬网投影到圆柱面上,然后将圆柱面展开为一个平面。如今百度地图和 Google Maps 使用的投影方法都是墨卡托投影。

　　③　相位是信号波在特定的时刻的循环位置。

　　④　PCM (Pulse Code Modulation),即脉冲编码调制,它为数字通信奠定了基础,这一理论是由 A.里弗斯于 1937 年提出的。

是建立在以数学为理论依据、以计算机作技术支持的一次伟大变革。这次从模拟到数字的转变标志着一个新的信息传送时代——数字时代的到来。海上通信也经历了由非电通信到电通信,由有线通信到无线通信,由电报到电话,再到多媒体数字通信的过程。

(一)模拟信号阶段

1.电通信——从有线到无线通信的演变

人类通信史上的革命性变化,是以电作为信息载体为标志的。实现通信的方式很多,如前所述的通过视觉与听觉系统传送信息方式。随着社会生产力的发展和科学技术的进步,尤其是进入电子时代,通信越来越依赖于利用"电"来传递信息。因为利用电来通信,相较于以往的通信方式,其特点是迅速、可靠,并且较少受到时间、地点、距离的限制。电通信技术一经发明,就得到社会的广泛应用。如今,"通信"这一术语在自然科学领域均是指"电通信"。如今的光纤通信也属于电通信,因为从物理学上讲,光也是一种电磁波。

改变通信方式一直是人类创新实验的领域,1753年英国人提出了用电流进行通信的大胆设想,1793年法国架设了一条230 km长的传送信息的线路,用来测试电流通信方式。受到电磁感应理论的启发,1832年俄国人希林,制作出了利用电流的强弱关系影响电流计指针偏转来传送信息的机器;1837年英国人库克获得了第一个电报机的发明专利权。在电话发明之前,用电流的某些特征来取代人类语言是解决长距离通信的最大难题,为此美国人莫尔斯经过努力把电报和人类的语言连接起来,这就是鼎鼎有名的莫尔斯电码。最初的电报机是使用有线传输的,这种传输方式可以在陆地架设线路,但在海上无法架设电线,所以有线电报在船舶航行中是没有实用价值的。1887年,赫兹通过高压放电闪烁的火花实验,第一次证实了电磁波的存在,得出了电磁能量可以越过空间进行传播的结论。赫兹的发现具有划时代的意义,他开辟了电子技术的新纪元。电磁波不但证明了麦克斯韦理论[①]的正确,更重要的是电磁波理论导致了无线电通信的诞生,标志着从"有线电通信"实现了向"无线电通信"的转折点。1902年在英国与加拿大之间正式开通了跨越海洋的无线电报通信业务,使国际电报通信跨越海洋进入一个新的阶段。而"船只之间的

---

① 詹姆斯·克拉克·麦克斯韦(1831—1879),英国物理学家、数学家,经典电动力学创始人。1865年他预言了电磁波的存在,并揭示了光现象和电磁现象之间的联系,论证了光是电磁波的一种形式。1887年德国物理学家赫兹用实验验证了电磁波的存在。

信息传送构成了无线电报的第一个社会用途"[1]。美国的"圣保罗"号邮船是第一艘装有无线电台的船舶。此后,无线电通信被广泛地运用于航海领域,并多次成功地在援救海上遇险船舶的行动中发挥了重要作用。

2.电导航——无线电与雷达

18世纪,经过人类长期的努力,尤其是无线电技术的发展,人类航海导航由单纯的天文导航进入电导航时代。1778年和1779年间,英国皇家海军詹姆斯·库克在太平洋进行了三次探险考察航行。这是第一次利用现代仪器、设备、技术和知识进行的海上大范围探险,一般认为这三次探险是现代航海到来的标志。

无线电导航在航海上的典型应用是1904年无线电信号的发射,使得航海者能够在海上航行中检查船上天文钟的误差。1907年埃尔默斯佩里发明了陀螺罗经[2],使船舶在获取方向上不受磁差[3]和自差[4]的影响,自动航行得以实现。第一次世界大战后期,环状天线[5]的方向特性被成功地用于无线电测向仪。1921年世界上第一台无线电信标[6]建成。1935年英国物理学家罗伯特沃森·瓦特研制出第一台实用雷达,1945年雷达用于商用。这对航海导航来说是一个质的飞跃。1940年至1943年间,美国研制出双曲线导航系统[7]——罗兰,1958年在对早期罗兰系统的改进基础上,研制出定位精度更高、作用距

---

① [法]帕特里斯·费里奇:《现代信息交流史》,刘大明译,中国人民大学出版社2008年版,第178页。

② 陀螺罗经是船舶确定方向的仪器,又称电罗经,它是结合地球自转矢量和重力矢量,利用陀螺仪的定轴性和进动性特征制成的。它是为船舶提供真北基准的仪器。

③ 地磁南北极与地理南北极不重合,所以各地点的磁经线(磁子午线,又叫磁北方向线)常常偏离真经线(真子午线),也就是磁北线(磁子午线)与真北线(真子午线)不重合。

④ 罗北线与磁北线之间的角度称为自差,缩写为Dev(deviation)。罗北偏在磁北之东,称为东自差,用E或+表示;罗北偏在磁北之西,则为西自差,用W或-表示。

⑤ 环形天线是以导体两端作为输出端的结构的下划线,通常是将金属导线绕成一定形状,如圆形等。物理理论和实验证明,电磁辐射场与金属导线环的面积、匝数和环上的电流成正比。便携式电台的接受天线、无线电导航定位天线都是环形天线。

⑥ 无线电信标由振荡器、发射机、发射天线等设备组成,在导航系统中,若干个无线电信标发射电信号,而导航设备根据接收到的电信号测算出相对信标的方位实现导航工作。

⑦ 双曲线导航系统(Hyperbolic Navigation System)是利用双曲线位置线实现导航定位的无线电导航系统。据解析几何可知,距两个固定点的距离差为常数的动点之轨迹,是以这两个点为焦点的一条双曲线。

离更远,并可以实现地波①自动定位的新一代罗兰系统——罗兰 C。1944 年近距离高精度双曲线定位系统——台卡投入使用。

无线电导航系统是通过测相位②或测脉冲③来测量距离差的。不论是测相位还是测脉冲,这样的信号都存在一种提高测量精度与扩大作用距离之间的明显的矛盾。对测相位系统来说,要提高测距精度,在相位测试精度一定时,需要提高电波的频率,即减小电波的波长,这样的结果就会使系统的作用距离缩短。其有效作用距离为 100 n mile,且受无线电信标台的布设影响,因此精度并不高。罗兰 C、台卡、奥米伽这些无线电定位系统,都属于岸基双曲线导航④系统。台卡系统精度高,而作用距离短;奥米伽系统作用距离远,但精度较低。对脉冲测距系统来说,要提高测距精度,应缩小脉冲的宽度;而脉冲宽度减少,信号的能量就要减弱,作用距离就要降低。因而,与相位测距系统一样,这个矛盾是信号本身所固有的。要解决好这一矛盾,就必须采用新的信号形式。在自动罗兰 C 系统中,采用多脉冲相位编码的信号,用相关接收⑤的方法可以把信噪比⑥为 -7 dB⑦、淹没在噪声中的罗兰 C 信号检测出来,从而提高罗兰 C 的作用距离。这是脉冲测距系统信号的有益改进。这些系统都存在作用距离与精度矛盾的问题。

在能得到位置信号的基础上,人们急需一套标准的标记系统,以便在无参照物的环境中获得具体位置。1884 年,25 个国家在美国华盛顿召开的国际子

---

① 沿地面传播的无线电波叫地波,又叫表面波。电波的波长越短,越容易被地面吸收,因此只有长波和中波能在地面传播。地波不受气候影响,传播比较稳定可靠。但在传播过程中,能量被大地不断吸收,因而传播距离不远。

② 相位是反映交流电任何时态的物理量,交流电的大小和方向是随着时间变化而变化的。

③ 脉冲是相对连续信号在整个信号周期内短时间发生的信号。

④ 双曲线导航是利用双曲线位置线实现导航定位的无线电导航系统,它利用的是解析几何知识,距两个固定点的距离差为常数的动点轨迹,是以这两个点为焦点的一条双曲线。

⑤ 相关接收就是利用信号的相关特性将有用信号从干扰和噪声中提取出来的方法。

⑥ 信噪比,英文名称叫作 SNR 或 S/N(SIGNAL-NOISE RATIO),又称为讯噪比,是指信号与噪声的比例。这里面的信号指的是来自需要由电子接收的信号,但需要通过这台设备进行处理的电子信号,噪声是指经过该设备接收到外部信号后,还原信号过程中并不存在的无规则的额外信号(或信息)。这些信号种信号并不随原信号的变化而变化,此信号对于原信号而言就是噪声信号。

⑦ 在无线通信领域,衡量一个地点的某一无线基站通信信号强度也可以用 dB 表示。

午线会议上同意将英格兰格林威治定为本初子午线①所穿过的地方,自此经纬线的标记实现标准化。为了提高地理定位的精确性,又利用墨卡托投影系统把世界划分成 60 个区域,显然,利用无线导航定位方法进行航迹推算较非电时代的导航技术有了巨大的进步,陆标定位、雷达定位都是通过对已知物标的方位、距离测量来确定船位的方法。该方法至今仍是船舶定位的重要方法,但是这种方法的作用距离近,难以给出连续的船位。总的来说,这一方法仍然是自主确定船位的方法,但其误差较大,而且推算的时间也不能过长。

(二)数字信号阶段

近 10 多年间,通信领域的技术发展超过了人们的想象。全球已经进入了数字化信息时代,运用新的技术,形成了新的通信系统,人类社会正在向全面数字化时代迈进。数字信息科学技术在社会各个领域得到越来越广泛的应用,成为 21 世纪国际社会和世界经济发展的新的强大推动力。

现代信息系统就是数字化的信息系统,包括数字光纤系统、数字微波系统、数字卫星系统、数字移动通信系统,以及数字网、综合业务网等。所有系统无不在各种信息传递前面冠以"数字"二字,这表明现代信息系统首先要实现数字化,由各种数字化的信息系统构成现在的各种信息传递网。"数字化"时代,这是利用现代信息传送其基本技术特征。数字化通信应用于航海领域,使得各种航海电子信息以数字形式实现了无空间约束、无距离的快捷、准确的传输。海事电子信息可以集成与共享,为现代航海仪器的发展提供便利,而综合海事电子数据系统,如 VTS、AIS 系统数据又为船舶管理、控制及决策提供了依据。高效而安全的智能航海将大大促进海上交通运输的发展。充分利用现代数字信息技术的航海已完全不同于以往,使用数字信息技术掌舵的航海时代,即为数字航海时代。

1.数字通信

随着海上通信的飞速发展,无线电频率作为一种有限资源,导致频谱资源与海上用户急剧增加的矛盾突显,出现了无线电频率严重短缺。而数字化通信新技术手段解决了这一问题。

数字通信已成为当代通信技术的主流。数字通信更能适应现代社会对通

---

① 本初子午线,亦称格林威治子午线。它用 0 度经线来表示,是人类为了在地球中进行定位而虚拟出的一条线。后将穿越英国格林威治天文台的一条经线确定为本初子午线。通过本初子午线的确定,在子午线东西两边分别定为东经和西经。

信技术越来越高的要求,其数据通信的容量大大超过了模拟通信。从技术上看,数字通信抗干扰能力强,其信号的取值只有两个,这样接收端只需判别两种状态即可;数字通信采用信道编码技术使数据误码率降低,提高电子数据传输的可靠性;运用现代计算技术可以对数字信号进行处理,便捷地在现代网络中传输;数字通信随着计算机技术和通信技术的迅猛发展和广泛应用,已逐步取代模拟通信而占据通信领域的主导地位。

如今数字通信的最新方式是卫星通信。在 20 世纪 40 年代,英国人亚瑟·克拉克提出利用空间静止卫星通信的设想。1976 年,美国通信卫星总公司(COMSAT)在同全球通信公司(RCA)、世界通信公司(ITT)和西联国际公司的合作下先后向大西洋(15°W)、太平洋(176.5°E)和印度洋(73°E)上空的静止轨道发射了三颗海事卫星(MARISAT),正式开放海事卫星通信业务,到1979 年末形成第一个覆盖全球的商用海事移动卫星通信系统。MARISAT的成功运行,加快了 IMO 建立全球性海事卫星通信系统的进程。1976 年通过了《国际海事卫星组织公约》和《国际海事卫星组织业务协定》。1979 年 7月 16 日,国际海事卫星组织(INMARSAT)正式宣告成立。先后租用了美国MARISAT、欧洲宇航局和 INTELSAT 的卫星来运营海事卫星通信。1982年 2 月,INMARSAT 开始提供全球海事卫星通信服务。1985 年 10 月,IN-MARSAT 大会批准该组织开发航空卫星移动业务。1995 年国际海事卫星组织更名为国际移动卫星组织。INMARSAT 可以为海陆空提供电话、电传、传真、数据、国际互联网及多媒体通信业务。

随着国际移动卫星技术的发展,人们有理由相信,在不久的将来,宽带、低价格的海上通信系统——海上信息高速公路将建立,该系统可以保证岸船之间的实时"在线"连接,船舶将成为岸上计算机网络的一个移动终端或移动子网(船舶局域网),从而能够实时地将船舶局域网中的所有信息传输到陆上的监控中心。同时,船舶可以与岸上的各种数据库互联,实时地获得所需要的信息,制定最优的航行决策。不难想象,海上信息高速公路的建设对水上交通的整个格局将会产生革命性的影响。

2.数字导航

20 世纪末,随着数字技术和卫星技术的发展,船舶导航技术迅速得到提高,特别是在航海上成功应用了高精度三维[①]连续定位的卫星定位系统后,船

---

① 三维定位是将三维空间 X、Y、Z 三个方向的自由度用数值来确定,任意三个数值都能并仅仅确定一个空间点。运用在 GPS 上,就是地图上的经度、纬度和高度。

舶导航技术进入一个崭新的数字导航时代。

　　1978 年船舶导航见证了一个伟大的转变,NNSS[①] 是船舶定位中的第一代卫星导航系统。该系统于 20 世纪 70 年代装备于民用商船,因能全天候地进行全球船舶定位,深受航海者的欢迎。但是 NNSS 存在不能连续定位、只能提供二维位置、不能应用在高速运载工具上定位等缺陷。同时,美国把此系统对民用开放的一个重要原因是该系统原设计的用双频来接收的方式,因为运用于军事是达不到军用保密级别的。它在第二代卫星导航系统 GPS 问世后,于 20 世纪 90 年代中期关闭。1993 年美国研制的第二代全球定位系统(GPS)建成,在全球定位系统(GPS)的 24 颗卫星全部发射成功。地面的接收器都能通过计算接收信号所需时间差异,使得船舶上的导航系统运用三角定位法,精确地实现船舶在无任何参照物环境下的定位。

　　目前,通过全球定位系统对地理位置的定位可以精确到厘米级,这项技术实现了自古以来无数航海家的梦想。因为通过与航海技术手段的融合,全球定位系统能够快速实现船舶定位,估算船舶航行的轨迹,这不需要任何航海专业知识,定位系统都在产生地理位置信息。如果愿意,埃拉托色尼[②]或者墨卡托大可以每时每刻都对他们所处的位置进行定位,这谁也管不着。[③] 当然在数字定位导航过程中,仅有定位数据是不可能实现的,数字导航的基础是地理位置的数字化,即"数字化地球"。全球定位系统得益于地球测量信息的数字化。历史上它几乎没有被量化和数据化过,如今将所有地球信息数字化还是人类努力的目标。其实,人和事物的地理定位自然是信息组成部分,这些信息需要转变为数据才具有使用价值。例如我们经常使用的手机导航,给我们的生活带来了极大的便利,到了一个陌生的地方,可通过导航软件查阅电子化的地图,但缺少数字化的地图,即使 GPS 定位到了也无地图资料可显示,这种情况经常出现在偏远的地区,其原因就是我们没有相应的数字地图信息。船舶在海洋上航行同样需要海上地图——海图。数字海图是数字地球的组成部分。目前大部分电子海图是在纸质海图上通过数字矢量化的方式生成的,其

---

　　① NNSS 海军导航卫星系统,由美国海军研制和建立的利用多普勒频移测量技术导航和定位的卫星系统。

　　② 埃拉托色尼被西方地理学家推崇为"地理学之父",除了他在测地学和地理学方面的杰出贡献外,另一个重要原因是他创造了"地理学"这个词语,并著有《地理学概论》。这是该词语第一次出现和使用,后来广泛应用开来,成为西方各国通用的学术词语。

　　③ 事实上,如今确实有许多人不知不觉地收集自己的位置信息,即使你不主动提供,许多智能手机软件也在进行位置收集,因为这些软件可能正"读取您的位置信息"。

电子海图精度取决于纸质海图的极限精度。纸质海图的极限精度是根据海图物理坐标的测量精度确定的。

由于美国 GPS 无法在室内和高楼之间进行定位，因此谷歌、苹果和微软需要自己研发地理定位系统来辅助 GPS 的定位。如今，GPS 只是众多卫星定位系统中的一种，我国也研发了卫星定位系统，如北斗卫星导航系统。这些新系统增加了通过对电塔和无线路由器的信号强度进行三角测量来定位地理位置的方式，解决了在室内或其他卫星信号被遮盖地方的定位问题，提高了定位的精准度。

三、计算机航海时代

数字化使得海上通信实现集成化成为可能。新技术在海上通信中的广泛应用，数字化、网络化促使海上互联网络成为可能。网络的智能化程度也在不断地提升，将海上网络向计算机智能网络通信系统的推进。全面智能网络及其智能业务是构成未来船舶海上通信的基本条件。在海上通信系统中使用智能网功能实体，实现对海上航行船舶呼叫的智能控制，通过海上智能网络，船舶通信由单纯地传递和交换信息，实现逐步向存储和处理信息的智能化发展。

海上通信借助移动卫星和计算机技术的发展，实现了各独立通信系统间的相互融合。集成化的海事电子仪器可以工作在不同的系统中。例如，同时在 INMARSAT、GPS 和 COSPAS-SARSAT[①] 系统下的航海仪器，不仅可以进行常规的海上通信等业务，还可以为雷达等提供位置信息，甚至具有紧急无线电示位标[②]（EPIRB，简称 406）的功能。具体而言，计算机航海时代相较于以往通信有以下两大变化。

(一)海事电子信息一体化

计算机航海时代，船舶局域网与通信系统实现一体化。海上船舶通信系统不是独立的通信系统。船舶管理自动化中运用计算机和网络技术让数字通

---

① 由美国、加拿大、法国、苏联联合开发的全球卫星搜救系统，它是全球海上遇险与安全系统中的重要组成部分。

② 紧急无线电示位标（EPIRB，Emergence Position Indicating Radio Beacon）因工作频率在 406 MHZ 附近，常被简称为 406，紧急无线电示位标在船舶下沉后自动弹出水面，发出求救信号，信号通过 COSPAS-SARSAT 系统转发到地面工作站。

信系统发挥了更大的作用。数字化信息时代所要求的高效、高速和低廉的特点在航海领域得到体现。在信息技术下海上航行的船舶实现船上航海仪器的局域网互联,船岸之间通过信息一体化联网,实现船舶自动化管理系统,解决了海事电子数据收集的难题。目前海事电子信息一体化的最大障碍是,INTERNET 业务通信系统尚不能提供快速可靠的低通信服务,必须通过各系统的中转或电话信道进行二次开发来传递互联网业务。逐步完善以计算机技术为基础的船舶通信系统的国际互联网业务,会带来全新的海事电子数据采集、使用方式。

(二)海事电子信息新技术化

计算机时代形成的海上智能网络是一种开放性的智能平台。海上智能网通过把电子数据交换与传统航海业务分离,在智能平台上建立集中的业务控制点和数据库,运用大数据技术实现航海活动的智能预测与分析,不仅可以减少海上事故的发生,同时集中处理的海事电子数据也为船舶管理、证据采集提供便利条件。海事电子数据集中的业务管理系统会达到上述目标。通过智能网,运营公司可以最优地利用其网络,基于其不断收集的海事电子数据,可以加快新业务的生成,正如马修·方丹·莫里大量收集航海数据进行分析后制定科学的航行路线,创造航海大数据的新价值。[①] 在大数据化的智能网络下,各种海事电子数据不仅实现了一体化,更可将各种电子数据进行高速传输,实现海事电子数据的互联互通,在一定程度上解决了海事电子数据的收集与保全问题。

本章小结

第一章研究的是全书的基础性问题。只有解决了"海事""电子数据""海事电子数据"是什么的问题,才能进一步分析研究海事电子数据的具体形态、证明价值、收集与保全、举证、质证和认证等一系列问题。在明确基本概念的基础上,本章接着对与海事电子数据容易混淆的电子数据、电子证据、科学证

---

① ［美］维克多·迈尔-舍恩伯格、肯尼思·库克耶:《大数据时代——生活、工作与思维的大变革》,盛杨燕、周涛译,浙江人民出版社 2013 年版,第 100 页。

据进行比较,明确它们的关系,着重阐述了海事电子数据与普通电子数据的比较。最后重点围绕海事电子数据最集中的两个领域——通信与导航的技术发展脉络进行海事电子数据的发展历史分析,主要目的是明晰前沿科学技术在海事领域的发展,更重要的是可为进一步分析海事电子数据的形成、特征以及在海事纠纷解决中的地位与功能提供研究思路。

第二章

海事电子数据的分类与证据价值分析

第一节　海事电子数据的物质基础

　　早期的航海主要是依靠磁罗经、六分仪①、天文钟 3 件古老的航海仪器为船舶提供航向和确定船位。在现代航海中,因为船队的增加和交通的繁忙甚至战争的需求,古老的航海仪器及其功能已不能满足现代船舶安全准确而实时地进行船舶导航的要求了。因此,各种电子通信和无线电导航仪器组合系统等相继出现,并且由分立设置走向组合,又不断更新换代。航海事业的发展促进了航海仪器的发展,这些航海仪器和导航系统的发展不但为船舶导航提供了更加可靠的安全保障,而且促进了航海事业的发展。而雷达、海事卫星通信设备、卫星导航设备是众多的航海仪器设备中最重要的部分,其收集的海事电子数据传输到不同的船舶电子系统中进行综合计算,是 AIS、VTS、VDR 等系统数据的来源或传输方式。这些仪器是具有证据价值的海事电子数据物质基础,由其产生的电子数据也是成为解决现代海事纠纷的重要证据材料。

一、雷达②

　　雷达发明于第二次世界大战前夕,借助战争,雷达技术得到了迅速发展。

----

　　①　六分仪是一种用来测量的光学仪器。在航海中利用六分仪可以测量某一时刻太阳与海平线或地平线的夹角,通过夹角的计算可以得知海船所在位置的经纬度。

　　②　雷达是 Radar 的音译(Radio Detection and Ranging),意为无线电探测与测距。

49

第二次世界大战之后,雷达技术在多个领域转为民用。应用于船舶导航的雷达称为船舶导航雷达①。雷达能够及时发现远距离弱小目标,精确测量目标相对于本船的距离和方位,确定船舶位置,引导船舶航行。通过传感器的支持,雷达还具备了目标识别与跟踪、地理参考信息显示等功能,能够有效地避免船舶碰撞,保障航行安全。随着航运市场和电子信息技术的发展和进步,为了规范雷达的使用性能和生产质量,IMO 和 IEC②颁布并多次修订了雷达的性能标准和测试标准。IMO 在雷达性能标准中指出,雷达提供其他水面航行器、障碍物和危险物、导航目标和海岸线等相对于本船位置的指示,雷达设备应有助于安全航行和避免碰撞。因此,雷达是驾驶员赖以瞭望、观测、定位、导航和避碰的重要航海仪器。

在半个多世纪的发展过程中,雷达收发机主要沿用着传统的简单脉冲发射与接收机制,雷达技术的进步主要表现在视频信息综合处理方面。随着晶体管、集成电路,传感网技术以及卫星定位技术和信息技术的发展,雷达的发展历程大致经历了模拟信号处理、数字信息处理和计算机数据信息处理三个阶段。

(一)模拟信号处理

这段时期早于 20 世纪 90 年代,雷达设备完全或主要采用电子管或晶体管分立器件,发射功率较大,回波信号经过接收系统实时处理,直接显示在径向圆周扫描显示器③(亦称平面位置显示器,Plan Position Indicator-PPI)上。这个阶段晚期的雷达技术已经十分成熟,具有非常好的探测和分辨目标的能力,接收信噪比高,抗干扰能力强,故障率低,目标图像稳定清晰,操作简单方便,成为航海人员安全航行的好帮手,被称为驾驶员的"眼睛"。

---

① 在本书中,未有特别说明时,雷达一词即指船舶导航雷达,性能标准即指 MSC.192 (79),即国际海事组织(IMO)海上安全委员会(MSC)第 192(79)号决议。Adoption of the Revised Performance Standards For Radar Equipment 指关于采用修订版雷达设备性能标准的决议标准。

② IEC 国际电工委员会成立于 1906 年,它是世界上成立最早的国际性电工标准化机构,负责有关电气工程领域中的国际标准化工作。

③ 雷达的 P 型显示器,属于径向圆扫描显示,又称平面位置显示器(PPI)或环视显示器。P 型显示器具有显示的雷达数据直观,易于理解的优点。但它显示目标信号呈一圆弧,使方位角测量精度和分辨力受到限制,并且其极坐标的方位分辨力随着距离越近越下降。这种显示通常只用于搜索警戒和作战指挥。

模拟信号时期,雷达的缺点也显而易见。从技术角度看,由于采用实时的模拟信号处理系统和径向圆周扫描显示器,荧光屏的显示亮度和对比度受到了限制,实现彩色显示更为困难,在有环境光的时候,需要用遮光罩遮挡环境光,才能正常使用雷达。改变量程①时,屏幕的亮度也必须随之改变,否则容易发生"烧屏"现象。而从证据法的角度看,实时系统不利于信息处理,无法方便地实现目标跟踪功能,难以处理文字和图标标识信息,不方便与其他现代航海仪器实现信息共享,雷达显示器只能作为雷达信息的专用显示器,更为重要的是雷达信息不能存储以便事后分析或举证。

(二)数字信号处理

1990 年前后,在雷达收发体制基本不变的情况下,基于微波元器件的发展和应用,雷达接收系统回波处理能力有了很大的提高,雷达发射逐渐趋于小功率,接收趋于高灵敏度宽动态范围特性。随着大规模集成电路的广泛应用,雷达设备的体积实现了小型化,雷达视频信息的再处理也有了长足的进步。这个阶段普遍采用了数字处理技术,将原始雷达视频数字化,利用雷达显示休止期对信息进行处理,克服了早期 K 段雷达②的缺点,实现了均匀高亮度光栅扫描显示,获得了更高的信息检测能力,并且能够方便地实现目标自动标绘和跟踪(ARPA)③功能,满足了航海需要。

这个阶段,雷达信号处理采用专门设计的硬件,其技术和雷达的使用功能基本处于过渡期。原始视频信息经过模数转换得到的数字视频质量并不很高,出现失真较大和目标闪烁明显等问题。即便如此,数字信号处理技术还是给雷达信息的再处理带来了革命性的进步,雷达信息处理技术从整体上进入了一个新的时期,为后来的雷达信息化发展奠定了基础。从使用层面看,这个阶段的雷达仍然保持着独立专用显示器,但操作界面更为复杂,既保留了传统的旋钮按键式操作界面,又应用了屏幕触摸式操作界面,还出现了类似于计算机鼠标式的轨迹球与屏幕菜单结合的操作界面;虽然此时雷达的功能在瞭望和定位的基础上,显示了更为丰富的导航和避碰信息,但雷达视频信号仍然是

---

① 度量工具的测量范围,由度量工具的分度值、最大测量值决定。

② K 段雷达是德国开发的一种雷达,它将雷达的中心波长限定在 1.5cm。这一波长的电磁波就被称为 K 波段(K=Kurtz)。但这一波段的波长可以被水蒸气强烈吸收。

③ ARPA(Automatic Radar Plotting Aid)自动雷达标绘仪,它能人工或自动捕捉目标然后自动跟踪目标,并显示目标的航向和航速。

模拟信号,只不过显示的方式由模拟信号变为数字信号,尚不能实现数字信号的存储与分析,根本无法回溯事故发生时的雷达数据,对解决海事争议的证据价值未能充分发挥。

(三)计算机数据信号处理

进入 21 世纪,计算机数字信息处理、AIS 及电子航海图(ENC)的应用,带给雷达更强大、更丰富的功能。现代雷达系统具有一些共同特点:发射功率一般不超过 30kW,趋于小功率发射;雷达传感器越来越多采用桅上型结构①,硬件趋于集成化、模块化;信息处理硬件采用工业计算机系统,软件采用近现代信息处理方法,运用相关检测技术,综合处理来自多传感器的信息,为驾驶员提供在强杂波环境下目标最优检测结果;人机交互采用较为成熟的图形用户界面(GUI)②,将雷达图像与综合信息分窗口显示在平面光栅显示器,如液晶显示器上。计算机系统处理后的雷达显示终端已经成为多功能显示终端,至少满足了综合显示功能,而更为关键的是运用计算机系统的信号采样③可以将雷达信号存储于计算机系统中,为分析数据、重现数据提供了技术上的保障。

计算机系统处理雷达信息,有助于综合利用船舶多传感器导航安全信息,辅助雷达系统及时为驾驶员提供航行安全信息,辅助驾驶员作出最佳决策,是现代航海仪器发展的必由之路。更为重要的是从证据法的角度来看,利用雷达数据不仅可用于监视各种海上目标,通过连续采集所获得的雷达数据进行数字化成像,可以得到连续的数字化图像,这些雷达图像数据提取相关参数可以用于相关海上事故处理的举证过程中。

二、海事卫星通信

海上通信对于海上运输、海上航行安全、海上搜救等方面起着至关重要的

---

① 指雷达天线与收发机合并安装,其特点是功率小,但不便于维护保养。

② GUI 图形用户界面(Graphical User Interface),它是指采用图形方式显示的计算机操作系统。如 WINDOWS 操作系统。与早期计算机使用的 DOS 命令行界面相比,对于用户来说图形界面在视觉上更易于接受。

③ 由于计算机只能处理数字信号,而雷达视频信号是典型的模拟信号,雷达视频模拟信号在输入计算机之前必须通过采样技术转化为数字信号。这种采样是让模拟信号按照一定的间隔被采样的,将采样的信号幅值保持到最终得到采样的数字信号。

作用。由于海上环境的特殊性,对海上通信也提出了更高的要求,主要应用的有卫星通信技术,如海事卫星系统 INMARSAT。

利用卫星进行通信的设想最早是由英国空军雷达军官、科学家亚瑟·克拉克(Arthur C. Clarke)在 1945 年发表的一篇文章中提出来的。1962 年 7月,美国发射了世界上第一颗有源通信卫星,利用该卫星成功进行了横跨大西洋的电视转播和多路电话试验,这是世界上首次卫星通信。1979 年 7 月国际海事卫星组织成立,并于 1982 年建立了国际海事卫星通信系统。经过 20 年的试验、探索,逐渐走向稳步发展,使卫星通信终于从设想变为现实。卫星通信正是为了满足社会进步对信息日益增长的需要而迅速发展起来的一种先进的通信方式,目前卫星通信承担了相当重要的通信业务。

INMARSAT 通信系统由三个主要部分组成:空间段、地面站和船站。海事通信卫星空间段是用以接收和发送岸站和船站的信号系统的中继站。通过布设于太平洋、大西洋和印度洋三个洋区,采用静止轨道卫星,向用户提供包括实时的存贮转发电传短信息、各类电话、传真、数据以及数据报告等极为完善的通信功能;海事卫星地面站设有天线等设备,地面站是起通信网的控制作用的,通过设在陆地上的海事卫星通信地球站,地面的岸台可与陆上其他通信网相连通;船站(又称移动终端)最初海事卫星是应用于船舶之上的,是装在船上的海事卫星通信地球站,是系统的通信终端。海事卫星系统在 1985 年开始涉足航空通信,1995 年国际海事卫星组织更名为国际移动卫星组织,其提供多种不同类型的业务系统,根据用户的不同需要提供 INMARSAT-A、B、M、C、Aero、Mini-M 以及手持终端等类型的移动终端。

INMARSAT-A 是 1976 年启用的第一个系统,采用模拟 FM 通信制式,信道带宽 50kHz,能提供语音、传真、高速数据(56kbit/s 或 64kbit/s)、电传等服务;这种模拟式的通信方式很快就因为技术问题,以信数据容量问题而被 B系统取代。INMARSAT-B 系统是 INMARSAT-A 的数字式替代产品,是模拟系统向数字化系统的转变,它提供所有与 INMARSAT-A 相同但有所增强的服务,最大的区别就在于采用数字化的技术使得卫星通信系统容量大为增加,其数据容量是 A 型站的 2.5 倍,使用的卫星功率只是 A 型站的一半;IN-MARSAT-M 系统是 1993 年开发出来的,是 B 型站的简化型,通信标准略低于 B 系统,只提供 6.4kbit/s 语音编码速率的电话、2.4kbit/s 三类传真和2.4kbit/s数据通信;INMARSAT Mini-M 是一种更小型的 M 站,1996 年底才推向市场,是全新概念的卫星终端,使用 INMARSAT 第三代卫星的点波束,是一个全球覆盖的移动通信终端,可提供 4.8kbit/s 语音编码速率的电话、

2.4kbit/s传真和数据；INMARSAT-C 主要用于数据通信，于 1991 年开始在全球运营，采用全数字化的存储转发信息传递方式，可以提供 600bit/s 低速数据、电传和传真业务。INMARSAT-C 终端装有 GPS，可提供全球定位服务；INMARSAT-Aero①，使用海事卫星设备可为航行在世界各地的飞机提供双工电话、电子邮件服务，以及浏览互联网信息。可以向飞机提供数据通信业务，解决了传统上使用 VHF 通信受传播距离的限制以及无线电短波通信可靠性与安全性的问题。用户不管使用上述哪种卫星移动终端，都是将终端通信信号直接发送到卫星空间段，再由卫星空间段转发到地面站进入陆地其他通信公众网中。不仅可以实现语音、短信沟通，还可与国际互联网相连，满足海上、陆地及航空管理和用户各类通信。

目前海上船舶主要使用国际海事卫星的 C、F、Mini-M 和 FB 系统，这四个系统分别满足了航海用户遇险通信和日常通信的需要。为海上船舶提供的服务功能主要分为日常通信和遇险通信两类。遇险通信主要包括遇险报警和遇险级别通信，日常通信服务主要包括语音、船站、数据和视频等满足船岸间日常通信的需要。使用海事卫星通信对海事电子数据的收集与保全会产生一定的影响，这种影响一是体现在第三方运营商方面，所有海事卫星通信必须通过卫星通信运营商、地面通信运营商等机构，因此，海事电子数据会有第三方副本，为海事电子数据的收集与分析提供了便利，卫星通信运营商积累了大量非常有价值的数据，能够为客户提供数据分析、数据收集服务；二是体现在海

---

① AAIB(英国航空事故调查处)，是世界上最早确定马航 MH370 飞机发生空难的机构，英国空难调查处在没有找到飞机残骸和黑匣子的情况下，在 2014 年 3 月 24 日就宣布马航 MH370 航班发生了空难。英国空难调查处依据的是国际海事组织提供的飞机飞行数据。虽然 MH370 飞机上实时传输系统被人为地关闭了，但是飞机仍然会自动发出指令给卫星系统，而国际海事卫星是唯一能够接收到其 PING 指令的卫星，MH370 飞机自动给海事卫星传输了多组 PING 指令，这些指令被海事卫星接收到后，英国空难调查处调查人员对 PING 指令发现的数据包进行分析，明确了飞机航行的方向是南印度洋，从而为搜寻明确了方向。参见《马航最新消息：MH370 坠毁印度洋，英国空难调查处和国际海事卫星组织是谁》，http://m.guancha.cn，下载日期：2019 年 12 月 10 日。一年过后，飞机的残骸仍然没有找到，主要原因在于马航不仅出于成本的考虑并没有使用国际海事卫星通信，而且连飞机上的飞行记录仪的管理都是混乱的，没有发现飞行记录仪已缺少电力。为避免 MH370 事件重演，国际民航组织与国际航空运输协会都在研究客机定位追踪问题，目前 90% 以上的宽体客机早已安装相关追踪器材，只需要开通相关服务就可以实现时时跟踪。国际海事卫星组织表示拟提供免费的客机追踪服务。参见《国际海事组织欲推免费客机追踪服务》，http://jiansu.china.cn，下载日期：2020 年 6 月 20 日。

事电子数据的"量"变得异常庞大,卫星通信运营商拥有名副其实的大数据。海量数据的出现、数据结构的改变,增加了运营商大数据存储和处理的难度,传统的数据仓库对于不断增长的数据量无法提供有效的存储服务。但是由于卫星通信服务与传统通信业务不同,针对大数据化的发展,卫星通信只需要对电子数据内容进行多用户、实时有效的数据分析,就可以满足客户的需求。在这方面传统的数据收集与处理是无法实现的。卫星通信的进一步发展与运用将是海量数据、现代信息技术与各种社会应用的一次化学反应,必将对海事电子数据相关的法律法规带来深刻的变革。

三、导航仪器

近 20 年是导航技术发展最快的时期。全球定位系统(GPS)、船载自动识别系统(AIS)、电子海图显示与信息系统(ECDIS)、港口海洋环境要素实报及预报系统(PORTS)及数字化航海图书资料是这一时期导航技术发展成果的主要代表。国际航标协会(IALA)①在《助航指南》中提出,支持鼓励管理当局提供卫星无线电导航系统,使其系统对用户可用,并确保提供的导航信息的准确度和可用性尽可能达到最高标准。自 1996 年以来,美国的全球定位系统(GPS)和俄罗斯的全球导航星系统(GLONASS)已经被公认为全球无线电导航系统的组成部分。除此之外,全球导航卫星系统还包括其他系统,例如欧盟的伽利略导航系统(Galileo)和中国的北斗导航系统(Compass)。

为了计算位置,卫星定位导航技术利用一个非常基本的公式:距离(D)＝速度(v)＊时间(T)。该公式是几乎与代数本身一样古老,形成了现代物理学的支柱。三键的值是速度、时间以及公式中的距离。知道任意两个,就可以算出第三个。因此,根据公式,如果知道一个对象的速度和它行驶的时间,该对象已经移动的距离就可被精确地计算出来。从某种意义上来讲,卫星定位导航是一种以空间卫星为基础的无线电定位系统。卫星定位导航可在全球范围内全天候地为海上、陆上、空中和空间的用户提供连续、高精度的三维位置、速度和时间信息。卫星定位导航的建立使海上、陆上、空中和空间运载工具的定位与导航发生了极为深刻的、划时代性的变革。其特点是,提供全球、全天候、

---

① IALA(The International Association of Marine Aids to Navigation and Lighthouse Authorities)国际航标协会,是一个非营利的、非政府间组织,致力于海上航标的协调一致。IALA 成立于 1957 年。

连续、高精度三维位置、三维速度和时间服务。卫星定位导航已经成为一个国际性的技术应用。

(一)美国卫星导航定位系统

自从 20 世纪 50 年代卫星发射后,美国民用和军事机构已积极展开一项计划,利用卫星来帮助定位和导航。在军事部门的催促下,卫星导航系统开发始于 70 年代初。通过利用导航卫星进行测时和测距,实现地理位置的确定系统。该系统的最初的目的是为美国军队和盟国提供全球范围内的不依赖地面导航设施的手段。除了向地面部队、飞机、船舶提供导航服务外,该系统已经适应引导"智能"导弹系统。[①]

美国卫星导航系统由 28 颗卫星(其中 4 颗备用)组成,分布在 6 条交点互隔 60 度的轨道面上,美国卫星导航系统已经实现单机导航精度约为 10 米,如果运用综合定位技术定位,其精度可达厘米级和毫米级。但民用领域开放的精度约为 10 米。美国卫星导航系统由空间部分(卫星星座)、地面监控部分(控制部分)和用户部分(信号接收机)组成。地面支持网由 1 个主控站、5 个监测站、3 个注入站构成。主控站设在科罗拉多州斯普林斯的联合空间工作中心。主控站控制所有地面监控系统,从各跟踪站收集跟踪卫星数据,运用计算机对卫星的时间偏差和轨道参数进行评价,校正卫星原子钟的参量、卫星星历[②]、校正大气层参量、系统状态等一系列数据后,再统一编制成导航信息码传送给注入站;监测站是在主控站直接控制下的数据采集中心,其任务是接收卫星的各种信息,如时间偏差和轨道参数等环境数据,确定校正后的卫星原子钟的参量,并将测定的卫星导航系统信息传送到主控制站。

现在几乎所有的船舶都安装了卫星导航系统,同时船舶卫星导航系统数据还运用于船舶的其他设备,构成综合海事数据系统,如 GMDSS、AIS、LRIT、VDR、电子海图以及雷达设备,成为船舶获取位置信息的基本手段之一。卫星导航系统在航海领域的应用及普及使得海上航行事故大幅减少,同时也对传统的海上定位技术构成了巨大的冲击。尽管先进的导航技术带来了诸多便利,但也不能忽视卫星导航系统存在的问题,例如在航行路线的导航过

---

① Scott Pace, The Global Positioning System: Assessing National Policy, *Hereinafter Pace*, 1995, p.237.

② 卫星星历(Two-Line Orbital Element),由美国 celestrak 发明创立,是表示太空飞行体位置和速度的两行式轨道数据系统。

程中,船舶卫星导航系统上显示的航迹都会与海图上实际位置存在偏差,航海实践中一般是采用卫星导航系统与雷达相结合的定位方式,即采用卫星导航系统船位与雷达船位相互印证的方法获得可靠的船位。这样既可以发挥卫星导航系统船位连续定位的特点,还能充分发挥雷达在避距离避险等方面的优势。从实践应用中,船舶碰撞事故责任认定单纯地依靠卫星导航系统中的电子数据是不可靠的,还需要结合其他海事电子数据进行综合分析。

(二)中国"北斗"导航定位系统

中国拥有自主知识产权的"北斗"卫星导航系统,是可以与世界其他卫星导航系统兼容共用的全球卫星导航系统,"北斗"导航系统在全球范围为各类用户提供高精度的定位导航、授时服务,与美国卫星导航系统不同,"北斗"导航系统还兼具短报文通信能力。目前"北斗"导航系统主要在为我国的石油井采、海洋环境监测、森林防火、灾害预报、交通运输、卫星通信以及国家安全等提供可靠的导航定位服务。2014年11月23日,国际海事组织对"北斗"导航系统进行评估,最终通过了对"北斗"卫星导航系统在海上航行的安全认证。通过国际海事组织的认证标志着"北斗"卫星导航系统正式成为海上卫星导航系统的组成部分,安装"北斗"导航系统的船舶满足了国际海事组织对船舶安全的强制规定,意味着"北斗"导航系统在海事应用的国际合法地位。[①] 从此,继美国的卫星导航系统和俄罗斯的GLONASS后,中国的"北斗"导航系统已成为第三个被联合国组织认可的海上卫星导航系统。

"北斗"卫星导航系统的特点为区域性、全天候、高精度、连续、有源工作方式。"北斗"卫星导航系统空间段由5颗地球静止轨道(GEO)卫星,分别位于东经58.75度、80度、110.5度、140度和160度和30颗中地球轨道(MEO,21500KM)卫星组成,轨道倾角55。为与美国的卫星导航系统展开竞争并降低我国对美国卫星导航系统的依赖,基于国家安全的考量,我国已规定政府机构必须使用"北斗"卫星导航系统,尤其是公安部以及救灾和旅游等部门。在海事领域,交通运输部规定全国范围内的5万多艘本国渔船上安装该导航系统,这些船只的航行轨迹可由"北斗"导航卫星收集,大大方便了我国对相关海域的管理,尤其是对那些出入南海争议海域的船只可以实现时时监控,保障我国渔民的合法权益,维护国家海洋主权。

---

① 《我国北斗卫星已获联合国正式认可,可媲美GPS》,http://mil.news.sina.com.cn/2014-12-06/0922814325.html,下载日期:2019年2月12日。

我国的"北斗"卫星导航系统区别于美国的卫星导航系统,采用的卫星轨道是个特殊的混合轨道,是由多颗不同轨道的卫星组成的。地面接收仪器可以接收到更多卫星的数据,而接收到的卫星数据越多,航路定位的精度就越高,通过多颗卫星的数据可以连续测量时间和位置的变化。"北斗"卫星导航系统和美国卫星导航系统、俄罗斯GLONASS相比,在通信技术上更为先进,"北斗"导航系统增加了通讯功能——"北斗"卫星导航系统文字信息。从这一点上看,船舶使用"北斗"卫星导航系统的定位和短报文通信功能,可以实现船舶动态回报,使得船舶的位置可以更及时的传送到相关系统中。回报频率为5次/分钟,而这种频率的密度直接影响到船舶航行轨迹的准确性。通过"北斗"导航系统实现船与船之间短报文通信,因为安装了"北斗"卫星导航系统终端后,在海上航行的船与船之间、船与岸之间可以实现相互的短报文通信,几乎可以替代传统的短波无线电报。甚至是陆地用户可以利用普通手机与船载北斗终端进行相互的短报文通信。也就是说,"北斗"卫星导航系统短信功能与手机短信功能基本一致,包括给"北斗"船站群发或选发短信并且这些短信息是可以保存在卫星导航系统中的。那么,这些报文信息在船舶发生船难事故后,可以调取出来进行综合比对,其证据功能得以体现。

(三)欧盟及俄罗斯导航定位系统

欧洲空间局早于1982年就提出建议,希望建立一套以民用为主要目的的GNSS系统,2002年初欧洲卫星导航系统正式开始实施,取名为伽利略系统(GALILEO)。初期的目的是为民用航空导航和飞机自主着陆提供高精度和可靠的星基和地基的导航信号。虽然伽利略系统声称系民间组织的全新的导航系统,实际上伽利略系统的真实目的是保证欧洲拥有可以与美国卫星导航系统相抗衡的卫星导航系统。具体地说,主要有3个方面的原因推动了伽利略系统的立项和建设,首先,从技术的角度分析,卫星无线电导航系统将越来越显示其在各个应用领域的重要性。随着卫星导航技术的发展,相信移动通信为现代社会带来的技术革命将被新一代定位和导航系统所取代。其次,从经济利益的角度出发,伴随着伽利略系统的建设和一系列系统服务的展开,将在很大程度上带动欧洲经济的发展。再次,是政治原因,欧洲需要掌握对其社会各个领域产生巨大影响的各项关键技术的控制权。

伽利略系统建成之初,将与美国卫星导航系统存在一定程度的竞争,但随着时间的延续两系统将相互利用,更大程度上扩大卫星导航系统的实际应用范围。目前伽利略系统的最大特点是定位于民用领域,从方案论证、系统的具体建设直到最后系统的运行维护都没有军方直接参与控制。伽利略系统在吸取美国卫星导航系统优势的同时,从各个方面出发试图克服美国卫星导航系统的不足之处,在系统服务保障、系统完整性监测等多方面均着力加以改善。当然,由于伽利略系统仍属于卫星导航系统,与美国卫星导航系统的误差表现相似,主要表现为测距误差。

而 GLONASS 系统是苏联从 80 年代初开始建设的与美国卫星导航系统相抗衡的导航系统,70 年代初,苏联国防部提出了全球导航星系统(GLO-NASS)的方案设想,1995 年系统组网成功并投入运营,其提供民用导航服务,同时也为俄罗斯及其军事盟友提供导弹防御的服务。

综观目前国际重要的卫星导航系统的性能与特点,虽然卫星导航系统已经能给出数字船位,但任何一种定位系统都有其局限性,即使多元化的卫星导航系统也会有局限性,过分地依赖卫星定位系统定位对航行安全是不利的,何况卫星定位系统存在卫星定位系统各个部分的稳定性的问题。因此,传统的陆标定位、雷达定位及天文定位目前还必须坚持,而且应有相应的航行值班制度给予保证。在海事司法实践中,对于船舶位置与航行轨迹在分析与认定过程中,单一的依靠卫星导航系统等电子数据存在一定的问题,必要时还应当综合雷达导航数据与天文定位数据。

第二节 具有证据价值的海事电子数据分类

众所周知,不同的证据有不同的证明价值。许多证据进行不同的组合将呈现出不同的证明价值。而证明价值不仅是指单个证据或单组证据,同时也包括案件中的全部证据。[①] 在法学方法论意义上,以事物的共同意义为核心会构成类型化,依据事物共同的外部特征组合在一起就会形成一个理想的类型。证据分类研究的理论始于 18 世纪英国著名法学家边沁。边沁在《司法证据原理》中对证据进行了分类,根据不同的标准分别将诉讼证据分为自愿证据和强制证据、直接证据和情况证据、实物证据和人的证据、原始证据和传来证

---

① 何家弘、刘品新:《证据法学》,法律出版社 2011 年版,第 384 页。

据等不同的类型。自此,各国的诉讼法学者高度重视诉讼证据分类的理论研究。①

海事电子数据证据分类是基于理论上对证据的不同标准进行分类的研究,是理论的解释,并不具有法律强制性。海事电子数据证据分类是根据证据的多样性,并具有一定程度的灵活性的划分,根据研究海事电子数据的特性和目的,设置了不同的分类标准。正确认识海事电子数据特征及证明价值就要对海事电子数据进行科学的类型化,这也影响了对海事电子数据真实性的判断。

一、基于计算机技术的海事电子数据

海事电子数据也是由内嵌计算机系统产生的,因此,对海事电子数据的分类,首先是基于计算机技术的分类。从计算机系统的角度看,根据海事电子数据提供主体的角度可对其分为本地②海事电子数据和系统海事电子数据。如果海事电子数据仅由海事行为一方主体的设备完成控制、存储、传输生成的就是本地海事电子数据。例如当事人的船载计算机系统中抓取的截图或自行录制的音频、船载数字录像设备录制的视频等;与此相反,如果海事电子数据被存储在特殊的系统中,除由纠纷的两方或多方争议的当事人及设备制作、生产、控制、存储、传输外,还存在有第三方机构参与制作这些电子数据的制作、生产、控制、存储。这些数据受到不同主体的控制,不同的主体控制下的电子数据组合在一起就形成一个相互确认的数据系统,那么这种数据就属于系统海事电子数据。

(一)本地海事电子数据

本地海事电子数据通常是被海事纠纷中的当事人单独掌握或自行制作的,其中大多以本地文件的方式存在,虽然本地海事电子数据由一方当事人制作或掌握,但并非所有的本地数据都只有较低的证明价值,这要具体分析本地

---

① Libor Kyncl, Elektronické dokazování, *Electronic evidence;electronic data*, forensic analysis;evidence presentation, 2011.

② 本地文件是与远程文件对应的,是存储在机器中的磁盘系统中,没有专门的系统帮助可以被其他计算机读取。例如,存储在电脑桌面上的电子文件是本地文件,但需要网络下载并在网站上存储的歌曲是远程文件。

海事电子数据的类型。本地海事电子数据大体上可以分为可编辑的海事电子数据、只读海事电子数据。

1.可编辑的海事电子数据

海事电子数据的内容可以由当事人自由制作、编辑、删节的数据,例如电子航海日志等图文内容文件,储存在船舶中的数字录像机录制的音、视频等声像文件等就是可编辑的海事电子数据。可编辑的海事电子数据其主观性色彩最浓厚,是最容易被篡改、删除、伪造的电子数据,在纠纷解决中最容易被对方质疑其真实性。

在一些特殊的案件当中,可编辑的海事电子数据也具有一定的可信度,这要根据海事电子系统的状况以及海事电子数据持有人的综合状况进行分析。[1] 例如,目前的立法显然没有预见到使用个人计算设备形成的"无纸化时代"的挑战。随着个人智能设备的普及,在海上航行的船员可以随时运用计算机设备记录自己的思想和表达自己的意志,而不再受纸笔的束缚。在无纸化时代,片面强调书面形式为"纸面",并对此记录的真实性进行过分证明的要求,这是一种强人所难的规定。[2] 其实从技术上看,如果"海事电子数据"存放

---

[1]　2009年1月,台湾地区智慧财产法院审理一起违反著作权法的案件时认为,被告所经营的某网吧并未设置任何禁止他人删改画面或下载影片之机制,存在被侵权的影片系被告所制作,并放置于计算机服务器中供人下载观赏,抑或系由他人利用店内网络下载后暂存于计算机中两种可能性。而依证人证言,本案被告并不懂计算机,无法自行维修或灌录计算机软件且学历仅小学三年级程度,已年逾七旬,有无能力自己制作录像片,或自行上网下载影片、甚或明知并委托他人为店内计算机存放录像片以供他人观赏,存在疑问。法官最终"在参酌被告自身学习经历背景及年纪等因素下,益见堪疑之处。而'罪嫌有疑,利归被告',乃刑事法学重要原则,本件既查无其他积极证据足认被告等涉有前开犯行,自属不能证明被告犯罪"。参见台湾智慧财产法院刑事判决,2008年度刑智上更(一)字第14号。

[2]　凤凰网:《女子庭审用经鉴定QQ聊天记录当证据被法院拒采纳》,http://hebei.ifeng.com/detail_2015_01/29/3498469_0.shtml,下载日期:2018年12月5日。渝中区法院研究室工作人员认为:该证据属于电子数据,虽然司法鉴定中心对双方信息交流真实性已认可,仍无法确定用网名交流的两人是否就是当事人双方本人。该工作人员介绍,在民事案件中的合同纠纷与离婚纠纷中,网络交流信息经常被当事人双方作为电子证据使用。一般情况下,电子证据作为案件孤证或者主要证据采纳很难,只有在案件完整的证据链中,可作辅证使用。对此,笔者认为,QQ网名虽非当事人的真实姓名,但与当事人的一一对应性是非常容易被证明的,无论是运用IP技术手段,还是内容印证方法都可实现,而QQ内容的真实性也得到认可,在此情况下,不采信当事人提交的电子数据,实有不妥。此案的判决在一定程度上反映了法官对待电子数据证据的排斥态度。

在一台专属于当事人的智能电子数据系统当中,而该智能系统性能正常,没有被他人控制,未遭受任何攻击或破解,那么在该智能系统中存储的电子数据信息是可以被认定真实性的,在纠纷解决中应当被采纳,电子数据中的内容可以视为当事人的意愿的真实表达。从实践中看,许多海事电子数据的真实性是可以通过产生海事电子数据的仪器系统的性能是否正常,以及海事电子数据的生成方式、海事电子数据生成的时间记录来证明的。

2.只读海事电子数据

只读海事电子数据是指只允许通过航海仪器自由访问并阅读其内容,而不能对仪器中的数据进行自由编辑、删除,如果自行强制修改会导致仪器系统完整性损坏的电子数据记录类型。有些航海仪器中重要的文件会设定成只读状态,避免任意地修改这些文档的内容,如果不对这些数据解除只读,这些文档是不能被修改的。只读海事数据如同被透明玻璃封存,通过航海仪器的操作,用户可以清楚地看到里面的物品,但不能重新存入东西。例如,依据VDR的技术要求,其中的某些数据是固化在只读存储①硬件中的,这些信息只能读取,在不更换硬件的情况下无法修改相关数据。我国《船载航行数据记录仪管理规定》第16条规定,船舶安装VDR后,因发生船舶买卖等需要更改船名等相关船舶技术数据的,应提前向船舶注册地海事主管机关申报,在获得相关机构核实批准后,由VDR生产商来完成原固化数据的更改和器件更换,从而记录新的海事电子数据。

只读海事电子数据也不是绝对的"只能读不能写",熟悉相关技术的人员,通过安装相应的解析软件,同样可以"自由"地对各种只读海事电子数据增加或者删除内容,由于这种删除或修改破坏了系统的安全性或数据的属性,因而往往会留下痕迹和操作记录。相对于可编辑海事电子数据而言,只读海事电子数据的稳定性和安全性都有所提高,防止篡改的程度有所增加。在司法实践中,如果是针对只读电子数据进行质证,那么数据持有人的电子技术水平将是一个重要的参考点。目前,针对只读海事数据的案件比较少,绝大多数情况发生在对海事系统运行软件进行修改的情况,但这种篡改的目的基本上是破

---

① 只读存储是指所存数据,一般是装入仪器整机前事先写好的,仪器整机工作过程中只能读出而不能更改。例如常见的CD-ROM光盘,通过光盘驱动器可以读取光盘中的数据,但计算机系统无法将数据存储到这个CD-ROM光盘中(目前有可进行一次性写入光盘CD-R和多次刻录的光盘CD-RW)所存数据稳定,系统断电后所存数据也不会改变,常用于存储各种固定程序和数据。

解海事应用软件的使用权限,此行为就属于侵犯知识产权纠纷,不属于海事纠纷。

(二)系统海事电子数据

对种类繁多、体系庞杂的系统海事电子数据难以简单类型化。由于掌握证据主体的多少会影响证明价值的大小,本书仅依据海事电子数据在纠纷解决中控制该证据的主体多少为标准,将海事电子数据分为双方、多方海事电子数据。

1.双方海事电子数据

如果数据储存于海事纠纷双方当事人的海事仪器设备中,这样的数据类型就是双方海事电子数据。双方海事电子数据无论是在时间上还是在数据的存储方式上存在可以相互印证的两份数据,可以对其真实性加以验证,这种海事电子数据不论是存在于哪一方当事人的系统中,都是原始证据不是传来证据。例如双方通过甚高频进行的通话记录、运用中国"北斗"导航卫星传输的短信息等,均保留在双方各自的系统中。依据"拟制原件说"理论,无论是电子数据本身和制作者或发行者都认为存在的其持有的电子数据具有法律效力的复本。① 这样的证据至少存在两"份",如果两份电子数据不同,究竟哪一方所持的数据属于原件?哪一方单方面篡改了电子数据?这会成为法庭质证的关键问题。

在海事领域中许多船与岸之间的数据信息都是双方海事电子数据。由于海洋运输的特殊环境以及目前的技术条件限制,海上船舶与陆上企业之间尚不能保持实时在线连接,从技术上看,如果在沿海航线使用 CDMA/GPRS 通信方式存在很多盲点,无法连接到通信网络,而在远洋航线利用卫星通信站保持长期连接的费用高昂,这都导致海事电子数据库不能实现同步更新。因此,在实际应用过程中,船、岸双方海事电子数据并不一定保持完全一致,往往还需要通过其他佐证,但由于双方均掌握一定的海事电子数据,这增加了证据的客观性和相互印证的可能性。而随着船舶移动互联网的应用,海事电子数据中也会出现类似于常用社交软件中的数据信息作为海事证据的可能性,而利

---

① 张建伟:《证据法要义》,北京大学出版社 2009 年版,第 348 页。

用这些软件存在的最大问题是使用者的真实身份具有很大的不确定性。[①]

2.多方海事电子数据

多方海事电子数据控制主体存在无利害关系的第三方,即海事电子数据不仅存在于当事双方,同时在无利害关系的第三方也存在相同的数据,或者存在不受当事人控制的其他机制确保其真实性的海事电子数据类型。这种海事电子数据相较于双方海事电子数据还增加了存在路径等因素来验证数据的原始性,这种存在多维度的验证机制一般不需要进行复杂的真实性判断。

利用卫星通信接入地面互联网方式则主要是由第三方中转或存储的数据,例如船舶航行轨迹不仅存在于当事船舶海事仪器中,还存在于海事管理部门的 VTS 系统中,在商业机构中也会保存,如船讯网、BLM-Shipping 客户端等[②]都能查询到某船舶的航行轨迹。这种多维度证明海事电子数据真实性的方式为证明案件事实提供了更为便利的条件。多方数据往往是以组合的形式出现的,因为通过不同的组合会使证据的证明力发生改变。多个数据系统相互印证形成完整的证据锁链,其证明价值也相对较大。

---

① 参见《济南文华印务包装有限公司与付伟昌劳动合同纠纷二审民事判决书》,济民一终字〔2014〕第 774 号,案件中双方均提交了上班电子考勤记录,上诉人辩称:被上诉人在原审中提交刷卡记录,很明显是其利用兼职网管之便私自将上诉人单位的考勤记录复制到其 U 盘里的,且将上诉人单位原有的所有关于被上诉人的考勤部分删除了。但从上诉人提交的原被上诉人纸式的考勤表可以看出被上诉人是没有加班的事实的(每月休 4 天)。再者,这种 U 盘的电子数据很容易被修改。法院审理认为:由于付伟昌在本案中提交的刷卡考勤记录与文华印务公司提交的考勤记录所载明的出勤天数一致,文华印务公司上诉主张付伟昌提交的电子数据是经过修改的,但未能提交相关证据证明。原审判决依据付伟昌提交的刷卡考勤记录,认定其在 2013 年清明节、劳动节、端午节均存在加班事实。同样的问题也会出现在利用公司内部邮件系统提交电子数据的案件中,由于公司内部电子邮件系统产生的电子数据只掌握在当事人双方手中,哪一方提交的是真实的电子数据往往会成为法庭质证的重点。例如,在北京随锐科技有限公司等劳动争议案中,随锐公司认可发件人和收件人的邮箱后缀系该公司邮箱后缀,认可收件人系刘怀博本人的邮箱,认可安兴系该公司人事处薪资发放人员,但不认可上述邮件的真实性。参见《北京随锐科技有限公司等劳动争议二审民事判决书》,一中民终字〔2014〕第 8130 号。

② BLM-Shipping 是一款客户端软件,通过这一客户端,为航运从业者提供日常辅助工具和信息服务的电子化解决方案。这一客户端通过接收覆盖全球的 AIS 数据为船舶提供定位,可以在多种电子地图上查询实时动态的以及以往历史的船舶轨迹。参见 http://www.boloomo.com/downloading/download_cn.html,BLM-Shipping,下载日期 2019 年 3 月 4 日。

二、基于航海功能的海事电子数据

海事案件中需要的证据非常复杂,海事电子数据不但是船载计算机系统产生的,具有计算机系统产生数据的特征,需要以计算机技术的角度进行分类,但更重要的是海事电子数据有其独特的作用,基于航海功能对其进行分类能更体现海事电子数据的特殊性。本研究基于航海功能对主要的海事电子数据加以归类分析,以便能更有针对性地研究海事电子数据的相关证据法问题。

AIS、VDR、ECDIS、VTS、CCTV 等航海仪器虽然是独立的系统,但在整个船舶体系中又是紧密联系的。船舶配备 AIS 能实时获取附近船舶的航速、位置、相对距离等船舶航行动态数据,VDR 收集船舶的操纵等数据,一旦发生船难可以还原相关海事电子数据,通过分析提供其原始数据,可以查找事故原因。AIS、VDR 等仪器需要从 GPS 上获得数据然后在 ECDIS 上显示,而 AIS 发送出的数据直接含有从 GPS 中获取位置坐标;AIS 等海事电子数据都会保存在 VDR 中,通过提取 VDR 数据能互相印证其数据的准确性。而 VTS 与 AIS 结合后,AIS 将船舶接收到的 GPS 位置信息通过 VHF 自动播发,船舶精确位置数据和船舶导航数据会被显示在 VTS 系统中,这使得 VTS 对辖区内船舶的识别单纯依靠雷达获取信息的准确性问题得到突破性的解决。如果上述海事电子数据的标准一致,那么在分析事故船舶、违章船舶或肇事逃逸船舶、明确事故责任、解决海事纠纷时,将 AIS、VTS、VDR 提供的数据放在一起研究、讨论和分析会给海事调查以及海事纠纷解决带来极大的便利。

从航海技术上看,AIS、VDR 也可以称为一种海事电子仪器,但这类航海仪器与雷达、导航仪、罗经等单一功能的海事仪器不同,AIS、VDR 等是综合性的航海仪器,雷达、导航仪、罗经等等只是其综合系统中的一部分。而从本研究的海事电子数据的角度看,每种现代航海仪器都产生特定的海事电子数据,单一功能的航海仪器成为综合性航海仪器的数据传感器,而这些电子数据被采集到不同的数据系统中,形成某一类海事电子数据。同样的海事电子数据,例如 GPS 定位数据,被不同的系统采集,其法律地位与作用也会发生变化。本研究就是区分了处于不同系统中的各类海事电子数据,重点研究收集到 AIS、VTS、VDR 中的三类海事电子数据。

(一)船舶自动识别(AIS)数据

AIS 数据是一种综合类的海事电子数据,这些数据的主要功能是解决船舶自动识别问题。AIS 定时向附近其他船舶播报自己船舶的相关信息,如船名、呼号、船速、航向、吃水、目的港等信息的电子数据,附近其他船舶可以实时接收到播报的信息,从而为船舶之间的避碰和联系提供信息,同时,各个船舶播发的 AIS 信息也可以被岸上的 AIS 基站接收到,并存储,在发生事故时,可以从存储的信息中找出事故船舶播报的 AIS 信息,还原其航行轨迹。因此,AIS 信息在船舶避碰、海事调查中是非常重要的电子数据证据材料。我们国家的 AIS 中心在天津,从天津 AIS 中心可以实时查询到全球的 AIS 船舶动态。在海事领域,AIS 数据被认为是可靠的,因为它是船舶航行中实时播报的数据,通过岸上的基站存储。必要时,海事主管机关可以通过调取事故附近船舶的 AIS 数据,找出肇事船舶。

1.AIS 电子数据的基本功能

为了本海区船舶的识别和监视,AIS 通过 VHF 数据链路把船舶的标识信息、航行参数和位置信息等与船舶航行安全有关的海事电子数据,广播给周围的船舶。基于上述目标功能,AIS 系统内置了卫星定位传感器以收集船舶位置信息。集成了 VHF 数据通信机、船舶运动参数传感器接口、通信控制数据接口以实现海事电子数据的传输。作为一个综合海事电子数据系统,AIS 还能将船舶中其他海事仪器作为其扩展,例如将船舶陀螺罗经采集的航向数据接收。AIS 内置有卫星定位传感器,但内置的传感器由于集成化等因素,虽然能够提供同步定时的船舶对地航行参数,但一般它只作为系统外接卫星定位系统的补充。为提高定位的准确性与一致性将船舶主卫星导航定位仪以接收的船舶对地运动参数纳入其系统中。对于船舶速度的计程仪、船舶车钟、船舶转向速率的转向计甚至是雷达都作为 AIS 的外部扩展,大大提升了 AIS 功能与海事电子数据的采集能力。

AIS 的核心是通信控制器,从技术上看,它属于计算机系统的一种,是一个嵌入式计算机系统。通过这一系统的计算综合了船舶各仪器传输的电子数据。并保证在不影响 VHF 链路运行的条件下,实现 AIS 的长距离通信功能。通常 AIS 选择的长距离通信设备是 INMARSATC 站。VHF 数据通信链路可以支持遥远的岸基 VTS 中心或政府管理部门对船舶的远距离跟踪与监视。

2.AIS 类电子数据的构成

AIS 类海事电子数据按功能还可以划分为标准电子数据、专用电子数据、船舶管理电子数据。大部分电子数据涉及航行信息的传输,有些电子数据是适用专用或系统管理的电子数据。

（1）标准电子数据

表 2-1 列出 AIS 采用的标准电文。ITU 批准这些电文供 AIS 使用。细节可参阅 ITU-R M.1371。

表 2-1　标准 AIS 电文

电文 ID	名称	说明
1	位置报告	定期位置报告
2	位置报告	指定定期位置报告
3	位置报告	回答询问的专用位置报告;（A 类船载移动设备）
4	基站报告	基站位置,UTC 时间,日期和当前时隙数
5	静态和航次相关数据	定期静态和航次相关数据报告;（A 类船载移动设备）
6	二进制寻址电文	寻址通信二进制电文
7	二进制确认	确认接收寻址二进制电文
8	二进制广播电文	广播通信二进制电文
9	标准搜救飞机位置报告	仅适用搜救作业飞机站
10	UTC/日期询问	请求 UTC 和日期
11	UTC/日期应答	当前 UTC 和日期
12	寻址安全相关的海事数据	寻址通信安全相关海事数据
13	与安全相关的数据确认	确认接收寻址与安全相关的数据
14	广播安全相关电文	广播通信安全相关数据
15	询问	请求专用电文(可能有多个台站应答)
16	分配模式命令	主管部门利用基站分配专用报告的工作状况
17	DGNSS 广播二进制电文	基站提供 DGNSS 校正量
18	标准 B 类设备位置报告	B 类船舶移动站标准位置报告,取代电文 1,2,3

续表

电文 ID	名称	说明
19	扩展 B 类设备位置报告	B 类船舶移动站扩展位置报告;包含附加静态信息
20	数据链管理电文	基站保留时隙
21	航标报告	航标位置和状态报告
22	频道管理	基站发布的频道和收发机模式管理命令
23	分组分配命令	主管部门利用基站为一组指定的移动站分配专用报告的工作状况
24	静态数据报告	分配给 MMSI 的附加数据。部分 A:名称;部分 B:静态数据
25	单时隙二进制电文	不定期短二进制数据发射(广播或寻址)
26	多时隙二进制电文(附带通信状态)	定期二进制数据发射(广播或寻址)
27	远程 AIS 广播电文	期位置报告(基站覆盖区以外的 A 类船舶移动站)

(2)专用电子数据

电文 6、电文 8、电文 25 和电文 26 能提供适合于专门应用数据(例如气象和水文数据,危险货通告,标示区域或航路以及指示引航要求等)的结构。除电文号码外,这些应用还采用唯一的 3 位数字编码——"指定区域码"(DAC)和两位数字"功能识别码"(FI)来确定。只要有必要的应用软件,接收机可以经过解码正确应用这些电文。这些电文的应用与移动电话相似。

在应用区域功能电文之前,有关政府应与周边国家协调,核实是否有同样内容的区域电文已经注册(已经实施应用)。这些电文在区域以外也可以应用,但电文的"所有权"和管理属于 DAC 指明的负责该区域 AIS 的政府。如果必要,鼓励有关政府用他们注册的 DAC 和 FI 使用已有的电文。然而,现有电文内容的任何改变需要相应改变 DAC 和 FI,并应在 IALA 注册登记。

(3)航运管理电子数据

航运管理电子数据用于对 AIS 台站的工作状况进行管理。这些功能只能由主管部门通过 AIS 基站完成。该电子数据由连接专门配置向其他站提供校正量数据的 GNSS① 基准信息源的基站发射。利用电文 17 对 AIS 内置 GNSS 进行校正。系统的设计尚不能与船载 GNSS(AIS 外部 GNSS 接收机)接口。差分校正量的发射可以提高 AIS 内置 GNSS 接收机的定位精度。另外,DGNSS 基准站还能向船员和管理部门发出 GNSS 信息故障的报警。

　　AIS 电子数据成为海上监控系统信息化的重要组成部分,可实时、有效地监控航标运行状态,确保航标正常工作,有效保障海上交通运输安全。航标系统的海上监控部分主要是通过"航标遥测遥控系统"来实现的,此系统通过 GPRS②、GSM③ 等通讯方式接收 LED 灯、旋转灯、雷达应答器等多种类型的航标终端动态数据,最后在 S-57④ 电子海图平台展示、实现对辖区航标的实时遥测和遥控。运用 AIS 通信机是 AIS 基站服务与数据通信服务器、数据库、GIS⑤ 客户端之间的桥梁,如图 2-8。其可实现 AIS 船舶、AIS 航标在遥测遥控系统中的应用。AIS 通信机与 AIS 基站服务建立 TCP/IP⑥ 通讯连接。一方面,AIS 通信机将接收到的 AIS 船舶数据(AIS 报文 1、2、3、5 等)解析,入库并转发给所有的 GIS 客户端。另一方面,AIS 通信机将接收到的 AIS 航标数据(AIS 报文 6、21 等)解析,重新打包,再转发给数据通信服务器。AIS 基站发布航标信息、水文气象、航道、锚地、水深、泊位等多种要素的定位显示与查询服务,此外还应提供海事公告、法律法规、海事服务等影响海上交通安全的信息。

(二)船舶交通服务(VTS)数据

　　随着海上运输日益繁忙,为了确保船舶航行的安全,许多新技术运用于航海及航海安全管理上。VTS(Vessel Traffic Services)就是一个典型的代表。建立 VTS 的目的是加强水域内的船舶航行动态监督和管理;有效提升航行安

---

①　GNSS(Global Navigation Satellite System),即全球导航卫星系统。

②　GPRS(General Packet Radio Service),即通用分组无线服务技术,它是移动电话用户可用的一种移动数据业务。

③　GSM 是全球移动通信系统,是当前广泛应用的全球移动电话标准。

④　S-57 格式是国际海事组织(IMO)颁布的一种矢量海图标准。

⑤　GIS(Geographic Information System),即地理信息系统,是能提供存储、显示、分析地理数据功能的软件。

⑥　TCP/IP 网络通信协议,是国际互联网络最基本的协议,这一协议是国际互联网络的基础,通过 TCP/IP 协议,可以定义相关的电子设备如何连入国际互联网络,只有统一按照这一协议的数据才能在国际互联网络之间传输。

全,提高交通秩序,减少和防止交通事故的发生,提高通航水域交通流量,降低海上运输成本,通过 VTS 的支持可以实现海上联合作业。实施 VTS 的好处是能够识别和监控船舶,对船舶动态作出相应的计划,为其提供导航信息和帮助。更为重要的是 VTS 可以防治海上污染,提供相关客观的电子数据为解决争议提供证据材料。因此,英国海商法专家甚至将 VTS 电子数据称为海事案件"解开法律迷雾的钥匙"。①

我国建设的 VTS 系统设置于海事执法机构,我国交通运输部颁发的《船舶交通管理规则》规定:交通运输部海事局是我国交管系统的主管机关(即主管机关)交通运输部所属各海事局是本辖区交管系统的主管机关(即辖区主管机关)。因此交通部海事局的 VTS 指挥中心成为海事执法的一个部门,我国的这种设置方法,具有信息助航服务与行政执法管理的双重角色,在世界范围内也是独具特色的 VTS 执法管理模式,而这种模式直接导致在海事纠纷解决中电子数据收集的特殊主体问题。因此,我国的 VTS 类电子数据由海事管理部门掌握,由于其特殊的产生及存储方式,相较于由当事船舶单方提交的电子数据而言,其公权力的背景无疑增加了此类电子数据的证明力,在解决争端的过程中,VTS 电子数据是非常重要的一类海事电子数据。②

1.VTS 的产生与发展

VTS 是一种船舶交通管理综合类的电子数据系统。而船舶交通管理原本是海上交通工程学的术语。在 1985 年的《VTS 指南》出台之前,在世界范围内,对于 VTS 船舶交通管理没有统一的模式。自从现代运河如苏伊士运河、基尔运河和巴拿马运河日益成为交通重要通道,为了在狭窄的水道上保证船舶的安全,在运河管理中逐渐产生了船舶交通管理理念。第二次世界大战后,英国利物浦港口管理中心安装了世界上第一个实施船舶交通管理的岸基雷达站。该中心还运用 VHF、FM 无线电与引航员之间通信。1967 年利比里亚籍托里坎荣号超大型油轮海难造成海上严重污染,引起全世界公众的关注。随着海上交通事故的不断发生,管制海上船舶交通,提高海上安全水平的呼声日益增高,以分道通航制为主体的船舶定线制迅速推广。同时美国和加拿大的海岸警卫队研制和建立能利用计算机技术综合处理船舶各类传感器收集海

---

① Russell MacWilliam, Darryl Cooke, VTS: lifting the fog of legal liability, *Lloyd's Maritime and Commercial Law Quarterly*, 2013, p.3.

② 本研究将由 VTS 系统收集到的各种海事电子数据统称为 VTS 类海事电子数据,保存于海事局 VTS 指挥中心。

事电子数据的更先进的船舶交通管理系统,来解决大面积水域内复杂的船舶交通问题。1972 年在美国旧金山建立了船舶交通管理系统,该系统可以对海上船舶进行自动跟踪,通过雷达数据处理能显示被跟踪船舶的有关数据。

进入 20 世纪 80 年代,随着航运业的快速发展,加上技术的进步,海运国家越来越重视航运的安全,VTS 在全球得到了迅速的发展,一些现代化的港口 VTS 已逐渐成为不可缺少的部分。但各国对 VTS 的不同理解以及运作阶段管理不同,必然会限制船舶交通管理 VTS 在全球的发展,难以发挥其应有的作用。因此,需要统一的指导性文件来规范 VTS,在这种情况下,1985 年 IMO《VTS 指南》产生了,VTS 的概念得到了前所未有的补充和发展。在这一文件中 IMO 表示:极力主张 VTS 主管机关保证领水以内的 VTS 按照国家法律实施,而不侵害航经该水域船舶的无害通过权,并保证位于领水以内的船舶能在自愿的基础上享用所提供的服务。《VTS 指南》还规定:"应该注意 VTS 的实施不得干扰船舶和领航员之间的关系,更不能侵犯船长对本船安全航行所负的责任。"[①]

2.VTS 收集海事电子数据的内容与方式

VTS 海事电子数据处理各个子系统为船舶交通管理的正确决策,通过 VTS 系统广泛地收集各种交通数据或信息以实施水域内船舶交通管理。为此,VTS 收集的海事电子数据要尽可能做到全面、准确、实时。不仅要搜集船舶方面的信息,而且要搜集航道、环境及水文气象等方面的信息,应避免由于人为或客观条件等因素引起的误差,并及时准确地将搜集到的信息或数据反映到船舶交通系统中。

IMO 在《VTS 指南》中,对收集的海事电子数据方式、内容做了明确的要求。VTS 数据搜集(data collection)可包括:(1)用适当的设备,如水文和气象传感器、雷达、甚高频测向仪等采集航道和交通情况;(2)实时监听海上安全和遇险频道的信息;(3)接收船舶的各种电子数据报告;(4)收集有关船舶情况的报告。这些数据分所在船舶航行中的使用情况主要可以分为动态数据和静态数据两大类。其中动态数据包括海上航行船舶的各种动态信息,如船舶航向、船舶航速、船舶的位置信息、最近会遇距离 CPA(Closest Point of Approach)、TCPA(到达最近会遇距离的时间)等有关船舶运动的数据,在动态数据中还包括有关航行安全方面的数据例如水文气象方面的数据,包括海域内的气温、

<hr>

① 国际海事组织(IMO)A.857(20)《VTS 指南》,http://www.imo.org/pages/home.aspx,下载日期:2020 年 2 月 15 日。

气压、湿度、海水的潮位、风向、风速、能见度等;而静态数据则是信息在一定时期内不发生变化的数据,包括船舶自身数据,如船体、船机、配备的设备运载的货物等,以及船舶航行的航道、助航设施的信息等。

3.VTS海事电子数据的作用

VTS采用了先进的多媒体记录重放技术,同步记录、同步重放采集到的图像。通过检索、调取,可以重现船舶在海上的动态和VHF通话的内容。利用这一技术手段改变了海难调查中过分偏重当事人陈述而缺少其他证据佐证的弊端。为查明海难事故的原因、判明事故双方的责任提供了切实的证据。①

综合而言,VTS海事电子数据方面的作用主要体现在如下几个方面:

首先是海事电子数据的收集。这是VTS系统进行水上安全监督工作的首要任务,只有广泛地收集各种有关数据或信息后,才能全面掌握所管辖水域的交通形势,管理机关才能作出正确的决策。为此,应充分利用现代装备的优势准确及时地收集各种信息。所需的海事电子数据来自船舶各相关仪器,如雷达、VHF、闭路电视、AIS等数据库以及网络数据库等。

其次是海事电子数据评估。船舶管理中心收集到上述数据之后,更为重要的是对信息进行分析、处理、评估,以便交管人员正确地实施交通管理。海事电子数据评估包括对监视船舶执行与遵守国际公约的情况,船舶航行海域整个交通情况及其交通发展趋势,甚至是沿海国家及地方规则的情况,对当时的局面及危险作出充分的估计与判断,监测航道情况,协调相关数据信息流,及时并向VTS参加者和有关机构传送有关海事电子数据信息。

再次,VTS海事电子数据的作用,不仅体现在助航、导航的船舶需求上,它同时还是海事行政执法部门进行安全警示与事故预防、查处违章追越、超速航行和避免事故的重要执法依据,在发生海上事故后,VTS电子数据也成为海事分析和事故调查提供现场佐证记录、分析原因的重要证据材料。

(三)船载数据记录系统(VDR)数据

VDR(Voyage Data Recorder)即船载航行数据记录仪,俗称船舶黑匣子。一提到黑匣子,最为人熟知的是飞机上的黑匣子,这是由于每次空难中都会反复提到飞机上的黑匣子。黑匣子是飞机上记录飞行数据和通话的装置,人们通常叫它"黑匣子",飞行记录器记录了驾驶舱中的各种音频数据、飞机在飞行

---

① 赵永、梁运涛:《VTS录像的作用及法律地位分析》,载《中国水运(理论版)》2006年第4期。

过程中的飞行状态数据。黑匣子在空难发生后可以为事故调查人员重现飞机实时飞行状态以及飞行员在操纵飞机时的具体情况，对空难调查有着重要的作用。因为从外观上看它什么也看不到，而它能帮助破解飞行事故，尤其是飞机在失事瞬间和失事前一段时间的飞行状况的秘密，因此国际上就习惯称它为黑匣子。每当空难事故发生后，一个重要的任务就是寻找飞机黑匣子，技术部门通过解读飞机黑匣子飞行数据信息，空难事故的发生是由于人为操作不当，还是飞机的机械故障等原因基本会查明。船载航行记录仪与飞机黑匣子的功能与作用完全相同，至于名称问题，一般就通俗地沿用了知名度较高的"黑匣子"这个名称。船载航行记录仪与飞机记录仪相比，船载航行记录仪已跳过飞机记录仪早期的金属箔划痕、磁性物质等记录等传统方式，而是采用数字化的记录方式，以固态芯片为记录介质的数字式记录器，解决了船载航行记录仪的记录信息量大、记录准确度要求高的难题。

船载航行记录仪是一个综合性的完整的海事电子数据系统，在这个系统中包括数据处理编码器、数据传输接口、数据记录固态介质、不间断电源供应系统(可充电式辅助电池)。它可以进行数据记录、事故分析和航行试验，如图 2-2。VDR 不仅可以在船舶航行的过程中记录数据，还可通过 VDR 所记录的数据，及时发现事故隐患并进行维修，使海难防患于未然，在发生海上事故后还能及时、客观地进行事故原因调查，船载航行记录仪所记录的数据在分析事故原因时起着不可替代的重要作用。

基于船载航行记录仪对船舶海难调查的重要作用，国际海事组织在 1999年第 45 次会议上作出决议，将船舶航行数据记录仪(VDR)作为海上船舶强制装载的仪器设备。根据已经生效的 SOLAS 第 5 章的有关规定，航行在国际海域的各类船舶须在规定期限内安装 VDR。其中 2002 年 7 月 1 日及以后建造的所有客船必须装备 VDR，所有其他船舶不迟于 2009 年 1 月 1 日装备完毕。对于船载航行记录仪的缝制性安装，是国际海事组织继装备 AIS 系统后的另一重大举措。因为在实践中，一旦发生海难事故，调查海难发生的原因仅通过配备应急无线电示标仪(EPIRB)是远远不够的，它只能帮助人们寻找到事故船舶，但为了分析海难事故的原因必须装备 VDR，借助船载航行记录仪记录的数据分析进行海难调查，找出失事的真正原因，海事管理机构并从这些原因中进行归纳总结，进而不断完善现有的国际公约、规则和规范，改进现有的船舶设备，安装 VDR 的最终目的是逐渐提高船舶航行的可靠性和安全性。而对于船舶碰撞事故，通过船载航行记录仪中的数据分析可以查明肇事船舶，确定其应当承担的责任。

1.VDR 海事电子数据系统的发展

VDR 的起步是 20 世纪 90 年代,随着全球航运业的发展,海上航行船舶的数量和吨位都在增加,经常发生因人为、机械设备原因或者是自然灾害等原因造成的海难事故,科学地查找事故发生的真实原因,公正地处理海难事故,解决海上纠纷已成为相关机构的一项重要职责。对于发生的海难事故,人们再也不满足于诸如撞冰山、两船碰撞等简单原因的分析结果。尤其是在确定事故责任过程中需要充分的证据来证明相关当事人的责任,这就必须要了解到船舶操纵过程中,操纵人员是否正确操作,对紧急事件判断是否正确,采取的措施是否恰当等等。对于海难事故的发生,如果当事人存在掌握信息、判断信息、采取措施的失误,还需要分析是什么原因造成这种失误。调查发生碰撞事件究竟是仪器没有发现还是驾驶员人为失误。对事故原因更加深入了解以及明确法律责任的要求,显然仅凭当事人的陈述以及事后一般文字性的记录是靠不住的。国际海事组织认为,船舶与飞机一样都是当今世界重要的交通运输工具,飞机配备航行记录器已有多年的历史,为调查处理空难事故提供了可靠的分析数据。借鉴这一做法,IMO 决定吸取航空界经验,要求船舶也装上航行记录装置"船舶黑匣子"。

最初的船舶航行状态记录主要是依据航海日志记录和车钟记录,随着科技的进步,尤其是电子存储仪器的发展,航行记录又增加了船艏向记录仪、车钟记录仪、对 VHF 通话的录音等,但这些数据还是未能满足海难调查的需要。IMO 组织召集世界各地的航海技术专家,在充分研究众多海难的基础上,将 1997 年认可的一般性能标准(IMO 决议 A.861.)重新修订,制定了VDR 性能标准,最终形成了 IEC61996 文件,也就是"VDR 性能要求、检验方式及合格的检验结果"决议案。这一标准得到了批准后,船舶上的 VDR 必须符合 IMO 决议的性能标准同时还要符合 IEC 制定的实验标准。如今的 VDR能保持存储船舶发生事故前后一段时间的船舶电子数据,这些数据包括船舶位置、船舶动态、船体的物理状况、船长的航行命令和操纵的信息,它以安全和可恢复的方式将这些数据信息保存于一个带外保护壳体的存储器内。这些信息作为海难事故调查的依据,同时也为处理海事纠纷提供电子数据证据材料。

2.VDR 的配备要求和相关法规

为确保船舶海上航行的安全,在 IMO.MSC 严格评审了 AIS 及 VDR 的技术标准,在 IMO MSC. 105(73)会议通过了 AIS 及 VDR 的上船安装议案,并要求按照 SOLAS 公约第 5 章新规则的规定付诸实施。公约第 5 章的规定,在国际海域航行的各类船舶需在公约规定期限内装备 VDR 设备。公约对不同类型的船舶,最终安装的时间要求也不同,其中对客船的要求最早。

具体而言,国际海事组织对各种船舶安装船用黑匣子的建议时间期限为:

2002 年 7 月新建造的客船都必须安装;

2002 年 7 月以前建造的滚装客船,应当在 2002 年 7 月 1 日之后的首次船检之前安装;

2002 年 7 月 1 日及以后建造的除滚装客船,应当在 2004 年 1 月 1 日之前完成安装工作;

国际间航行的滚装船和客运船上安装 VDR 的最后期限为 2002 年 7 月至 2004 年 1 月。

从 2002 年 1 月 1 日起欧盟委员会也应用 1998 年 IMO 规则,强制规定不论其悬挂何国国旗,所有进出成员国港口的滚装客船和高速客船,无论是在国际航线航行还是在国内海域内航行,都必须安装 VDR。而且 VDR 必须符合 IMO 决议的性能标准并符合 IEC 制定的实验标准。

中华人民共和国海事局为加强对所管辖海域船舶航行的安全监督和管理,便于在事故调查时获得事故船舶的准确动态数据,判明事故发生的责任,查明事故原因,结合我国水上安全形势及船舶实际状况,根据国际海事组织 A.861(20)号决议案的有关要求,于 2000 年 10 月 18 日制定颁布了《船载航行数据记录仪管理规定 I(试行)》,并于 2000 年 10 月 31 日起实施。在这一规定中,明确中华人民共和国海事局是实施有关 VDR 的监督管理主体。各直属海事局监督执行船舶安装和使用 VDR 的实施。在监督实施的内容方面,规定只有海事主管部门才有权对 VDR 的各种数据进行提取。除此之外的任何组织与个人对 VDR 数据再现、变更或删除都是违法的。对 VDR 的安装及技术标准等具体问题,规定要求 VDR 安装使用后,未经主管机关许可,不允许任何组织或个人对 VDR 设备随意拆卸、移动位置或改变其用途。任何人不得随意损坏 VDR 设备。在船舶安装 VDR 设备后,要求建立 VDR 检查维护记录制度,对该设备及系统进行日常保管和维护,并明确规定船舶上有专人负责监视 VDR 运用状态,负责人员应当将 VDR 运行状态记入航海日志。如发现设备工作异常,应立即形成报告并上交海事管理机构。提交的情况报告需要记录 VDR 工作异常的时间,导致 VDR 工作异常的可能原因,具体发生海域的海况、天气情况等。船舶进入第一港口时书面报海事主管机关签证备查。VDR 最主要的作用是在海难发生时进行数据分析,因此船舶一旦发生意外事故,船长或指定人员必须在 2 小时内将 VDR 与船舶的连线拉脱,避免 VDR 设备与船舶一同沉入海底,增加打捞难度,延误获取电子数据的时间。确需弃船时,在可能的情况下,船长必须命令将 VDR 携带离遇险船舶,并及时上交海事主管机关。

3.VDR 电子数据的作用

海运企业愈来愈认识到船舶按照 ISM 章程要求安装 VDR 系统的重要性。VDR 提供的信息不仅能符合 ISM 规则①的要求,还能在船上实现回放,为事故后继续调查提供证据支持。VDR 具体在船舶安全管理中的功用如下:

(1)监控航迹

发如前文所述,雷达作为保证正规瞭望,及时发现影响航行的障碍物,避免船舶与船舶之间发生碰撞的有效工具,尤其是在能见度不良的情况下,更能发挥作用,这些数据通过专用的数据接口被存储于 VDR 中。这些电子数据在海难事故发生后具有重要的证据价值。即使不用于纠纷解决,船舶通过安装 VDR 也可将船舶在航道中的会船过程完好地记录并保存下来。通过对收集到 VDR 中的雷达海事电子数据,如两船的最近会遇距 DCPA(Distance Closet Point of Approach)、到达最近会遇距离时间 TCPA(Time to Closet Point of Approach)、本船的行动时机、行动幅度、有否减速等一系列数据进行再现,就可以分析评价船员对船舶的操作水平,实现规范船员技术管理的目的。

(2)监控船体强度和船舶货物积载等状态

从船舶货积载角度看,VDR 收集了船体总强度和局部强度的数据。船体是船舶整体结构的核心。船体承受着自重力、波浪冲击力、船舶舷外水压力、船舶在航行中的惯性力等不同外力的作用。因此,船体结构必须具有抵抗在各种外力作用下变形和损坏的能力,这种能力就是船体强度,它是海难调查中重点检查的因素之一。而根据船舶受到外力的大小分布不同,船体强度包括纵向强度、扭转强度和横向强度等参数。在遵循船舶货物积载基本原则的条件下,在满足船舶纵强度后,一般也能满足船舶横向强度或者是扭矩强度的要求。不当的货物积载是船舶倾覆事故的原因之一,发生海难之后,船货均已散落,无法检阅真实的货物积载情况,此时,可借助船舶 VDR 记录船身数据进行分析,通过这些数据,可以如实分析船舶船体的受力情况,对船舶的货物积载情况进行剖析。

(3)通过对事故的分析,加强安全的作用

VDR 为事故调查提供至关重要的实际信息是不容置疑的,海事调查人员

---

① ISM 规则,即《国际船舶安全营运和防止污染管理规则》。规则的核心是要求公司及其船舶建立、实施和保持符合规则要求的安全管理体系,并通过主管机关的认可。

可以从 VDR 中调取船舶发生事故前后所记录的海事电子数据,对船舶操作信息和状态信息、AIS 系统信息、雷达图像数据,甚至是船舶驾驶室内人员的对话、船长与地面的通信联络信息数据等进行分析。有关船舶操纵的各项数据经处理后可送入航海仿真器,重现海难发生时船舶的各项指标。尽管 VDR 不能起到救生的作用,但通过对 VDR 数据的分析,可以查找事故的原因,对于防范类似事故的发生发挥着重要的作用。

(4)为海事调查提供至关重要的实际信息

国际海事组织将海上交通事故划分为:碰撞、触碰或浪损;在航程中发生影响适航性能的机件或重要属具的损坏或灭失;触礁或搁浅;火灾或爆炸及其他引起财产损失和人身伤亡的海上交通事故。船舶安装了 VDR 后,在事故发生后,通过提取 VDR 记录数据内容可以分析出具体的责任,VDR 为海事执法机构提供至关重要的证据材料,使海事主管机构更客观地判断海难事故的责任人的相关责任,依据海事行政法规对其进行处罚。

第三节　海事电子数据的证据价值

海事电子数据具有非常重要的证据价值:一方面,是对于航海安全的价值,根据国际海事组织的要求,对于每次海上事故,海事机关都要进行海事安全调查,以减少类似事故的发生,海事安全调查的主要依据也是海事电子数据。另一方面,海事电子数据也是海事诉讼中的重要证据材料。其在诉讼中的价值甚至高于传统的证据材料,因为在特殊的时空环境下,传统的证据材料会出现种种问题,如物证可能会随着船舶的沉没而消失,船员本身可能既是海难事故的当事人,又是海难事故的证人,其陈述会产生证人证言与当事人陈述的混同。

一、影响海事电子数据证据价值的主要因素

(一)源于硬件设备的误差

为保障船舶交通安全,各种海事电子仪器对船舶辅助驾驶、纠正不良航行行为以及海难救助请求提供了便利。更便捷、更实用的航海仪器提高了船舶安全航行的程度。但是,不可回避的问题是,过分地依赖航海仪器进行航行或

是追究相关责任还是不现实的,由于技术、硬件等原因,航海仪器也日益暴露出一些不足。

第一,现代船舶上使用的雷达设备的跟踪技术存在弱点。船舶使用的雷达对目标是主动跟踪,通过雷达可以发现目标并确定其平面形状,测量出目标的速度与航行轨迹等。但根据雷达基本技术原理,雷达的分辨力和精度受到雷达脉冲宽度以及雷达天线波束宽度的影响,目标超过雷达测量的有效距离后,雷达对目标的分辨力和定位精度会直线下降。即使在雷达信号的覆盖范围内,船舶在起锚、穿越船舶密集区、近距离交会时,雷达对船舶的跟踪也会受到干扰,一个跟踪目标会被附近的另一个目标影响,容易产生船舶误跟踪,而当船舶快速改变运动状态时,雷达跟踪的目标会丢失,同时,雷达是通过雷达回波显示物体的,如果小型船舶被大型船舶遮蔽而雷达是无法发现的。同时雷达易受天气、海浪和视距的影响。雷达可以发现在覆盖范围内的绝大部分目标,但基于雷达获取的电子数据难以区分混淆的船舶。

第二,是基于 GPS 的海事仪器也会存在技术误差。不可否认的是,全球定位系统是一种非常先进的技术。然而,它并不完美。该系统的操作需要大量的先进部件,所有这些都受到失灵、老化的影响甚至导致完全无效。这些潜在的弱点结合不可预知的环境条件就会加大 GPS 信号的误差。GPS 信号从太空到达地面接收设备必然会受到地球磁场、电离层中的水蒸气、建筑物、墙壁和地面上电磁的影响,所有这些因素都会造成信号的衰减而引起位置的误差。GPS 卫星导航系统的定位误差主要影响因素有:伪距误差[①]、人为植入误差(人为植入误差下文有阐述)。

伪距误差主要来自天空中的导航卫星、导航信号传播和卫星导航仪接收能三个方面。另外由于太阳辐射压力参数、卫星运动的重力场、时钟偏差和信号延迟等因素,在形成星历表参数时,导航卫星也会产生星历表误差,使 GPS 卫星导航仪定位时将产生 2.7m 左右的距离误差。

第三,AIS 电子数据的误差问题。与雷达比较而言,AIS 具有信息量大、抗天气干扰强、显示近距离目标、绕越障碍传输等优点,这些优点恰恰弥补了雷达系统存在的盲区、遮蔽现象及易受气象条件影响的不足。同时 AIS 通过安装成本较低的附加基站和中继站,能够接收所用无线电频率最大接收范围内的船舶

---

① 伪距是指每颗卫星发射一个独特的代码以及它的时间读数到地面。这些代码可以识别卫星,并允许接收机通过比较再次接收的代码,接收机的计算机内存储的相同的代码生成"伪距"。

相关信息。利用 VHF,AIS 可以探测到雷达覆盖范围以外的船舶,在一定程度上增加了海上船舶的覆盖区域,而 AIS 识别目标的能力明显比雷达要强。

但是,AIS 海事电子数据也会受到诸多自然环境的影响,从而导致 AIS 数据产生误差。例如,2013 年 2 月 28 日,海南海峡航运股份有限公司所属客滚船"宝岛 9"在出港过程中,与进港的广东双泰运输集团有限公司所属客滚船"双泰 9"轮,在海口秀英港港池口门发生碰撞事故。针对事故的海事调查报告中指出:"由于系统的设备功能和技术指标的局限性及自然条件的影响,VTS 在航道和港池中无法发挥作用,AIS 也存在信号不稳定、目标信息丢失和目标漂移的问题,CCTV 在夜间成像模糊,难以满足现场交通秩序监管的需求。"[1]

(二)源于软件程序的误差

首先,某些仪器本身就被人为的植入数据误差。这儿其以美国的 GPS 导航卫星数据为甚。基于美国 GPS 卫星导航数据存在人为植入的误差。美国曾实施限制民用用户随意接收 GPS 高精度数据。美国采用了选择可用性(SA)(Selective Availability)和反电子欺骗(A-S)(Anti-Spoofing)[2]两种方法来人为制造导航数据误差,致使地面用户即使接收到 GPS 数据也无法实现真正的导航目的。其中 SA 是根据美国军方要求实施的,是通过抖动星钟(δ-过程)和扰动星历表数据(ε-过程)实现人工植入数据误差。[3] 而 A-S 是 P 码的加密措施。当启动 A-S 时,GPS 发射的电子数据便被未知的 W 码所替代。由于 W 码是严格保密的,所以非特许用户将无法继续应用接收设备进行精密定位。2000 年 5 月 1 日,美国总统克林顿宣布,使用选择可用性(SA)将中止。[4] "经过持续的努力,美国决定停止选择可用性(SA)政策,以便全球定位

---

[1] 参见《海口"2·28""宝岛 9"轮与"双泰 9"轮碰撞事故调查报告》交通运输部海事局(2013)。

[2] R Parsons et al., The effect of the global positioning system on the driving performance of people with mild Alzheimer's disease, *Gerontology*, 2015.

[3] δ-过程(德尔塔过程)就是人为地在星钟基频上加入的偏差。在导航卫星中,在导航过程中,通过比较卫星时钟和接收机时钟而产生影响。故意对该基频抖动,致使采用码和载波相位进行伪距测量产生误差,一般的误差幅度约为 50 米钟。

ε-过程(艾普西隆过程)是对发射的导航轨道电文信息进行人为干扰,使得卫星坐标计算出现误差。轨道误差一般会存在 50~150 米的幅度。

[4] Statement by the President Regarding, *the United States' Decision to Stop Degrading Global Positioning System Accuracy*, White House Office of the Press Secretary, May 1, 2000.

系统更加适应全球的民用和商业用户。"①正如预测的那样,设置了选择可用性误差为零提高准确率几乎是瞬间可以完成的事。停止扰码后数小时内,GPS 的定位精度从 150 多米的高点水平和垂直误差降至 5 米的高点。

虽然选择可用性已不再是 GPS 的区位误差显著因素,但美国可能随时将 SA 再次激活。尽管美国政府已表示,它无意重新激活抖动功能,但一些卫星目前在轨道上仍然有选择可用性的潜力。也正是此种原因,其他有能力的国家为摆脱美国的技术要挟,更为国家安全的考虑构建起一套独立的卫星导航系统,例如中国的北斗(Compass)、俄罗斯的 GLONASS。

即使在无 SA 的情况下,GPS 定位的数据也存在误差。例如,在某海上养殖损害赔偿责任纠纷案中,对于原告养殖区的准确经纬坐标范围采用了 GPS 定位测量,但是产生了三组不同的数据。

具体三个版本的 GPS 数据如下:

1.2012 年 3 月 17 日左右原告手抄并提供给海事处及被告的四至数据(版本 1):

西北端:北纬 25°27.612′、东经 119°49.101′;

东北端:北纬 25°27.596′、东经 119°49.156′;

东南端:北纬 25°27.554′、东经 119°49.139′;

西南端:北纬 25°27.556′、东经 119°49.075′;

受损位置由西到东为:

北纬 25°27.585′、东经 119°49.080′;

北纬 25°27.596′、东经 119°49.119′;

北纬 25°27.594′、东经 119°49.136′。

2.2012 年 3 月 24 日至 25 日原告委托公估人测量的四至数据(版本 2):

西北端:北纬 25°27.604′、东经 119°49.102′;

东北端:北纬 25°27.592′、东经 119°49.160′;

东南端:北纬 25°27.542′、东经 119°49.140′;

西南端:北纬 25°27.557′、东经 119°49.083′;

其中南北长度 105.4 米,东西宽度约 92 米。

---

① Statement by the President Regarding, *the United States' Decision to Stop Degrading Global Positioning System Accuracy*, White House Office of the Press Secretary, May 1, 2000.

3.《初步调查报告》记载原告自述的四至数据(版本 3)：

西北端：北纬 25°27.607′、东经 119°49.109′；

东北端：北纬 25°27.590′、东经 119°49.175′；

东南端：北纬 25°27.531′、东经 119°49.095′；

西南端：北纬 25°27.525′、东经 119°49.145′。

某市测绘与基础地理信息中心根据三组 GPS 电子数据制作了如下养殖区四至图：参见图 2-1。

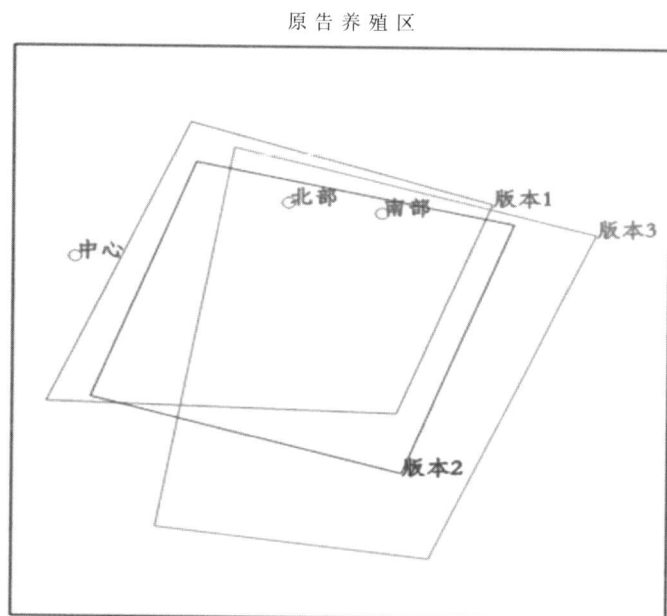

图 2-1　三组 GPS 电子数据养殖区四至图

原告认为，之所以对案涉养殖区有三种不同的经纬坐标数据，是因为三次测量的潮水、风向及误差等影响，其中版本 1、版本 3 是其用船用 GPS 自测的，版本 2 是公估人所测较为准确。被告认为，2012 年 3 月 13 日左右海事处组织调解时原告曾口头陈述一组养殖区四至坐标数据，该数据才是客观真实的。法院在审理时认为，某市测绘与基础地理信息中心根据某海事处 AIS 轨迹及上述 3 种版本经纬坐标数据所作比对图显示，"大某某"轮均有经过养殖区(图 2-2、图 2-3：原告养殖区与"大某某"轮航迹比对)。因此，原告养殖区的准确范围，或"大新华"轮是否经过原告养殖区的争议，可转化为上述三种版本经纬坐标中有无一组是真实的。结合原、被告双方庭审陈述，法院认为版本 1 由原告手写的养殖区经纬坐标为原告养殖区的真实范围。[①]

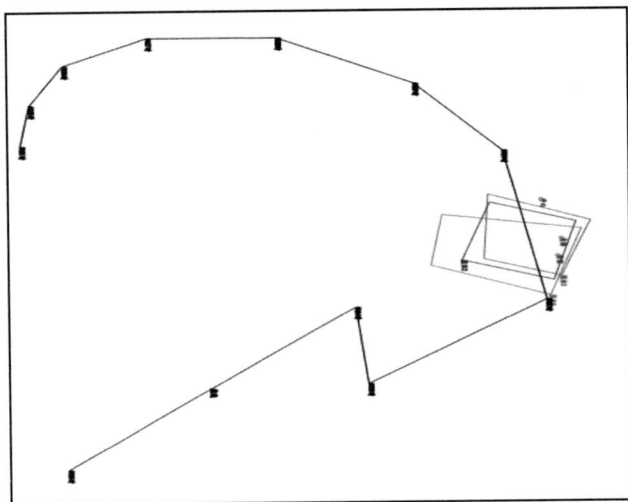

图 2-2　原告养殖区与"大某某"轮航迹比对

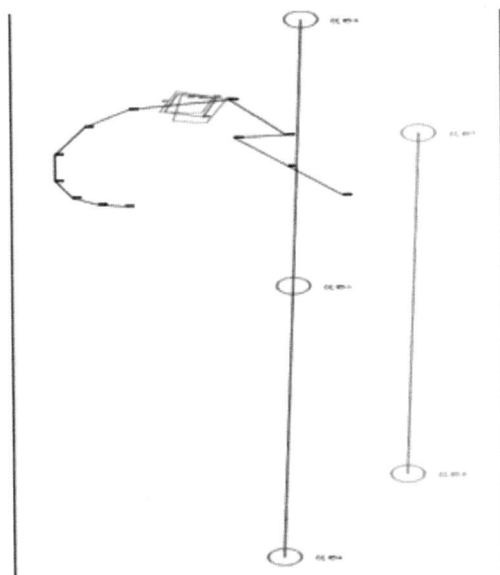

图 2-3　原告养殖区、航迹、航标比对

---

　　① 参见《丁某华、丁某生与广西防城港某船务有限公司海上养殖损害赔偿责任纠纷一审民事判决书》,厦海法事初字〔2013〕第 24 号。

其次,是海事电子数据人为录入的误差或人为篡改。一般被认为准确性比较高的 AIS 电子数据也会存在人为输入错误的信息,例如,在 AIS 电子数据中,需要输入 MMSI[①],这样船舶管理机构、海上搜救机构才能迅速查找到船舶的静态信息及其所属公司的信息,如同船舶的身份代码。因此,提高船舶海上遇险搜救效率并保障船舶航行安全,船舶应当配备 MMSI 并确保其与船舶实际情况始终保持一致。前文所述 AIS 船舶自动识别,首先接收到的是对方船的 MMSI 信息,然后才是船名、呼号等,缺少 MMSI 信息,AIS 的船舶识别功能将无法实现。由此也可见正确输入 MMSI 的重要性。如果输入不正确的 MMSI 信息,不仅其他船舶无法正确接收识别信息,在 VTS 管理机构、搜救中心的数据库中,也无法通过 MMSI 查找到该船舶的详细资料。2012 年3 月某海事处指挥中心值班人员监控发现"长江♯19 号"黑浮上游处有一 VTS 信号回波正由北向南横越航道,因无 MMSI 信息无法确认船舶信息,运用甚高频联系确认系"常通汽渡 10 号",而其 AIS 设备损坏无法发送 MMSI 信息。[②]

在 AIS 中由于输入不正确或随意输入 MMSI 信息,会出现管理系统混乱。例如,在同一水域有 MMSI 相同的两艘船舶,AIS 系统可以对该两船进行识别、跟踪;但在系统中进行距离计算时会不断地变化,因为 AIS 计算系统对船舶的方位和距离会在两艘 MMSI 相同的船之间跳跃,导致在系统中显示的特殊的锐角等腰三角形在电子海图或雷达中也会出现错乱。假如同一水域有更多船只使用相同的 MMSI,那么该区域内的 AIS 系统、VTS 系统都会瘫痪。安装 AIS 的目的,是为了让该区域的其他船舶相互识别,在近距离时提早互相发出避免碰撞的警告,同时 VTS 通过安装 AIS 设备的船舶,正确评估海上交通状况,提高交通运行效率。如果安装 AIS 设备的船舶随意地、错误

---

① MMSI,船舶海上移动服务识别码,其中包含了船舶的若干信息,在海上航行时通过无线电通信系统进行通信时在无线电信道上发送的专属船舶独特识别的一列 9 位数字码。国际电信联盟(ITU)在《无线电规则》(Radio Regulations)中规定,任何无线电台的发射信号必须由识别信号或其他方式加以识别,假识别信号或易引起误解的识别信号是严格禁止的。船舶 MMSI 号码是全球统一的、唯一的,其范围从 201000000 到 775999999。正是这种唯一性使得 MMSI 号能识别每一艘安装 AIS 设备的船舶。MMSI 号码结构如下:MID ＊＊＊＊＊＊,其中前三位数 MID 是区域代码,由国际电信联盟(ITU)分配给每一个国家或地区,我国大陆 MID 为 412、413,日本为 431、432 等等;MID 后的 ＊ 为 0 至 9 中的数字,构成序列号。

② 《常熟海事处及时纠正汽渡船舶无 AIS 信号行为》,http://www.js-msa.gov.cn/col/col2364/index.html,下载日期:2020 年 12 月 5 日。

地输入相关信息,尤其是船舶海上移动服务识别码,那么 AIS 船舶识别就不能起到应有的作用,更有甚者,会出现假冒船舶逃避海上监督管理的情况,而错误的 AIS 信息进入 AIS 管理中心后,无法查找真实船舶的航行轨迹。

例如在某海上、通海水域养殖损害责任纠纷案中,原告提交证据如下:证据 1:某海事局出具的调查情况通知书;证据 2:"某源 1"轮养殖区航行轨迹及时间图。原告提交上述证据用以证明涉案养殖区损害事故系被告所属"某源 1"轮闯入所致。而被告对上述证据均不予认可,且认为证据 1 仅加盖海事局海事处理章,不符合公文规范,对涉案事故不具证明效力。证据 2 仅凭 AIS(船舶自动识别系统)记录不能反映"某源 1"轮当时的客观情况,该轮当时处于靠泊维修状态,不可能闯入原告养殖区。庭审中被告携带三台 AIS(船舶自动识别系统)设备,每台设备输入"某源 1"轮 MMSI 编码、设备初始密码及船名,结果三台设备均显示"某源 1"轮相关信息,显示位置亦与法庭位置基本一致。被告的上述演示用以证明仅凭 AIS 记录无法真实反映船舶当时状态,完全存在其他船舶的 AIS 设备冒用"某源 1"轮信息的可能性,因此原告的证据不能证明涉案事故系"某源 1"轮所致。[①]

二、海事电子数据的证据价值的具体体现

传统的海事证据不仅掺杂着人为因素,而基于船员本能的自我保护意识,或者是个人感知能力与认识能力的差异,在发生海难之后想从当事人陈述中获得真实的海难事故发生的经过是很困难的。也就是说事故当事人常常有无意或有意地夸大或掩饰,当事人陈述的随意性也很大,即使不存在夸大或掩饰,出于船员的感受而形成的当事人陈述,其主观随意性也很大。没有人为因素影响的客观证据在海难事故中可能消失,即使是事故的现场由于海水的流动性也无法像陆路交通事故那样能保持现场不变。随着科学技术的发展,运用现代技术将船舶的相关仪器数据进行保存,事后进行分析有效地解决了海难事故中证据匮乏的难题。船舶中电子海图系统、VDR、AIS 等在船舶中强制配备,为海事纠纷的解决、海难事故调查提供了新的取证手段。例如,电子海图系统能够将海事电子数据还原,直观地在海图中显示出当时碰撞船舶的航迹。而 VDR 证据功能更强,其中的海事电子数据未经专门机构许可不得

---

① 《海上、通海水域养殖损害责任纠纷一审民事判决书》,沪海法海初字〔2013〕第 7 号。

提取,而在事故发生后迅速分析 VDR 数据成为明确责任的重要方法。① 综合来看,运用 AIS、VTS、VDR 等收集的海事电子数据,能提供给事实认定者船舶动态信息和操作信息,在确认海事电子数据未被篡改的情况下,有些航海仪器记录的数据具有精确性、真实性和连续性的特点,弥补了传统海事证据材料的不足。在事实认定过程中,运用数据模拟工具可以将当事船舶航海仪器中记录的电子数据提取后,通过船舶航行模拟系统再现于电子海图上,真实地反映出船舶的动态过程,对科学地分析事故发生的原因,客观公正地判明责任意义重大。另外,某些航海仪器记录的海事电子数据较少受到外界因素的影响,诸如 VDR 设备不仅自动记录船舶航行数据,当船舶沉没时能浮于海面便于搜寻,这亦是其他海事证据材料无法做到的。具体而言,海事电子数据在以下几个方面能充分地体现其自身的价值。

(一)辅助查明事实认定所需要的要素

随着海上交通的日益繁忙,海上交通事故频发,其中肇事逃逸事故数量呈逐年上升的趋势,特别是在受害方船舶沉没、值班船员死亡的情况下,由于在茫茫大海中缺少其他目击证人,没有必要的监控设备,缺少相关线索很难向海事局发出"协查通知书"追查肇事船舶。但是,依靠 VTS、AIS、CCTV 等技术手段,只要受害方能提供事故发生的时间和地点,海事部门就能利用 VTS 记录回放再现事故发生时附近海域的海上状况,通过排查事发海域附近存在异常动态的船舶,来筛选查找肇事嫌疑船。海事部门通过接收到的遇险信息和报告,运用 AIS 查询遇险船舶的相关信息,迅速在电子海图上确定当事船舶的位置,直接读取当事船舶动静态信息;对于未配备 AIS 设备的船舶(如渔船),在接到事故报告,获取当事船舶经纬度后,可应用 AIS 显示终端定位功能,输入经纬度,在电子海图上确定船舶位置,从而判断当事船舶的方位,利用 AIS 两点测距功能测量当事船舶的位置。在"鑫某顺 6"轮事故中,"事故基本要素主要根据'鑫某顺 6'轮 AIS 数据记录,结合获救船员询问笔录等证据进行综合分析认定。1.船舶 AIS 信号消失时间。根据岸基 AIS 系统显示,该轮的 AIS 信号消失时间为 2 月 18 日 0304 时。2.船舶沉没地点。按照'鑫某顺 6'轮最后显示的 AIS 船位数据及沉船探摸位置,本报告认定船舶沉没地点

---

① 刘子辉:《AIS 在船舶碰撞事故调查中的应用》,大连海事大学 2008 年硕士学位论文。

为:24°48′.755N,118°57′.292E"①。

船载 AIS 等航海仪器与设备和岸上 AIS 基站都可对船舶航行过程和区域内的船舶动态变化情况实施自动记录,通过专门的技术手段对目标船舶的航行轨迹进行快速回放,以初步掌握相关线索。当船舶发生事故时,在船舶 AIS 设备开启的情况下,AIS 会播出相应的数据信息,只要提供海难事故发生的时间和地点,即使超出雷达扫描的范围,也能通过 AIS 航行轨迹回放查找到船舶在该时段内的历史运行轨迹,进行历史再现,例如在 2013 年福建泉州海域,"闽"渔船与某大型集装箱船"C"轮碰撞,渔船当即倾翻,事故导致 4 人失踪。由于事发时间在夜晚,获救渔民能提供的肇事船舶的信息非常有限,只提供说对方船舶很大,自北而南航行,船体为白色或银白色,在船舶上有外文船名。没有关于肇事船舶的更详细的信息。渔民提供如此少的信息,而通过传统手段人工查找肇事船舶是不容易的。某海事局通过 VTS 中心利用技术手段重放事发海域的船舶航行轨迹,逐一的排查每一条船舶的航行轨迹,最终发现事发当时的航线上有一船舶 AIS 发送的船舶航行轨迹上有存在不正常的变化,海事管理机构预判此船舶当时有的航行轨迹变化可能是由避让行为引起的。通过 MMSI 信息显示迅速地找到船舶的目的港信息,利用联合调查的方法,海事局请求船舶目的港海事调查人员对"C"轮进行登船调查,保全相关碰撞证据,最终通过痕迹比对、航海仪器数据分析确定"C"轮为肇事船舶。

(二)多种证据相互印证

海难事故发生之后,由于特殊的地理环境影响,存在篡改、隐匿、销毁甚至伪造某些证据的可能性。在缺少客观证据,而当事人的陈述的主观性强,难以形成强有力的证据链条时,为确保海难事故证据的真实性和可靠性,公正地确定责任,应当对各种海难事故证据进行全面分析,尤其是可以利用 VDR、AIS、VTS 将记录下来的海事电子数据信息进行分析,并将这些电子数据与双方当事人的陈述航海日志、轮机日志以及船舶擦碰的痕迹等进行相互对比、互相印证形成有效的证据链,以解决当事人陈述不全或者相互矛盾的问题。

以船舶碰撞事故调查为例,准确再现船舶碰撞过程对分析事故原因起到重要的作用。在船舶碰撞责任分析中有六个重要的参数,TB(真方位)、D(距离)、DCPA(最近会遇距离)、TCPA(到达最近会船点所需时间)、TC(目标具方向)、TV(目标真航速),其中 DCPA 和 TCPA 是海上避让的决定碰撞危险

---

① 参见《福建"2·18""鑫某顺 6"轮沉没事故调查报告》,交通运输部海事局(2012)。

度的核心。① 而海事电子仪器就记录了上述电子数据。海事电子数据较少受到人为干扰的记录功能为责任判定提供了有力的证明,公平公正地进行责任认定不仅保证了司法机关的权威性,还有效保障了受害人的合法权益。②

本章小结

　　本章首先从雷达、海事卫星通信设备、卫星导航设备这些最基本的航海仪器开始,因为它们是众多的航海仪器设备中最重要的部分,其收集的海事电子数据传输到不同的船舶电子系统中进行综合计算,是 AIS、VTS、VDR 等系统数据的来源或传输方式。这些仪器是具有证据价值的海事电子数据的物质基础,由其产生的电子数据已成为解决现代海事纠纷的重要证据材料。

　　其次是对海事电子数据进行了分类研究。根据研究海事诉讼的目的、特点,设置不同的分类标准。对海事电子数据进行科学的类型化,是正确认识海事电子数据特征及证明价值的基础,也是对海事电子数据进行真实性判断的前提。

　　最后基于前述海事电子仪器的性质、特点,研究认为在确认海事电子数据未被篡改的情况下,航海仪器记录数据的信息具有精确性、真实性和连续性的特点,消除传统海事证据材料的不足弱点,充分体现了海事电子数据的证据价值。

---

①　冯爱国:《基于雷达、AIS 的船舶避碰若干问题的思考》,载《航海技术》2008 年第 3 期。

②　刘子辉:《AIS 在船舶碰撞事故调查中的应用》,大连海事大学 2008 年硕士学位论文。

第 三 章

海事电子数据的收集与保全

从古至今,人们在诉讼中从没有放弃过对真实的追求,而追求真实也被人们视为实现正义的必然途径。由于案件事实发生在无法真实地重现的过去,用证据证明事实就成了间接再现案件事实的唯一手段,于是在诉讼中非常注重收集证据来重构案件。海商法学界著名学者杨良宜先生在《国际商务游戏规则:英美证据法》中认为:中国在海商证据的调查与收集工作上处于一个非常落后的状态,明显落后于发达国家。[①] 海事电子数据与传统证据存在着许多差异,而基于电子数据的特性,两者的不同基本上集中于证据的收集与保全环节。以传统方式对海事电子数据进行收集与保全,不仅不能获取完整的电子数据,甚至可能会污染海事电子数据。

第一节　海事电子数据收集与保全的关系及价值

一、海事电子数据收集与保全的区别

从诉讼的角度来看,证据收集系当事人获取信息或证据的诉讼活动。根据诉讼行为辩论主义的理论,诉讼证据收集以及提出都是当事人的权能与责任,法院不负该责任,当事人就争议的事实负有提出有利于自己证据的举证责任。而负有举证责任的当事人,若因未尽该举证、证据收集责任,依据证明责任的分配将导致败诉的结果。海事电子数据的收集就是寻找、提取、识别最终

---

① 杨良宜:《国际商务游戏规则:英美证据法》,法律出版社 2002 年版,第 4 页。

形成与海事相关的电子数据信息的过程,通过将海事电子数据信息固定于某一载体来完成收集行为。海事电子数据的收集,除了发现和提取能够证明待证事实的电子数据信息外,还必须客观完整地将这些信息固定在某种信息载体之上,使这些海事电子数据具有客观真实性。收集海事电子数据的主要内容包括:第一,收集到能够证明待证事实的客观、完整的事实信息。第二,有足够的数据能够证明收集到的事实信息客观完整,因而能够确认该待证事实信息具有客观性、完整性。这一过程大致包括以下三个紧密相连的环节:第一,寻找和发现通过电信号传输的待证事实留下的事实信息;第二,获取电子信息;第三,由电子信息生成海事电子数据。海事电子数据收集行为的目的在于为证明待证事实而搜寻、掌握尽可能多的该事实留下的事实信息。

海事电子数据的保全完全不同于海事电子数据的收集。我国的证据法学理论认为,证据的保全是当事人与法院协同调查收集证据,证据保全是对当事人证据收集权和证明权实现保障的一种程序。[①] 然而当事人在收集与运用证据证明待证事实的实务中,证据的收集在很多情况下都理所当然地涵盖了对提取到的证据加以固定、保护。也就是说,证据收集的内涵就包括当事人发现证据、提取证据,那么也自然包括当事人对收集到的证据进行固定和保存。这一点在海事电子数据的收集过程中尤为明显。在此情况下,倘若再将海事电子数据保全定位于对海事电子数据进行固定和保存的行为,那么势必会使有关海事电子数据收集与保全的理论混为一谈,收集与保全的理论界限自然也会模糊不清。

本研究认为,海事电子数据的保全应当有别于海事电子数据的收集,保全不同于收集时,保全才有自己存在的意义。由此,海事电子数据的保全并不因主体的不同而使收集成为保全,也不是用保全来进一步强调信息的捕获和固定。海事电子数据的保全关注的是所获取的电子数据是否客观真实而具备证据的法律效力,关注的是能否对该待证事实起到作用。海事电子数据的收集是从技术上去寻找、固定待证事实留下的真实信息,而海事电子数据的保全则是从法律程序、技术方法等方面确定收集到的海事电子数据是否客观、真实,并能够被用来证明待证事实。从这个角度看,海事电子数据的保全的目的不是收集电子数据信息,其目的是通过法定程序,运用专门的技术方法来确保已经收集到的海事电子数据中的真实性与完整性。质言之,所谓海事电子数据的保全,其实就是专门的保全程序审查,确认该海事电子数据是否客观完整,

---

① 许少波:《民事证据保全制度研究——以法院为中心的分析》,法律出版社 2013 年版,第 1 页。

在提交法庭后能被法官采纳作为证据来证明待证事实。

海事电子数据的收集与保全应该是具有严格理论界限的两个不同的概念。海事电子数据的收集与保全无论是在内涵还是功能上,均有严格的理论界限。因此,在理论研究和司法实践中,应当注意明确两者应有的区别,避免混淆或者模糊这两个重要概念的理论界限。

二、海事电子数据收集与保全的联系

尽管两者在行为目的、行为主体和行为方式等方面均存在较大的差异,但是海事电子数据的收集与保全之间仍然存在密切的、前后承接的关系。

一方面,收集海事电子数据是对其进行保全的前提和基础。首先只有发现、提取到一定的电子信息,并将其固定在一定的物质载体中,才能展开对这一信息载体的法律效力的确认。没有海事电子数据收集这一前置行为,人们实施的保全行为则会因为无任何行为对象而变得毫无意义,自无讨论的必要。

另一方面,保全海事电子数据又是确保所收集到的海事电子数据发挥效用的有力保障,倘若没有保全这种对海事电子数据所蕴含的事实信息的客观完整性的确认,海事电子数据的客观真实性就无法得以确认,其能否证明待证事实的证据效力亦会遭受质疑。在此情况下,即使已经收集到与待证事实相关的海事电子数据,其对待证事实的证明作用也无法有效地实现。从这一意义上说,正是因为实施了保全海事电子数据的行为,才使收集到的海事电子数据能够被较好地用于证明,这一收集证据的行为在证明中也才具有了意义。所以,海事电子数据的收集与保全之间紧密联系、相辅相成,共同成为运用海事电子数据证明待证事实的重要内容。

三、海事电子数据收集与保全的价值

(一)海事电子数据收集与保全的理论价值

就证据的收集与保全而言,我国的刑事诉讼法和民事诉讼法以及其他立法文件都有较为系统的规定。由于我国的《刑事诉讼法》《民事诉讼法》和《行政诉讼法》都已经明确将电子数据规定为法定的证据形式,因而我国法律关于证据收集与保全的法律规定,当然也适用于对海事电子数据的收集与保全的制度规范。但是,由于海事电子数据自身的特殊性,现有立法关于证据收集与保全的规定并不能适应海事电子数据的收集与保全的实务活动的需要。我国学界有关这一法律制度的理论研究,也是一项新颖的理论和实务课题,鲜有人对其进行系统的研究。

1.我国海事电子数据收集法律制度的现状

迄今为止,我国尚无针对海事电子数据收集的专门立法,亦很少有这方面的系统的法律规则。有关海事电子数据收集的规定散见于我国的法律法规和行政规章中。

我国现行有关海事争议处理的法律依据主要有:全国人大常委会分别于1982年发布的《海洋环境保护法》、1983发布的《海上交通安全法》、1983年发布的《防止船舶污染海域管理条例》、1990年发布的《海上交通事故调查处理条例》、1998年发布的《水上安全监督行政处罚规定》等相关法律、法规。而中华人民共和国海事局综合了海事相关法律,统一编制了《海事法规体系框架》,在框架中形成了5个方面的海事法律规范子系统,即水路交通安全法规系统、船舶法规系统、船员法规系统、防治船舶污染环境法规系统、海事综合法规系统。

这些法律法规明确了我国海事管理行政主管机构,明确了海事管理机构的职权范围。规范了海事行政主管机构调查和收集海事证据的程序。但综合来看,有关海事电子数据调查与收集的规范,非常零散的分布于不同的法律规范之中。

从国际组织的角度来看,"更安全的航运,更干净的海洋"是国际海事组织致力的宗旨,海事证据调查收集在实现促进海上航行安全、防止海洋环境污染的目标中是不可或缺的一环。自从1912年泰坦尼克号的沉没,以及其后一连串的事故调查,催生了SOLAS公约的出台,通过公约来规范船舶航行,从而防止类似海难事故的再度发生。海事调查作为促进海上航行安全及防止海上污染的一个重要手段,国际海事组织积极推动海事调查工作的开展,以实现促进海上航行安全、保护海洋环境的目标。国际海事组织曾先后通过了若干有关海事调查的决议案,例如有关政府机关对海事和违反公约事件进行调查的A.442号决议案、推动与官方合作海事调查的A.173号决议案、进行海事事故调查的A.322号决议案、交换海事调查资料的A.440号决议案、有关海事调查的合作的A.637号决议案,共五个决议案。[1] 尽管出台了这些关于海事调

---

[1] 国际海事组织:Maritime Secarity and Piracy,https://www.imo.org/,下载日期:2019年12月25日。

查的决议案,IMO 认识到,随着海上交通运输的发展,船舶灭失、海洋环境污染等重大的海难事故仍然会不断地发生。在海难事故发生后,及时、有效地对海难发生时之情境与原因进行调查,形成详尽的海事事故调查报告,会有助于改善船员及旅客的安全状况。1997 年 11 月 27 日 IMO 为落实《联合国海洋法公约》第 2 条及第 94 条的规定,依据沿海国及船籍国权利义务以及 SOLAS 公约、《1966 年载重线国际公约》、《1973 年防止来自船舶污染国际公约》等公约的规定,通过了第 A.849(20)号决议案,在这个决议案中通过了《海事调查国际章程》。国际海事组织的这一举措对国际间的海难事故证据调查程序及证据收集有着重大积极的作用。通过海事安全调查促进了海上交通安全,同时也对保护海洋环境起到莫大的帮助,其对海事调查之国际合作及技术改进有相当大的意义。

从其他航运强国的海事电子数据调查与收集来看,海事安全调查的主要目的是查明海难事故发生的原因,通过原因分析来改善船舶航行安全状况,并以此为鉴,避免在将来发生类似的事故。正因为如此,依照国际公约的本意,海事安全调查基本上属于实况调查性质,不具有惩罚性质。然而,不同国家在海事调查方面所制定的具体法律规范存在着差别。海事安全调查报告的司法运用情况也不尽相同。综合这些区别主要集中于海事调查委员会的地位及其调查结果的证据效力问题。在设有行政法院的国家,通常由所设的行政法院向政府汇报其调查结果,在汇报调查结果的同时向海事管理部门提出安全建议,以采取适当的措施避免类似事故的发生。有的国家则是将这些职能交由具有刑事管辖权的司法机构行使。具有刑事管辖权的法院甚至可以在认为必要的情况下,要求海事事故中的任何人出庭作证,在法院的主持下最终形成海事安全调查报告。而就调查委员会的实际调查结果在相关海事诉讼程序中所具有的证据效力问题,也存在着巨大的差异。在德国、希腊,调查委员会的事实调查结果在诉讼程序中根本没有证据效力。[①] 在加拿大、英国、美国,这种调查结果虽没有证据效力,但可用于对证人的询问。[②] 由于不同国家之间存在着上述的种种差异,海难事故证据调查的国际合作成为一个现实问题。1994 年 9 月 28 日

---

① 孔令章:《论法院诉前证据保全制度——借鉴德国独立证据调查程序的思考》,载《现代法学》2011 年第 3 期。

② 刘芳:《论海上交通事故调查报告书的证据效力》,载《中国海事》2009 年第 4 期。

"Estnoia"沉船事件,①其后续之海事调查是近年来有关海事调查国际合作之良好典范。20世纪90年代的《海难及意外事故调查国际章程》即是国际海事组织促进国际间合作的产物,建构了海事证据调查的国际合作准则。

诚然,海事电子数据收集可以借鉴这些法律的规定,但就如何正确地收集海事电子数据而论,这些立法内容过于粗疏,针对性和可操作性都有所不足,并不能满足海事司法实践对海事电子数据收集进行法律规范的要求和需要。

2.我国海事电子数据保全法律制度的现状

同海事电子数据的收集一样,我国现行法律也没有对海事电子数据的保全作出明确的规定。只能参照其他法律规范中关于电子数据保全方面的零星规定。例如,《关于审理证券行政处罚案件证据若干问题的座谈会纪要》的通知,对有关电子数据的证据保全作出了明确的规定。会议认为,证券交易和信息传递电子化、网络化、无线化等特点决定电子交易信息、网络 IP 地址、通讯记录、电子邮件等电子数据在案件处理过程中非常重要。但由于电子数据具有载体多样、复制简单、容易被删改和伪造等特点,对电子数据的证据形式要求和审核认定应较其他证据方法更为严格。而关于电子数据复制件的问题,2015 年 2 月实施的《关于适用〈中华人民共和国民事诉讼法〉的解释》第 111 条规定了《民事诉讼法》第 70 条规定的提交书证原件确有困难的具体情形。除此之外,我国的一些法律法规行政规章也有关于电子数据保全的规定。这些有关电子数据保全相关问题的法律法规主要有:《中华人民共和国电子签名法》《公安机关办理刑事案件程序规定》《最高人民检察院关于检察机关在侦查工作贯彻刑事诉讼法若干问题的意见》《互联网信息服务管理办法》《计算机信息网络国际联网管理暂行规定实施办法》《互联网上网服务营业场所管理办法》以及《互联网电子公告服务管理规定》等。尽管如此,我国关于电子数据保全的规定还只是一些分散的、不系统的规定,尚且需要进一步的理论研究和不断地加以完善。

(二)海事电子数据收集与保全的实践价值

由于海事电子数据不同于其他形式的证据,海事电子数据的收集与保全在技术方法、程序等方面当然也就不同于其他形式证据的收集与保全。因此,

---

①　1994 年 9 月 27 日,爱沙尼亚籍滚装型载客轮"Estnoia"沉没,该事故造成 852 人丧生或失踪。事故后爱沙尼亚、芬兰、瑞典等三国成立统一的海事调查工作组。从整体上说,这一事件的海事证据调查与收集是国际合作的绝佳范例,但是该事件证据调查与收集存在的缺陷在于缺乏统一的领导,未能得到其他参与国家的充分合作及支持。

研究如何有效地收集与保全海事电子数据,对于人们正确地运用海事电子数据证明待证事实具有极为重要的意义。

首先,海事电子数据状态不稳定,内容容易被篡改。海难发生在流动的水面上,船舶本身亦具有运动性,不可能像陆地交通事故一样完全保持事故现场原状。这为海难证据的收集工作增加了难度。海难事故多为海上突发事故,限于地理环境因素的影响,有关机构不能迅速及时地赶赴现场进行调查,对相关证据进行收集并固定,碰撞事故发生在海上,现场痕迹不易保存,而在证人证言方面,存在与当事人陈述混同的现象,而且基本上很少有目击案情的第三者,且能够证明船舶情况的相关资料,如电子海图、GPS、车钟记录数据等资料又都掌握在当事船员手中,这为当事方篡改、损毁相关资料留下了可乘之机。

其次,由于海事电子数据所处的空间具有虚拟性、复杂多变性和不稳定性等特点,倘若对海事电子数据仍旧采取提取原物、搜查、扣押、勘验、检查、录音、录像、复制、调取以及鉴定等传统的收集与保全方法,显然不能满足捕获信息传输中的电子数据的及时性、完整性和客观性要求,亦无法保障所获取到的电子数据及其载体对待证事实的证明效力。为了更加及时、方便、准确地收集与保全那些呈现或者隐匿于电子空间中的电子信息,只有采用诸如数据恢复、数据截取、数据解密、蜜阱①以及信息搜索与过滤等计算机信息技术才能实现这一目的。这些特殊的海事电子数据收集与保全方法有效地填补了海事电子数据收集与保全的理论与实践方法,使海事电子数据的收集与保全不至于因技术手段的缺失而无法最终付诸实践。因此,研究并构建科学的、符合海事电子数据运用要求的技术规则和法律程序,有针对性地解决在特殊环境中发现、提取、识别并固定电子信息的方法和程序问题,才能够适应运用海事电子数据证明待证事实的客观要求,为正确地运用海事电子数据提供可靠的理论支持和制度保障。

最后,研究海事电子数据的收集与保全,有助于建构具有特殊性的海事电子数据收集与保全的主体、对象、方法和程序等的法律制度。目前,我国还没有一部相对完整的指导和规范海事电子数据收集与保全的法律法规规范。这一状况显然不能满足现今已经日益增多的对获取相关海事电子数据以证明待证事实的迫切需要。立法方面的滞后,必然会直接累及司法实践中有关海事电子数据收集与保全活动的顺利、有序展开,直接导致在司法实务中海事电子数据的证据效力无法得以判明。如此种种,都会对海事电子数据的收集以及

---

① "蜜阱"是一种基于"蜜罐技术"所架构的,可以监视并记录电子数据信息被篡改并记录于系统日志中的技术方法,通过此技术可以收集相关电子数据。

待证事实的查明造成极大的阻力和障碍。因此,只有通过对海事电子数据收集与保全法律制度的深入研究,构建相对完善的、切实可行的法律制度,才能为海事电子数据的收集与保全提供可靠而有效的法律支撑,为海事电子数据的正确运用提供制度保障。

法律制度存在的意义即在于对其所指向的客体形成一种认同、引导、约束、规制与保护的态度和标准。正是在这一态度和标准的指引下,人们才了解什么事情该做,什么事情不该做,该怎么去做以及未做或未按要求去做将会承担怎样的后果等。这一点对于海事电子数据收集与保全而言也不例外。只有在理论研究的基础上,制定出一套科学、合理的涵盖海事电子数据收集与保全方方面面内容的法律制度,才能有效地规制收集与保全海事电子数据这一行为过程所涉及的各方面事项,并引导海事电子数据的收集与保全合法、有序地进行。

第二节　海事电子数据的收集

由于海事电子数据信息及其载体的高技术、航海专业特点,只有始终坚持并严格按照科学、规范的收集程序收集海事电子数据,才能保障由此获取的海事电子数据具有证据必须具备的客观性、相关性和合法性,这些海事电子数据也才能够被用来有效地证明待证事实。

海事电子数据是电子数据中的一种特殊形式,它具有一般电子数据的共性问题,也有其存在的特殊性。因此研究海事电子数据的收集问题首先从一般电子数据收集问题入手。由于电子数据的复杂性及多样性,人们对电子数据的收集及与其相关法律问题的理解和使用有所差异,如民事诉讼与刑事诉讼在证据收集制度上的不同对电子数据收集的影响;电子数据收集程序与计算机取证、计算机取证模型等的关系等等。[①]

一、电子数据收集相关问题分析

电子数据需要运用正确的技术手段进行收集、甚至恢复已被删除的电子

---

① 在本研究第一章中对"电子证据""电子数据""科学证据""科技证据"等概念进行了详细的分析。此处仅分析与"收集"相关的概念。

信息。例如,在一般民众的观念中,电子数据的删除,或因特定原因,在形式上不存在,就会误以为不复存在。许多知名的影视明星,就因为此种错误观念,在送修手机、笔记本电脑时,他人有机可乘,将形式上不存在的档案加以还原,导致许多私密性的照片曝光。实际上,从计算机技术的角度看,遭删除的档案还是有机会还原的,主要原因在于档案被删除后,并不是如同在实体环境中,可以将数据烧毁、破坏,在数字世界中,只是将档案所占的空间加上一个注记,表示遭删除档案的空间,可以开放给其他电子数据存放。因此,在还没有其他数据存入之前,遭删除的系统日志文件档案还是存在的。从技术上讲,只要运用特定的还原软件,就可以将删除的文件还原。甚至于经过格式化的系统,无论是将磁盘档案卷标去除的快速格式化,或者是不只将标签去除,还将空间标示成为可覆盖区域的一般格式化,在新数据还没有存取至磁盘之前,原有未被覆盖的旧数据依然存在。

(一)电子数据收集程序与收集行为问题

电子数据的收集程序是对电子数据收集过程的法律程序上的要求,指的是为收集与待证事实相关的海事电子数据而对其收集主体、收集范围和收集流程等作出的程序性规定。它是电子数据收集法律制度的重要内容。

电子数据的收集是一项重要的证明活动,是准确地查明待证事实的基础和前提。广而言之,电子数据的收集既存在于诉讼证明活动也存在于非诉讼证明活动之中,当然不管是诉讼证明还是非诉讼证明活动,电子数据收集主体都是为证明或揭示特定待证事实而运用相关电子信息技术,运用专业仪器设备,从中获取相关待证事实信息的证明活动。所以无论是诉讼证明或非诉讼证明,电子数据的收集均是其必不可少的第一环节。没有电子数据的收集或没有证据,也就不能运用证据去证明待证事实的证明活动。

电子数据收集程序不同于电子数据的收集。首先,电子数据的收集是一种重要的诉讼活动,是一个动态的收集过程,而电子数据收集程序则是规制收集活动的一系列程序性的原则和要求,是一种具体的证据法律制度,包括对收集主体、收集范围和收集流程等的规定。其次,电子数据收集是电子数据收集程序规范的对象,没有证据的收集也就没有收集程序,收集程序为收集提供统一的法律程序性保障。

(二)电子数据收集与计算机取证的关系问题

计算机取证(Computer Forensics),它是证据理论与计算机技术交叉的一门科学,由于计算机设备广泛使用,计算机取证成为证据法学理论研究所关注的热点。关于计算机取证的定义,学者们众说纷纭、莫衷一是。美国计算机取证资深专家贾德·罗宾斯认为,计算机取证不过是在对可能存在的或有法律效力的证据的认定与收集上应用的是计算机调查和分析技术的方法而已。① 某计算机取证咨询公司认为计算机取证是使用软件和工具,对数据信息的计算机证据的确认、保护等一系列行为总和。因此,按照需要按照程序全面地检查计算机系统,通过对计算机系统提取和保护有关证据。总之,计算机取证是对存在于计算机系统或类似相关系统中的电子数据进行提取、收集的过程,依据法律与技术程序进行操作,其目的是实现电子数据的可采性与说服性。与之相类似的还有计算机取证模型这一概念,是指计算机取证的某种设定取证程式。目前,国外已提出了多种计算机取证过程模型,如基本过程模型(Basic Process Model)、事件响应过程模型(Incident Response Process Model)、法律执行过程模型(Law Enforcement Process Model)、取证抽象过程模型(An Abstract Process Model)、集成的数字调查过程模型等。②

计算机取证与电子数据的收集程序不同。前者以计算机技术的研究为基点去研究如何获取电子数据,包括对电子数据的发现、确认和提取等操作及电子数据收集行为。而电子数据收集程序是一种法律程序设计。通过对电子数据收集程序的规定,为科学合理地收集证据提供程序上的保障。

(三)刑事诉讼中的电子数据收集问题

"诉讼目的决定了诉讼构造"③可以从不同的视角对刑事诉讼的目的进行解读,"惩罚犯罪、保护人民"是我国现行刑事诉讼法的目的。近年来由于人权保障理念在刑事诉讼领域大力弘扬之后,现在是惩罚犯罪与保障人权兼顾。④2012 年修订后的刑事诉讼法中增加了"尊重和保障人权"的目的。刑事诉讼理论认为,刑事诉讼不仅在国家与个人之间存在刑罚权关系,还存在裁判者与被裁判者的关系,也就是"诉"的关系,是为确定具体的刑罚权而产生的关系。刑事诉讼控诉方与被告人是诉讼的两造关系,两者是天然对立的。要想实现

① 高涛:《基于 Encase 的计算机取证技术研究》,载《中国成人教育》2007 年第 9 期。
② 蒋平等:《数字取证》,清华大学出版社 2007 年版,第 87 页。
③ 齐树洁:《民事程序法研究》,科学出版社 2007 年版,第 12 页。
④ 卞建林:《刑事诉讼制度改革与检察权的配置》,载《国家检察官学院学报》2008 年第 4 期。

和保持控、辩、裁三方在诉讼中的理想格局,妥善地解决追诉机关与被告人个人之间的争议,最重要的是对被告人的诉讼主体地位的确认与维护。[①] 在刑事诉讼"控辩裁"刑事诉讼法的构造三要素中,"刑事辩护制度是刑事诉讼制度的重要内容,是实现诉讼构造合理均衡、体现刑事诉讼民主与法治、保障被追诉人正当权益的核心与关键"[②]。在刑事诉讼法的公诉程序中,由检察官代替告诉人并代表国家行使公权力以进行刑事追诉审判。这些职权的重要组成部分之一就是收集证据,这也是检察机关履行证明责任必须进行的准备。[③] 从我国《宪法》第 37 条公民基本权利来看,当国家对其进行刑事追诉审判之际,享有法定基本权利,司法机关非经法定程序不许任意剥夺。为证明被告有罪,由检察官负主要的举证责任。依据我国《刑事诉讼法》第 49 条规定,由人民检察院承担公诉案件中的有关被告人有罪的举证责任。而在证据的收集要求上规定,审判人员、检察人员首先必须依照法定程序来收集证据。另外还要求,收集证据必须全面、客观,不能只收集一方面的证据。严禁以非法的方法收集证据,尤其是严禁刑讯逼供、严禁以威胁引诱等方式获取各种证据。然而,由于我国侦查机关的地位特殊和权力庞大,律师在诉讼中的作用受到限制,目前还是存在被告人权利救济权能及权利保障机制的缺失问题。相比之下,公权机关收集证据的能力是显而易见的。

在刑事自诉程序中,自诉系由犯罪被害人或其有一定身份关系的人直接向法院请求对被告确定刑罚权存在与否及其范围的刑事诉追程序。自诉程序,相对于公诉程序,属于一种以私人请求追诉之特殊诉讼制度。目前多数国家已无自诉制度,完全以公诉为主。我国目前刑事诉讼法则系实行公诉、自诉并存之制度(国家诉追与被害人诉追之混合主义)。自诉是通过被害人直接提起,并未经侦查程序。因而私人是无法直接行使强制侦查行为的,对于证据的搜集,并非由公权强制收集,而由当事人自行收集。自诉人若想通过国家公权力搜集证据,则只能通过证据保全程序来实现。在这方面与民事诉讼的证据收集基本一致。[④]

[①] 卞建林、田心则:《我国刑事诉讼制度科学构建论要》,载《人民检察》2008 年第 19 期。

[②] 卞建林、李晶:《回应时代进步发展的刑事诉讼法学——2011 年刑事诉讼法学研究综述》,载《人民检察》2012 年第 1 期。

[③] 卞建林:《证据法学》,中国政法大学出版社 2014 年第 3 版,第 284 页。

[④] 黄朝义:《刑事诉讼法》,一品出版社 2006 年版,第 549 页。

(四)民事诉讼中电子数据的收集问题

由于采取的立法主义存在差异,导致民事诉讼与刑事诉讼有关证据收集制度有显著的不同。原则上,民事诉讼法采取当事人主义,①根本原因是受以意思自治理念的市场经济体制的影响。在这种诉讼构造中,处于主导性的地

---

① 鉴于诉讼立法主义问题并非本书重点研究问题,在此进行简单的梳理。当事人主义在内涵上还包括辩论主义、处分权主义与当事人进行主义等。同样,职权主义也相应地形成职权探知主义、职权调查主义与职权进行主义三个内涵。当事人主义中辩论主义,在理论上可以分为广义与狭义。狭义的辩论主义,将提出"作为裁判基础之事实"所必需资料的(主张事实、提出证据申请)权能及责任赋予当事人行使及承担的原则就是辩论主义。参见[日]高桥宏志:《民事诉讼法——制度与理论的深层次分析》,林剑锋译,法律出版社2003年版,第329页。纯粹的辩论主义又衍生出三个命题(Theses)。其一,未经当事人所主张之主要事实(法律要件事实),不得采为判决之基础;其二,当事人间所不争执之事实,法院不待调查,应即采为判决基础;其三,当事人间有争执之事实,法院应以当事人所提出之证据为判断基础(职权调查之禁止)。参见我国台湾地区骆永家:《民事诉讼法Ⅰ》,商务印书馆1999年版,第116页;陈荣宗、林苗:《民事诉讼法(上)》,台湾三民书局2005年增订4版,第45页。广义的辩论主义,不仅包括狭义的辩论主义还包括狭义的处分权主义。因为辩论主义与处分权主义确实存在一定的区别,现今所称的辩论主义,一般是指狭义的辩论主义,并不包括处分权主义。处分权主义,亦有广义与狭义之别。所谓(狭义的)处分权主义,乃系赋予当事人就诉讼之开始、审判之对象及范围,以及诉讼之终结有主导权之主义。广义的处分权主义,则兼含上述狭义的辩论主义与狭义的处分权主义之概念。基于有前述区别辩论主义与处分权主义必要之同一理由,现今所称之处分权主义,应专指狭义的处分权主义。相对于处分权主义。在职权主义中,职权探知主义则是将确定事实所必需资料之探寻作为法院职责(来予以对待)的原则。参见新堂幸司:《新民事诉讼法》,弘文堂1973年版,第379页。转引自[日]高桥宏志:《民事诉讼法——制度与理论的深层次分析》,林剑锋译,法律出版社2003年版,第329页。职权探知主义有三个相对的命题:一是纵然未经当事人所主张之事实,法院亦得采为判决之基础;二是当事人间所不争执之事实(自认之事实),法院亦得不采为判决基础(法院为确定该自认事实之真伪,得为证据调查);三是法院应依职权调查证据。参见[日]中野贞一郎:《现代民事诉讼法》,法律文化社1995年版,第184页。由此可知,采取辩论主义或职权探知主义的主要差异点,是判断诉讼要件是否具备以及请求有无理由资料(必要的事实与证据)的收集责任在于当事人抑或法院,如若责任在当事人,就是辩论主义;如责任在法院,就是职权探知主义。职权调查主义则为就诉讼之开始、审判之对象及范围,以及诉讼之终结,赋予法院有主导权之主义。至于当事人进行主义,由当事人有完全主导权来控制诉讼开始后程序;相对于当事人进行主义,职权进行主义则系由法院主导诉讼程序进行之主义。参见我国台湾地区骆永家:《民事诉讼法Ⅰ》,商务印书馆1999年版,第213页。

位的是当事人的诉权,完全由当事人自主决定诉讼的发生和进行。[1] 罗森贝克也强调只有承担主张责任和证明责任才能实现法律规范中的真实。[2] 我国《民事诉讼法》第 64 条规定,当事人有责任提供证据以证明其提出的主张,即"谁主张谁举证"。然而,随着社会的发展,"谁主张谁举证"基本规则在某些现代型案件中运用却导致实质上的不公正的结果,如环境污染纠纷、交通事故纠纷和产品质量损害赔偿纠纷等案件的处理。基于这种实事的不公平,诉讼理论界又提出了特殊案件的举证责任理论,如出现"证据距离说""危险领域说"等。[3] 为此,许多国家和地区对特殊类型侵权案件中某些要件事实的举证责任以及相关证据的收集进行重新规定。我国《民事诉讼法》第 64 条第 2 款规定了另外一种证据收集方式,即人民法院调查收集证据的方式,这种收集方式的条件是要求当事人及其诉讼代理人因客观原因不能自行,或者人民法院认为审理案件需要,符合这种条件,人民法院就可以启动证据的收集与调整程序。实际上在 2015 年之前,我国的这种证据由人民法院收集的制度,因缺乏可操作性,导致了实践中的混乱。[4] 因之前法律制度对证据收集的权利与义务的规定缺乏科学性与公平性,在事实上造成了当事人在证据收集上的权利义务的不对等。随着立法和司法解释的不断推进,诉讼制度的改革使得当事人调查收集证据的权利保障得到一定的改善。例如,《民事诉讼法解释》第 112 条规定了"证明妨害规则",即,具有举证证明责任的当事人发现,如果书证在对方当事人控制之下,在举证期限届满前,可以书面申请人民法院责令对方当事人提交其控制下的书证。人民法院认为申请理由成立的,应当责令持有书证的当事人提交。持有书证的当事人如果无正当理由拒不提交的,那么,人民法院可以直接认定申请人所主张的书证内容为真实。这一司法解释相比较于以前的《关于民事诉讼证据的若干规定》第 75 条更为详细具体,可操作性强。

分析当事人举证的权利与义务存在举证责任沉重,而当事人的举证权利稀薄这种不平衡的现象,其原因主要在于,法律规范没有真正地把调查收集证

---

① 齐树洁、周一颜:《香港民事诉讼制度改革之回顾与前瞻》,载《现代法学》2013 年第 5 期。

② [德]莱奥·罗森贝克:《证明责任论》,庄敬华译,中国法制出版社 2002 年版,第 104 页。

③ 陈荣宗:《举证责任分配与民事程序法》,台湾三民书局 1984 年版,第 24 页。

④ 常怡、杨军:《我国证据收集制度的反思与重构——兼论民事审判方式的改革》,载《汕头大学学报》2002 年第 1 期。

据的权利赋予当事人,是人为地扭曲了当事人主义的诉讼模式。在比较当事人主义与职权主义之后,我们会发现对当事人的证据收集权没有给予充分的程序保障事实上已经异化为非权利了,根本不能实现实体结果的公平正义,甚至比职权主义模式下当事人收集证据权利的"虚化"所造成的对实现实体正义的威胁还要严重①。在《民事诉讼法解释》第 94 条中规定:"民事诉讼法第六十四条第二款规定的当事人及其诉讼代理人因客观原因不能自行收集的证据包括:(一)证据由国家有关部门保存,当事人及其诉讼代理人无权查阅调取的;(二)涉及国家秘密、商业秘密或者个人隐私的;(三)当事人及其诉讼代理人因客观原因不能自行收集的其他证据。"由此基本上明确了所谓"客观原因"的问题。在第 96 条中规定:"民事诉讼法第六十四条第二款规定的人民法院认为审理案件需要的证据包括:(一)涉及可能损害国家利益、社会公共利益的;(二)涉及身份关系的;(三)涉及民事诉讼法第五十五条规定诉讼的;(四)当事人有恶意串通损害他人合法权益可能的;(五)涉及依职权追加当事人、中止诉讼、终结诉讼、回避等程序性事项的。"除此之外,人民法院调查收集证据,应当依照当事人的申请进行。从法院在诉讼资料和证据资料收集方面享有主动权上看,我国民事诉讼构造仍存在审判权主导的因素。② 基于民事诉讼与刑事诉讼基本架构的不同,体现的电子数据收集上最大的差异性问题集中在证据偏在③与诉讼成本两个方面。

首先,在民事诉讼中电子数据偏在是一个结构性难题。如果电子数据被举证人所控制,那么证据收集活动便较为容易。然而,如果电子数据是在对方掌握的情况下,或存储于相关或不相关的第三方系统中,并且电子数据是属于可编辑数据类型,容易篡改或损毁,那么电子数据收集将是非常困难的。在大

---

① 汤维建:《论美国民事诉讼中的证据调查与证据交换——兼与我国作简单比较》,人民法院出版社 2000 年版,第 1047~1049 页。

② 齐树洁:《民事程序法研究》,厦门大学出版社 2007 年版,第 6 页。

③ 由于现代出现一些特殊类型的诉讼,台湾学者提出证据偏在的概念,认为在这些特殊类型的案件中,如坚持谁主张谁举证的一般原则,就会造成事实上的不平等,使被害人无从获得应有的权利保障,不符合公平正义原则。所以受诉法院有权决定是否适用法律中的公平但书要求,具体在审理案件时,法院应视各该具体事件的诉讼类型特性以及待证事实的性质,公平地斟酌当事人间能力、财力情况,如果对于证据偏在一方,出现当事人搜证困难、导致诉讼过程中因果关系证明困难以及法律本身之不具备的其他等因素等,有必要通过实体法解释及政策衡量所涉实体利益及程序利益,按待证事项与证据之距离、举证的难易、盖然性的顺序,再依诚信原则,最终决定当事人举证责任或是否减轻其证明度。参见台湾地区最高法院 99 年度台上字第 836 号民事判决。

数据时代,电子数据通常要依赖于计算机网络设备,而这些设备的持有人,往往具有所有权或电子数据的管理权,例如前文所提及的许多航海仪器设备分别设置于各自的船舶之上,由当事船舶掌控。而在诉讼中当事人一方难以取得该电子数据。另外,当事人如果不具备相应的技术知识,很难适应电子数据采集具有专业性强、技术性高的特点。在信息化飞速发展的今天,诉讼中难以解决的一个结构性的难题就是电子数据的证据偏在。其最大的危险是电子数据被掌控人销毁与篡改。其实从自然人趋利避害的心理出发,无论是哪类诉讼的案件,持有电子数据的当事人都有可能为了掩饰自己的行为或为了某种利益驱使,会利用销毁、篡改证据的方法,致使对方难以主张权利。最常见的如伪、变造文书[①],就是具体隐匿事证、颠倒是非的方式。在数字化设备广泛应用的今天,如果电子数据化系统欠缺良好的安全机制,就会降低电子数据的可信赖性与不可否认性,增加了使用此电子数据对案件事实证明的困难。此时,受害者主张法律责任时,则会因为欠缺可信赖、正确的电子数据,可能连证据能力的阶段都难以通过考验,当然也难以达到保障自身权益、取得胜诉的判决。[②] 虽然《民事诉讼法解释》第112条规定了"证明妨害规则",同时在《最高人民法院关于民事诉讼证据的若干规定》(法释〔2019〕19号)第99条中规定:"关于书证的规定适用于视听资料、电子数据;存储在电子计算机等电子介质中的视听资料,适用电子数据的规定。"但电子数据持有人提供"修正"过的电子数据,对方当事人是很难证明这些电子数据是被"修正"过的。

其次,民事诉讼中的电子数据收集的高昂成本是公平接近正义的阻碍。诉讼费用的合理性在一定程度上反映着一个国家的人民享受法律保障的程度。[③] 在民事诉讼中原告提出诉讼,必须负担诉讼费用,许多案件也不得不聘请律师,这些都是诉讼上的成本。但是提起诉讼也会产生期待的利益,也就是基于法律上赋予的请求权,通过诉讼程序加以实现。从经济学上的角度来观

---

① 关于文书问题,世界上许多国家对其范围的理解不尽相同。一些国家和地区对"文书"范围的理解非常广,不仅包括通常理解的文件、票据等书面形式,还包括所有能够通过文字或者其他某种可以被人类理解的符号与方式表达的物品,例如图画、照片、视频资料等都属于文书类,当然这些一般被称为准文书。参见张卫平:《外国民事证据制度研究》,清华大学出版社2003年版,第367页。

② 高波:《大数据:电子数据证据的挑战与机遇》,载《重庆大学学报(社会科学版)》2014年第3期。

③ 张榕:《民事诉讼收费制度改革的理念及路径》,载《法律科学(西北政法学院学报)》2006年第1期。

察,理性的原告应该会考量诉讼成本与期待利益之间的关联性,两相比较来决定是否提出诉讼。诉讼成本如同筛选器,高价值的法律争端通过诉讼成本的筛选,导致诉讼发生;低价值的法律争端受到阻挡而不会发生诉讼。

相对于传统证据而言,电子数据存在高成本的问题。电子数据的收集并不只是下个搜寻指令,找到后再下个复制(copy)指令即可完成。根据许多案件的现实情况,电子数据的收集并非一件容易的事,甚至于会出现无法"合理存取"①的可能性,而且更为了确保电子数据的可信赖性与不可否认性,还必须通过特定的仪器设备,经由严谨的收集程序,才能符合法律上对于证据能力的要求。相较而言,电子数据的收集与提出的相关费用比较昂贵,主要来自两种因素:第一是电子数据储存设备环境的复杂性,第二则是提高电子数据可信赖性的程序。电子数据来源的种类繁多,诸如数据库、网络服务器、备份系统、桌面计算机、笔记本电脑、手持式设备、移动电话、mp4 播放器、数字摄(录)影机、录音笔、云端储存设备等。这些来源中所储存的电子数据形态更繁杂,较为常见者包括电子邮件、计算机系统日志(log files)、文档(如常见的 doc、ppt 等)、图像文件、影音文件,甚至于包括无法读取的未分配空间(unallocated space),皆有可能从这些不同形态的电子数据中,发现与案件具有关联性的事证资料,而不同存储介质的电子数据提取的难易程度、费用高低也不同。

在刑事公诉案件中,电子数据的收集、提取、提交等工作是由执法机关专业实验室通过一系列完整的程序来实现的,所产生的费用,只要在所编列预算的范围,以及技术许可的范畴内,公安机关、检察机关都会尽力地完成相关工作。但是,在民事诉讼案件中,为使电子数据具有证据能力,在许多案件中仍需进行专业的电子数据收集,甚至进行电子数据公证,以确保所取得的证据,在采证过程中并没有受到"污染",以具备一定之真实性及可信性。但是,民事案件相关电子数据的提出或分析工作,目前必须由民事诉讼案件当事人负担;而目前因为尚未接受民事案件的直接申请收集或保全基本上是由民间专业机

---

① 在 Zubulake 案中,法官首次提出电子数据的"合理存取性"。法院裁决中提到当事人是否请求提出的资料是可存取或不可存取的判断。对于存取可能性与否的检测,主要是依据请求数据的实体可存取性,依据取得资料努力的多寡,该裁决并且将电子数字数据分成合理存取性及非合理存取性两大类,并再细分成五种类型。1.合理存取性电子数据包括:①活动中的,在线资料(active,online data);②接近在线数据(near-line data);③脱机储存/数据库(offline storage/archives)。2.非合理存取性电子数据包括:① 备份磁带(backup tapes);②删除、不完整或损坏的数据(erased, fragmented, or damaged data).See Zubulake v., UBS Warburg LLC,217 *F.R.D.* 309,pp.318-320 (S.D.N.Y. 2003).

构为之,不仅在费用上昂贵,在证明力上也较弱。例如在某养殖损害赔偿责任纠纷案中,当事人通过商业机构获得某一电子数据,经过比对后,法院认为:"对可能的事故发生时段,船讯网仅记载 00:27 时与 00:32 时两个时点的船位,中间间隔 5 至 6 分钟,从海事处可视化平台调取的 AIS 轨迹图则精确到 1 分钟,共有 5 个时点船位,技术上更为精确。船讯网提供船舶轨迹数据为书证,且属于商业行为,依约收取委托费,而平潭海事处 AIS 轨迹图来源于《初步调查报告》,该报告虽无文号,但毕竟出自行使行政管理职权的海事处,其证明力高于船讯网书证,故本院采信某海事处可视化平台调取的'大某华'轮 AIS 轨迹数据。"[1]

综上所述。从电子数据的角度来看,虽然我国三大诉讼法都对证据的收集程序作出了规定,能够在一定程度上规范电子数据的收集。但是由于电子数据自身的特殊性,这些法律程序无法满足当前司法实践中关于电子数据收集的现实需要。认真研究和完善电子数据收集的法律程序,制定切实可行的电子数据信息的发现、收集与固定的法律规范,具有极为重要的意义。只有完善的电子数据收集的法定程序,我们才能够使目前已经极为普遍的电子数据的收集与运用有法可依,才能充分发挥电子数据的证据价值。

二、海事电子数据收集主体

收集主体是海事电子数据收集程序的重要组成部分。但是,由于海事电子数据的复杂性和特殊性,有必要区分不同的情况对主体的权利义务作出不同的立法规定。只有根据不同的条件规范来确定海事电子数据收集主体,才能够确定不同的海事电子数据收集主体的权利(或权力)范围和收集方式。因为即使是在相同的案件中,不同的主体在收集海事电子数据的过程中因为主体的性质不同,法律所赋予的权利(或权力)范围不同,收集的方式也就必然不同。如果海事电子数据收集主体不明确,则无法明确海事电子数据收集主体的权利(或权力)范围,也就无法明确不同主体收集海事电子数据的方式。

从特殊性与一般性的关系来看,海事电子数据收集主体具有证据收集主体的一般性和自身的特殊性。认识海事电子数据收集主体的特殊性是区别海事电子数据收集主体与其他的证据收集主体的关键,是区分海事电子数据收

---

[1] 《丁某华、丁某生与广西防城港某船务有限公司海上养殖损害赔偿责任纠纷一审民事判决书》,厦海法事初字〔2013〕第 24 号。

集程序与其他证据收集程序的首要内容,也是研究海事电子数据收集主体的价值所在。

(一)海事电子数据收集主体的特殊要求

由于海事电子数据自身的特点,海事电子数据的收集也具有不同于其他证据收集的特殊性。

1.海事电子数据收集的场所和方法不同于其他形式的证据。一般的电子数据与传统的证据收集场所基本一致,但海事电子数据不仅可以通过特定的行为或者当事船舶的现场收集,还可以通过专门的技术工具在海事仪器中收集,同时诸如雷达数据、AIS、VTS等海事电子数据的收集完全可以不在现场,而在海事管理部门船舶管理系统中获取。

2.海事电子数据证明力的审查与传统的证据形式审查不同。因为海事电子数据的特殊环境等因素的存在,与一般的电子数据也不同,对海事电子数据的证明力及其大小的审查、判断,除了对证据中案件事实的信息进行审查外,对航海仪器是否符合规范的标准进行安装使用,其硬件的完整程度,软件系统运行的可靠性是否可以保障海事电子数据的安全要求进行审查。

3.某些海事电子数据的客观真实性一般会高于其他电子数据。海事电子数据可以通过现场的航海仪器设备收集,还可以通过海事管理部门、电子系统第三方运营单位的设备收集。通过海事管理部门或第三方机构收集海事电子数据,可以降低当事人对海事电子数据进行篡改的可能性。由于海事电子数据可以由诉讼当事人以外的无利害关系的第三人收集,较之当事船舶中的其他类型的证据,海事电子数据具有更高的客观真实性。对于裁判者来说,由于证据受到诉讼当事人的影响,在事实认定的过程中,具有更高的可信度。

由于海事电子数据的收集具有前述特殊性,对海事电子数据收集主体也就具有了不同于其他证据收集主体的特殊要求。

1.海事电子数据收集主体应当具备足够的专业技术。海事电子数据的收集是对通过航海仪器中的电子信息来收集的,它是一个由发现信息到提取信息,然后将信息固定于某一物质载体的行为过程。不仅需要足够成熟的电子数据取证技术而且还需要具备相应的航海专业技术知识,否则就不能保证正确地发现所需要的海事电子信息,还可能导致提取的海事电子信息失真,甚至丢失。也就是说,海事电子数据收集主体不仅要有足够的电子数据取证的专业技术,还要有航海专业技术能力,这样才能保证其所收集的海事电子数据的客观真实性。

2.海事电子数据收集主体应当拥有必要的硬件设备。对海事电子数据的收集包括了对海事电子信息的发现、提取和固定,其中提取和固定都需要必要的设备。例如,若在收集海事电子信息时能确保海事电子信息不被修改以保证相关信息的客观真实,就需要具备能够充分保障信息不被修改功能的硬件设备,如 AIS 接收系统、VTS 管理系统、雷达基站等。

3.海事电子数据收集主体应当拥有必要的软件。海事电子数据的收集,通常需要特定的软件来实现,例如,由美国 Guidance Software 公司开发的 Encase 软件,通过专门的证据收集工具,可以即时获取和分析海事电子信息,尤其是通过专门的收集软件可以将人为删除的海事电子数据进行恢复,通过恢复后,可以查看"已删除"海事电子数据。因此,海事电子数据收集主体在收集一些海事电子数据时,必然要依靠一些特定的软件,因此拥有必要的软件也是对海事电子数据收集主体的要求。

(二)海事电子数据收集主体范围的确定

海事电子数据具有专业性与技术性特点,不仅当事人自己依法享有证据收集的权利,出于对司法公正和司法效率的追求,有必要规定专门的海事电子数据的特殊的收集主体。从诉讼的角度来看,收集证据是具有明确目的的行为。对于国家机关来说是出于查明案件的目的收集证据,以便能作出正确的裁决或者处理决定;对于当事人及其代理人来说,收集证据的目的是提出案件事实或者证明本方的诉讼主张。[①] 由于不同的主体收集证据的目的与出发点不尽相同,因此,海事电子数据收集主体应当分为基于诉讼权利或者证明责任进行的收集和基于职权(职责)收集两大类。

1.基于诉讼权利或者证明责任收集海事电子数据的主体

(1)诉讼当事人收集

所谓诉讼当事人,民事诉讼中以自己的名义请求法院行使审判权解决民事纠纷或者保护民事权益的主体及其相对方。[②] 在刑事诉讼法中包括犯罪嫌疑人、被害人、自诉人、被告人以及附带民事诉讼的原告人和被告人,在行政诉讼中是指行政相对人和行政机关。我国现行立法已经明文规定了诉讼当事人收集证据的权利和责任。我国《民事诉讼法》第 49 条规定,诉讼中的当事人有权委托代理人,提出回避申请,并且有权收集证据,有责任对自己提出的主张

[①] 卞建林:《证据法学》,中国政法大学出版社 2014 年第 3 版,第 285 页。

[②] 齐树洁:《民事诉讼法》,厦门大学出版社 2008 年第 2 版,第 134 页。

提供证据。我国《刑事诉讼法》第192条规定,当事人及其代理人有权申请调取新的物证,有权申请通知新的证人到庭,有权申请重新鉴定或者勘验。在2014年新修订的我国《行政诉讼法》更加细化了当事人收集证据的规定,不仅在第34条中规定了作出具体行政行为的被告应当负有举证责任,同时还要求其在行政诉讼中必须提供作出该具体行政行为所依据的规范性文件。更是增加了第37条行政诉讼中原告提供证据的规定:"原告可以提供证明行政行为违法的证据。原告提供的证据不成立的,不免除被告的举证责任。"

当事人虽然依法享有收集海事电子数据的权利,但是当事人在收集海事电子数据的过程中,也会受到海事电子数据收集特殊性的限制。如前所述,收集海事电子数据需要专门的技术人员和技术设备。当事人虽然拥有海事电子数据收集权,但是在实际操作上,未必能够通过自己的能力收集到客观、真实的海事电子数据。通常情况下,都需要委托专门的海事电子数据收集人员和技术机构。因此,当事人收集海事电子数据的方式有两种:一种是自行收集;另一种是委托收集。自行收集就是当事人自己收集海事电子数据;委托收集就是当事人委托公证机关、技术专家、海事电子数据运营第三方主体(例如船讯网)等技术机构收集海事电子数据。

(2)诉讼代理人、辩护人作为当事人的诉讼代理人和刑事诉讼案件被告人的辩护人收集。我国《民事诉讼法》第61条规定,代理律师及其他诉讼代理人可以查阅与本案有关的材料,并有权调查收集与案件相关的证据。《刑事诉讼法》第41条规定,经证人或者其他有关单位和个人同意,辩护律师可以向其收集与本案有关的材料,对不宜由辩护律师收集的材料可以申请人民法院或人民检察院收集、调取。经人民法院批准签发准许调查书后,辩护律师可以向被害人或者其近亲属等收集与本案有关的材料。《行政诉讼法》第32条规定,代理诉讼的律师有权向有关组织和公民调查,收集与本案有关的证据。依照法律规定对涉及国家秘密、商业秘密和个人隐私的材料进行收集。除涉及国家秘密、商业秘密和个人隐私的内容外,当事人及其代理人有权按照规定复制本案庭审材料。可以看出这三部诉讼法对于诉讼代理人、辩护人作为当事人的诉讼代理人和刑事诉讼案件被告人的辩护人收集证据的权利都给予了法律上的保障。

由于海事电子数据自身的特殊性,诉讼代理人和辩护人在收集海事电子数据的时候,应当本着从当事人利益出发的原则,对于自己能力范围内可以收集到的海事电子数据应当尽可能地收集,但是超出自己收集能力范围的海事电子数据,不应当继续收集,而应当委托技术专家、海事电子数据运营主体等为当事人收集海事电子数据。当然,诉讼代理人和辩护人在委托技术专家、海事电子数据运营主体等收集海事电子数据之前,应当征求当事人的同意,并在当事人同意之后向当事人推荐有足够资质的技术专家或海事电子数据运营主体。但是技术专家或海事电子数据运营主体的海事电子数据取证行为效果并不归属于诉讼代理人或辩护人,而是直接归属于当事人。

2.基于职权(职责)收集海事电子数据的主体

(1)具有侦查权的国家机关

国家专门机关收集证据,基于法律赋予的权力,这项权力本身也是职责。[①] 在办理案件过程中专门机关依照法律行使侦查权,进行的专门调查工作和有关强制措施。[②] 侦查权是国家侦查机关以及侦查人员为实现侦查目的,依法定程序,运用特定侦查手段开展侦查活动的权力。根据《刑事诉讼法》第 3 条的规定,公安机关负责对刑事案件的侦查、拘留、执行逮捕、预审工作。而人民检察院负责由检察机关批准逮捕、直接受理的案件的侦查、提起公诉工作。但最终都要由人民法院负责审判。除法律特别规定的以外,其他任何机关、团体和个人都没有侦查权、起诉权和审判权。那么法律特别规定的机关主要是国家安全机关、军队保卫部门及监狱等。例如,我国刑事诉讼法规定在办理危害国家安全的刑事案件时,国家安全机关依照法律规定行使与公安机关相同的职权;对军队内部发生的刑事案件由军队保卫部门行使侦查权;由监狱对监狱内犯罪的案件进行侦查。可以看出,我国侦查主体包括公安机关、检察机关、国家安全机关、军队保卫部门和监狱。

我国虽然没有一部法律明确地规定侦查主体的电子数据侦查权,但是我们可以在宪法以及一些特别法中发现有关侦查主体的电子数据侦查权的规定。例如,《中华人民共和国宪法》第 40 条规定了公民的通信自由权。中华人民共和国公民除因国家安全或者追查刑事犯罪的需要,其通信自由和通信秘密受法律保护。除侦查机关依照法律规定的程序对通信进行检查外,其他任何组织或者个人不得以任何理由侵犯公民的通信自由和通信秘密。《中华人民共和国电信条例》第 66 条进一步落实这一自由权的规定,对电信用户依法使用电信的自由和通信秘密受法律保护。除了宪法赋予有关机关的权力可以对通信内容进行检查外。电信业务经营者及其工作人员不得利用职务上的便

---

① 卞建林:《证据法学》,中国政法大学出版社 2014 年第 3 版,第 285 页。

② 卞建林:《中华人民共和国刑事诉讼法最新解读》,中国人民公安大学出版社 2012 年版,第 145 页。

利条件获取他人的通信内容,并禁止擅自向他人提供电信用户使用电信网络所传输信息的内容。《中华人民共和国计算机信息系统安全保护条例》对信息的安全保障作出了规定,公安部是主管全国计算机信息系统安全保护工作的主体。国家安全部门及法律规定的其他有关部门,在法律规定的职责范围内做好信息系统安全保护工作。

在目前的司法实践中,侦查主体收集海事电子数据的方法主要有:查扣海事电子仪器——寻找、分析机器中犯罪分子遗留下的犯罪痕迹,当然,由于海事电子数据的收集具有技术性,作为侦查主体的国家机关,应当建立有相应技术资质的部门,才可以收集海事电子数据,以保证所收集的海事电子数据的客观真实性。

(2)人民法院

收集证据的权力是法律赋予人民法院审判权的组成部分,人民法院在符合法律规定的特定情形时有权收集证据。① 我国《刑事诉讼法》第 50 条规定,在收集证据时必须遵守法定的程序,审判人员、检察人员、侦查人员依据法律有关规定收集能够证实犯罪嫌疑人、被告人有罪或者无罪、犯罪情节轻重的各种证据。在收集证据时严禁刑讯逼供和以威胁、引诱、欺骗等非法的方式、方法收集证据,不得强迫任何人自证其罪,必须有充分提供证据的条件来保证一切与案件有关或者了解案情的公民提供客观的证据,甚至可以吸收了解案情的公民协助调查。在第 52 条中规定,有关单位和个人在人民法院、人民检察院和公安机关向其收集、调取证据时应当如实提供证据。《民事诉讼法》第 64 条规定,当事人对自己提出的主张,有责任提供证据。但是因客观原因,当事人及其诉讼代理人不能自行收集的证据,或者人民法院认为审理案件需要的证据,人民法院应当调查收集。第 67 条规定:"人民法院有权向有关单位和个人调查取证,有关单位和个人不得拒绝。"2015 年 5 月实施的《行政诉讼法》第 40 条规定对原法第 34 条作出重大修订,要求人民法院不得调取被告作出行政行为时未收集的证据,以此来证明行政行为的合法性。

根据我国三大诉讼法的前述规定,人民法院享有收集证据的权力。但本研究认为,一般情况下,对于海事电子数据来说,即使由法院调查收集,人民法院也应当指定或者委托有关单位和个人收集。这里所说的"有关单位和个人",是指具备收集海事电子数据的资质、技术、设备、软件等条件的单位和个人。例如,海事管理部门、专门的海事技术鉴定机构等。本研究之所以提出这

---

① 卞建林:《证据法学》,中国政法大学出版社 2014 年第 3 版,第 285 页。

样的收集设想，是基于以下几个方面的原因：

首先，从技术层面来看人民法院主要解决的是法律上的问题，法官是经过专业学习培养出来的"法律人"，具备较高的法律技能，但基本上不具备电子数据取证的技术以及海事专门技术。收集海事电子数据不仅需要专门的技术设备，还需要海事专门技术作为支撑。在我国专门设置的海事法院均没有专门配备这些技术设备和人员。

其次，从社会成本的角度来看。如果让人民法院自行收集海事电子数据，那么必然要在法院设立专门的机构，配备专门的技术人员，购置专门的技术设备，提供一定的场所，只有这样才能达到正确收集海事电子数据的基本要求。这在现实中是不可能的。如果由人民法院指定或委托海事管理部门、海事电子数据运营主体来收集海事电子数据，在特定情况下，聘请海事技术专家参与海事电子数据的收集，能够弥补司法人员在技术方面的不足。那么人员、设备、场所等成本就不会重复消耗，也不会造成资源的闲置和浪费。

（3）海事行政执法主体收集

海事电子数据的收集问题不仅会运用于诉讼过程，在海事行政执法过程中也是重要的环节。海事调查部门收集海事电子数据进行海事安全调查，按照《国际海事安全调查规则》所规定是纯以安全为目的由独立部门展开的独立事故调查。2021年4月29日颁布的《中华人民共和国海上交通安全法》第85条规定："海事管理机构应当自收到海上交通事故调查报告之日起十五个工作日内作出事故责任认定书，作为处理海上交通事故的证据。"当然，海事行政机关主要围绕着利于行政管理的目标对证据进行调查收集，根据行政合法性的原则，在行政管理中收集证据同样应当遵守证据规则。但由于目的的不同，海事行政执法机关收集证据与法院调查收集的证据之间还是有区别的。海事行政机关与法院调查收集海事电子数据存在如下区别：第一，在海事电子数据收集的启动程序上不同。海事行政机关是法律授权的海事管理机构，有行政处罚权，其证据调查过程是海事行政机关依职权的行政行为，这种依职权的行政行为在调查收集海事电子数据时不必由当事人申请，证据调查具有主动性的特点；而在海事诉讼中，法院调查证据一般不具有主动性，绝大多数情况下是需要当事人向海事法院申请由法院来调取的，海事诉讼的证据通常由诉讼当事人提供，海事法院不会主动调取证据。第二，海事主管机关基于行政目的收集的海事电子数据是为了给实施具体海事行政行为提供依据；而海事诉讼证据则是法官据以判定当事人双方责任大小的依据。第三，从收集的时间上看，海事行政机关调查收集海事电子数据是"先取证，后裁决"，在作出具体行政行为之前实施；海事法院调查收集的海事电子数据是在发生海事纠纷之后，海事法院应申请或依职权在规定的期限内实施的。

三、海事电子数据收集流程

海事电子数据的收集流程，是指在具体的证明活动中，收集主体为证明特定的待证事实而在收集海事电子数据时应当遵循的程序和步骤。基于海事电子数据及其信息的获取与海事电子数据生成方式的独特性，本研究认为，合理的海事电子数据收集流程应当包括三个方面的内容：海事电子数据收集的启动、运行及生成。要做到准确、完整地收集海事电子数据及其信息，收集主体必须严格按照下述流程进行海事电子数据的收集活动：

（　）海事电子数据收集的启动

海事电子数据收集程序的启动是收集海事电子数据所必备的形式要件。收集主体要想获取海事电子数据，应当首先启动收集程序。一般情况下，收集主体就是启动程序的主体。启动收集程序时不应当对主体的资格作出特殊的要求。为了证明待证事实以保障自己的合法权利，只要不违背法律规定的条件，任何公民都有权启动收集程序收集海事电子数据以支持自己的证明。证据启动程序因证明主体以及证明的目的不同而不同。在民事诉讼和行政诉讼案件中，只要未侵犯他人合法权益，由合法的调查主体收集海事电子数据，法律就无须对启动程序作出特殊的规定。然而，在刑事诉讼案件中，由于其往往伴随着一些强制性侦查措施，如勘验或检查、搜查、扣押，因此，对刑事诉讼活动中海事电子数据收集的启动程序必须严格遵循《刑事诉讼法》的规定。

证据的收集与当事人的各种权益密切相关，故而应当对其启动程序进行严格的规制，以防侵犯人权等现象的发生。以基于职权（职责）收集为例，海事电子数据的调查取证应当及时。证据可能灭失或者以后难以取得的，应当立即开展调查取证，或者经海事管理机构负责人批准后实施证据先行登记保存。先行登记保存证据的，应当通知当事人到场，并出具《证据登记保存清单》。《证据登记保存清单》应当由海事行政执法人员和当事人核对后签字或者盖章确认。先行登记保存证据后7个工作日内制作并向当事人送达《证据登记保存处理决定书》，及时作出处理决定。如需将证据退还当事人的，应当填写《登记保存证据退还确认单》，并由当事人签字或者盖章确认。①

对涉及刑事犯罪的海事电子数据收集，并不限于航海仪器中的相关信息。根据法律的规定，侦查人员必须经县级以上公安机关负责人批准才可以对犯罪嫌疑人的犯罪证据进行搜查，搜查的范围包括可能隐藏罪犯或者犯罪证据的人和物品、住处等等。但进行搜查时，除非遇有紧急情况外，必须向被搜查人出示详细注明搜查内容和地点的搜查证。即侦查主体在获得批准并持有合法的搜查证的情况下才可以搜查、查封海事仪器系统和相关的外围设备。

(二)海事电子数据收集的运行

海事电子数据中的待证事实信息及电子数据验证信息是海事电子数据收集的中心问题，是需要用海事电子数据证明的信息。海事电子数据中的信息仅仅是由航海仪器中生成、存储的各位数字信号，海事电子数据也不过是蕴含有相关事实信息的物质载体。关键在于海事电子数据中的待证事实信息及电子验证信息的获取。海事电子数据信息通过输入输出等方式依附于海事电子系统及其终端设备中，在整个证明活动中具有十分重要的意义。

1.发现海事电子数据中的待证事实信息

在整个海事诉讼或海事行政执法的证明活动中，待证事实信息的收集和运用是其主要内容。海事电子数据的收集与运用，重点在于查找并发现这些信息。海事电子数据信息之所以能够被用来证明待证事实，是因为这些信息作为海事电子数据存在的前提，其自身蕴含着能够据以发现证据事实的信息。海事电子数据信息是待证事实得以证明的客观依据。因此，海事电子数据收集的前提是发现待证事实信息。没有这一信息发现过程，海事电子数据中的信息也就无法被用来证明待证事实，所谓的海事电子数据也就没有任何存在的价值。所以，在海难事故中，从目标船舶的海事电子系统中发现相关的待证事实信息对整个收集活动至关重要。

如今在数字航海的大背景下，海事电子数据量巨大，海事活动得到了前所未有的记录，船舶在海上活动的各种记录的粒度越来越高，在统计学上，数据粒度是指数据的细化程度。而细化程度与粒度之间是反比关系，即数据细化程度越高，数据记录的粒度就越小，相反，数据细化程度越低，那么数据记录的粒度就越大。正是丰富的海事电子数据记录为海事电子数据的收集提供了极

---

① 中华人民共和国海事局:《关于印发〈海事行政执法证据管理规定〉》，海政法〔2014〕141号。

为丰富的数据资源。另外,海事电子数据规模越大,处理的难度也越大,在海量的电子数据中,必须采用一定的设备和特定的技术手段才能发现人们需要收集的待证事实留下的事实信息,尤其是运用"大数据挖掘"技术使发现电子数据成为可能。[①]

2.获取海事电子数据中的待证事实信息

待证事实信息的获取是海事电子数据收集程序的主要内容。在发现这些信息后,只有通过必要的程序与技术及时获取和固定这些信息,才能保证所发现的待证事实信息的客观真实性。需要明确的是,海事电子数据中的待证事实信息仅仅是一系列二进制编码,是无形的,不能直接为人们所感知,必须借助专门的海事仪器显示、输出才能以人们理解的方式表现出来。因此,获取这些信息必须借助相关的海事仪器设备及计算机技术,以克服信息感知方式的局限性。需要注意的是,虽然这些信息所依附载体的改变一般不会造成信息的失真甚至毁损,但在收集时还是应当采用各种恰当的方法保证信息的客观完整性。在收集过程中,应当收集有关资料的原始载体,并由证据提供人在原始载体或者说明文件上签字或者盖章确认;提取原始载体确有困难的,可以提取复制件。提取复制件的,应当由证据提供人出具由其签字或者盖章的说明文件,注明复制品与原始载体内容一致;电子数据可以提取制作打印件的,由当事人注明"经核对与原件一致",标明提取时间,并签字或者盖章确认;原件、复制件均应当注明制作方法、制作时间、制作地点、制作人等;电子数据无法提供制作方法、时间的,应当注明下载时间、下载人等。[②]

总之,无论采用何种方法获取海事电子信息,都应当尽可能地全面、完整。收集海事电子信息的前提就是获取的信息必须是客观完整和真实的、与原信息同一的信息。只有保证了所获取信息的客观完整与真实性,这些信息才能够被用来证明待证事实。

[①]　大数据挖掘(Data Mining)是统计学中的重要问题,通过对数据进行挖山凿矿式的开采,来发现潜藏在数据表面之下的历史规律。这种数据挖掘还可以对未来进行预测。在现代大量数据被记录的时代,数据成为一种资源,大数据分析不仅会被应用于商业领域,在法学领域也发挥着作用,例如在识别犯罪、证据收集上发挥巨大的作用。大数据对传统思维产生了巨大的冲击,尤其是对电子数据的收集等问题的认识要求更高,传统证据收集制度的思维与方式在大数据时代出现危机。

[②]　中华人民共和国海事局:《关于印发〈海事行政执法证据管理规定〉》,海政法〔2014〕141号第18条。

3.收集海事电子数据中的验证信息

我国修订后的《刑事诉讼法》《民事诉讼法》和《行政诉讼法》增加了有关电子数据的规定,电子数据在诉讼中的可采性问题已经得到解决,在海事诉讼中,海事电子数据的应用越来越广泛。在解决了可采性的问题之后,在司法应用过程中如何正确地认定海事电子数据是否客观真实,如何更好地运用海事电子数据科学地证明待证事实成为重要问题。与一般电子数据不同,审查和确认海事电子数据中的事实信息是否客观真实,其主要的依据就是反映了该事实信息生成、传输、复制等的足够的电子验证信息。海事电子数据中的信息是否客观真实,最简便、最可靠的方式便是运用证据及其待证事实信息生成时的验证信息来审查海事电子数据及其中的待证事实信息是否就是该待证事实留下的信息,有无修改和变异。

任何行为、事件的发生都离不开一定的时间、空间,都会在客观世界中留下一些痕迹或信息,如同"洛卡德物质交换原理"①。海事电子数据验证信息与待证事实信息就像犯罪现场留下的指纹和脚印一样,如影相随。产生于待证事实信息生成、存储、传递、修改、增删等各个过程中,如某待证事实信息是何时生成以及由谁发送等。它们表明待证事实信息自形成直至获取,每一个环节都是有据可查的。正确地判断待证事实信息的客观真实性的一种方法就是检验海事电子数据验证信息。以确认海事电子数据及其证明力,进而形成严密的证明体系,排除相关人员采用技术手段造假等因素。

(三)海事电子数据的生成

海事电子数据的收集主体运用技术手段,将从航海仪器中获取的能够证明待证事实的海事电子数据信息转移到相关物质载体之上的过程就是海事电子数据的生成。海事电子数据在收集过程中,由于其非直观可识别性、易损性以及原始状态易变性三个特性构成了收集的最大难题。为此,只有将这些变异性极大的信息存储在特定的物质载体之上,即生成海事电子数据,其信息才会处于相对固定的状态,才能将这些海事电子数据信息用来证明待证事实。

---

① "洛卡德物质交换原理",是指犯罪嫌疑人必然会将自身原有的物质痕迹遗留在现场,与此同时犯罪嫌疑人还会从现场带走某些物质,这就是洛卡德物质交换现象。一般人们会认为电子数据是虚拟的,可以轻易地删除而不留下任何痕迹,但是,电子数据信息虽然具有虚拟性,可以被轻易地删除,但通过专门的技术手段,仍然可以在产生电子数据的仪器中找寻到相关痕迹。参见何家弘:《电子证据法研究》,中国法制出版社2002年版,第28页。

由此可见,海事电子数据的生成直接影响着海事电子数据的举示、质证和认证。只有信息被信息载体承载而得到证据,我们才能实现证据的收集和运用,才能够用这些证据去证明待证的事实。

为防止原始存储介质中的信息发生毁损、灭失,所有后续操作都必须基于其工作复制件而非原始证据进行。因此,作为获取海事电子数据的基础和前提,对已收集的信息进行复制并生成海事电子数据是收集海事电子数据必不可少的步骤。

1.海事电子数据信息的复制

电子数据是容易被复制的,这是电子数据能够快速传播的原因之一。电子数据可以便捷地制作成相同的一份或多份,而且很难区分哪一份是被复制的,这导致在电子数据收集的过程中,多采用"拷贝"的方式来制作复制件。但简单地"拷贝"是不足以保持海事电子数据的完整性的。从技术上看,必须采取电子数据位对位复制的备份方式,才能完整地保存海事电子数据的各种信息。只有通过对海事电子数据中的原始数据的逐位复制,才能确保得到所需的数据与原始数据的一致性,这种方法可以防止原始数据丢失或被人为破坏。只有通过正确的技术方法才能保证复制得到的海事电子数据的完整性、精确性,并保证与原始数据的一致性。必须强调的是,收集海事电子数据最为重要的是应当及时复制已收集的待证事实信息和验证信息。否则,发现信息后没有及时复制,可能会使该信息发生变异。随着海事电子仪器的频繁操作,电子数据在不断地被覆盖着,很难保证提取电子信息的原始性。

关于海事电子数据的工作复制件能否作为证据证明待证事实,我国相关司法解释已经作出了一些规定。例如,2020年5月1日起施行的《最高人民法院关于修改〈关于民事诉讼证据的若干规定〉的决定》第23条规定,除非提供原始载体确有困难,对于计算机数据或者录音、录像等视听资料的收集,应当要求当事人提供有关资料的原始载体。不便提供原始载体的可以提供复制件,但调查人员应当说明其来源和制作经过。而在《关于行政诉讼证据若干问题的规定》第64条中则规定了电子数据的"原件效力等同",也就是在收集电子数据资料时,以有形的方式固定的电子数据资料,如果其制作情况和真实性经对方当事人确认,或者是制作过程以公证等方式予以证明的,那么这种有形固定的电子数据可以认定与原件具有同等的证明效力。运用技术手段可以无差别地复制。因此,符合法律程序规定,严格按照电子数据技术要求获取的电子数据信息的存储载体在司法运用中都是没有法律障碍的。对此问题在本书的第四章中还将进一步阐述。

2.海事电子数据的生成

海事电子数据离不开海事电子仪器的存储介质,但与此同时,随着存储设备的技术发展,海事电子数据中的信息与其载体又是可以相互分离的,即信息具有脱体性特征。① 海事电子数据能够脱离原始存储载体传输到其他存储载体之上,这种电子数据的流动性实现电子数据信息在不同载体之间的转移。信息与其载体的分离性,为再次生成海事电子数据提供了特殊的生成环境,即人们可以将电子信息从一个载体转移到另一个载体之上。② 生成的海事电子数据多是在诉讼或纠纷发生之后,并以最初的海事仪器中的原始电子数据信息为基础而生成的海事电子数据。由于它是在人为因素控制下形成的,因此,这种生成方式具有很大的自主性,可以重复多次进行。因此,海事电子数据的原件与其他传统意义上的证据原件并不相同。电子数据信息是以虚拟的方式存在的,它必须运用一定的还原、复制的方法才能展现或转移。具体生成海事电子数据工作件的过程中应当严格遵照相应的程序与方法。③

(1)复制视听资料的形式包括采用存储磁盘、存储光盘进行复制保存、对屏幕显示内容进行打印固定、对所载内容的书面摘录与描述等。条件允许时,应当优先以书面形式对视听资料内容进行固定,由当事人注明"经核对与原件一致",并签字或者盖章确认。

(2)提取、复制电子数据应当保持其完整性。提取、复制过程及原始存储介质存放地点,应当有文字说明并由海事行政执法人员签字或者盖章。

(3)视听资料、电子数据的存储介质无法入卷的,可以转录入存储光盘存入案卷,并标明光盘序号、证据原始制作方法、制作时间、制作地点、制作人,及转录的制作人、制作时间、制作地点等。证据存储介质需要退还当事人的,应当要求当事人对转录的复制件进行确认。

总体上,在海事电子数据的搜集或提出过程中,一方面要注意电子数据的存在属性,另一方面还要考虑到在海事特殊环境下,随着海难事故的发生,诸多证据材料可能随之损毁,例如在"鑫某顺6"轮沉没事故调查报告中,海事部门经过调查发现,"船舶稳性情况。由于该轮获救船员为水手,未能详细描述

---

① 信息具有脱体性是指信息总是脱离它所反映的事物而被传递、复制、存储和保留。海事电子数据与其他证据的主要区别就在于信息与载体可否分离。参见何家弘:《证据法学研究》,中国人民大学出版社 2007 年版,第 304 页。

② 何家弘:《证据法学研究》,中国人民大学出版社 2007 年版,第 307～310 页。

③ 参见中华人民共和国海事局:《关于印发〈海事行政执法证据管理规定〉》第 19 条至第 21 条,海政法〔2014〕141 号。

船上的货物装载情况,也未能描述船舶的稳性情况及稳性计算相关的数据,除水手外其他船上人员在此次海难事故中死亡或失踪,由于船舶沉没该轮的航海日志、轮机日志和相关记录等资料损毁。无从查证该轮沉没时船上实载燃油数量、淡水存量、货物积载的情况等数据,缺少这些数据无法确定船舶沉没时的船舶稳性"[①]。此类证据灭失的情况在海事纠纷中十分常见,为了查找事故原因,明确事故责任,相关部门必然要用技术手段收集相关海事电子数据来认定事实,此时的海事电子数据由于缺少其他证据佐证,一旦在收集过程中未能严格按电子数据收集程序处置,海事电子数据就会灭失或"污染",灭失其证据价值。因此海事电子数据的收集问题是充分发挥电子数据在司法证明过程中作用的基础。

第三节　海事电子数据的保全

有权机关依据当事人申请或者依法律赋予的职权在证据可能灭失的情况下,或者由于环境等因素的影响以后难以取得此证据时,采取的调查收集和固定保护行为被称为证据保全。证据保全可以保护可能破坏或灭失的证据,能够保障和落实当事人的证据收集权和证据提出权,有利于诉讼的顺利进行和法院公正裁决。[②]"海事海商具有较强专业性和国际性,其纠纷所具备的特征也是自成一体的。"[③]针对海事诉讼中海洋环境的特殊性,一般海事证据的证据收集、保存的时间性强,海事事故现场无法保存,取证时机稍纵即逝等特点,对证据保全(特别是诉前证据保全)要求更高的特点,我国《海事诉讼特别程序法》设立专章共 11 个条文分别规定了海事证据保全程序。《海事诉讼特别程序法》第 62 条规定了海事证据保全条款。即根据海事请求人的申请,海事法院可以对有关海事请求的证据采取保存、提取或封存的强制措施。例如要求

---

① 参见《福建"2·18""鑫某顺 6"轮沉没事故调查报告》,交通运输部海事局(2012)。

② 全国人大常委会法制工作委员会民法室:《〈中华人民共和国民事诉讼法〉条文说明、立法理由及相关规定》,北京大学出版社 2012 年版,第 124 页。

③ 杨树明:《民事诉讼法——海事诉讼特别程序篇》,厦门大学出版社 2008 年版,第 117 页。

船东提交航海日志、货物积载图、船载电子数据等。① 因情况紧急，如果不立即申请海事证据保全将会导致有关海事证据灭失或者难以取得的，海事请求人可以在提起海事诉讼之前或将纠纷提交仲裁之前向海事法院申请证据保全。

我国《海事诉讼特别程序法》关于海事证据保全的规定要早于《民事诉讼法》。它首次在我国法律中明确了诉前证据保全问题。② 即诉前、诉中或仲裁前都可以申请海事证据保全。我国《民事诉讼法》修订之后，也在民事诉讼中规定了诉前证据保全的制度，但是海事诉讼证据保全与一般的民事诉讼证据保全还是有区别的。海事证据保全可成为创设管辖权的依据，根据我国海事诉讼法的规定，当事人之间有关该海事请求的诉讼管辖协议或者仲裁协议对

---

① 例如广西某盛海运有限公司依照《中华人民共和国海事诉讼特别程序法》第 67 条、第 68 条、第 69 条的规定，要求将"东方海外某"轮的下列材料予以复制或拍照保存：（1）该轮的船舶所有权证书、船舶国籍证书、船舶入级证书、船舶检验记录等船舶相关证书；（2）该轮于 2013 年 11 月 4 日至 6 日的航海日志和轮机日志；（3）该轮于 2013 年 11 月 5 日的车钟记录；（4）该轮于 2013 年 11 月 4 日至 5 日的 GPS 船位记录和 GPS 航迹记录；（5）该轮于 2013 年 11 月 5 日的航向记录仪打印记录；（6）该轮的航行数据记录（VDR 数据）及其说明书；（7）该轮在涉案事故发生前后半小时的自识别系统（AIS）数据记录；（8）该轮涉案事故航次的船员名单、船员适任证书和船员服务簿；（9）该轮就涉案事故所做的海事报告、香港海事处对该轮船员的询问笔录、船长事故陈述、值班驾驶员事故陈述、碰撞事故示意图等涉案事故相关记录。参见《广西某盛海运有限公司申请海事证据保全一审民事裁定书》，广海法保字〔2014〕第 14-2 号。

② 证据保全制度在 1991 年修订的《民事诉讼法》第 74 条开始有了原则性规定，规定诉讼参加人在证据可能灭失或者以后难以取得的情况下可以向人民法院提出申请保全证据，人民法院认为必要时也可以主动采取保全措施。1991 年修订的《民事诉讼法》第 74 条仅是原则性规定而没有具体的操作程序。更重要的是，该条原则性规定还有不科学之处，即当时的《民事诉讼法》的证据保全仅适用于诉讼中，而在 1999 年通过的《海事诉讼特别程序法》第 63 条规定了诉前海事证据保全制度。而证据在诉前保全制度在 2012 年民事诉讼法修订之时才纳入，修订后的《民事诉讼法》第 81 条规定，当事人可以在诉讼过程中，如果证据可能灭失或者以后难以取得，可以向人民法院申请保全证据。因情况紧急，利害关系人可以在提起诉讼或者申请仲裁前向有管辖权的人民法院申请保全证据。与之前的民事诉讼法不同，不仅仅提出证据保全的原则性的规定，而且对于证据保全的其他程序，在修订后的《民事诉讼法》第九章中对保全作出了具体的程序性规定。在 2015 年颁布的最高人民法院关于适用《中华人民共和国民事诉讼法》的解释第 98 条中规定，当事人根据《民事诉讼法》第 81 条第 1 款规定申请证据保全的，取消了举证期限届满前 7 日的限制，可以在举证期限届满前书面提出。

海事证据保全无效。① 这样就形成了海事证据保全可与案件实体审理程序相分离的现象,分别在不同的海事法院进行。这无疑是对民事证据保全立法理念的突破。另外,海事法院不能依职权采取保全措施,只能依据海事请求人的申请才能实施。但是,在 2012 年修订后的《民事诉讼法》第 81 条中规定:"人民法院也可以主动采取保全措施。"在证据保全的适用范围上海事诉讼与一般民事诉讼也存在差别,《海事诉讼特别程序法》第 62 条规定,海事证据保全只适用于有关海事请求的证据保全。而新修订的《民事诉讼法》则无此限制。

一、海事电子数据保全的特征与作用

(一)海事电子数据保全的特征

电子数据是法定的证据种类之一,海事电子数据又是电子数据的特殊类型,因此,海事电子数据的证据保全不仅应当具有前述证据保全的一般属性,而且还有某些特殊性。根据证据保全的一般规定,海事电子数据保全应当是具有法定资质的证据保全主体,通过一定的方法和程序收集、审查海事电子数据及其信息,并确认其具有客观真实性的程序法律制度。

1.海事电子数据保全主体的特定性

证据保全依据实施机关的不同,证据保全可划分为行政证据保全、公证保全和司法证据保全。② 行政机关在行政执法过程中当发现证据可能灭失,或者执法之后难以取得的情况时,行政机关依据职权或申请可以采取先行登记保存措施。这种先行登记保存就是行政证据保全。我国《行政处罚法》第 37 条规定了这种先行登记保存制度,即行政机关在行政执法过程中可以采取抽样取证的方法收集证据。一旦发现证据可能灭失或者行政执法以后难以再取得,经行政机关负责人批准可以对此类证据先行登记保存,先行登记保存之后应当在 7 日内及时作出具体的处理决定。所以从性质上分析"先行登记保存"就是一种行政证据保全措施。而公证保全则是由公证机关实施的证据保全,"在诉讼开始前一般不能进行证据保全,在司法实践中,如果当事人在起诉前认为有必要对证据采取保全措施的,可以向公证机关提出证据保全申请,由公

---

① 参见《海事诉讼特别程序法》第 64 条。

② 许少波:《民事证据保全制度研究——以法院为中心的分析》,法律出版社 2013 年版,第 34 页。

证机关来固定证据"①。这种保全发生在诉讼之前,是与证据收集行为紧密联系的。当然,并不是所有的诉前证据保全都要由公证机关作出,例如,在海事诉讼中,当事人就是在起诉前向被保全的证据所在地海事法院提出申请海事证据保全的。② 司法证据保全主要是指司法机关在司法活动中所实施的证据保全。历来典型的具有完整意义的证据保全制度只存在于民事诉讼领域,我国《民事诉讼法》第81条规定了证据保全制度,当事人在诉讼过程中,如果发现证据可能灭失或者以后难以取得,可以向人民法院申请保全证据。因情况紧急,利害关系人可以在提起诉讼或者申请仲裁前向有管辖权的人民法院申请保全证据。与修订前的民事诉讼法不同,不仅仅提出证据保全的原则性的规定,而且对于证据保全的其他程序,修订后的民事诉讼法第9章也作出了具体的程序性规定。由此可见,在民事诉讼中司法证据保全无论是诉前保全还是诉讼中保全,均可由人民法院实施。在刑事诉讼领域的证据保全问题,一般认为,刑事案件由国家机关进行侦察和起诉,就没有必要设立证据保全制度。但亦有学者认为,在刑事诉讼中,如果一项证据有灭失危险或将来难以取得,应当赋予犯罪嫌疑人、被告人申请证据保全的权利。③

依据现行法律法规,海事电子数据能够更好地运用于证明待证事实。海事电子数据的证据保全主体包括海事行政管理机构、人民法院、公证机关。海事行政证据保全的法律依据在于《行政处罚法》第37条以及《中华人民共和国海上海事行政处罚规定》第102条的规定;④海事司法证据保全的法律依据主要在于《民事诉讼法》第81条及第9章的规定以及《海事诉讼特别程序法》第62条规定⑤等;海事公证证据保全的法律依据主要在于我国《公证法》第11条的规定。⑥

---

① 卞建林:《证据法学》,中国政法大学出版社2014年第3版,第287页。
② 参见《海事诉讼特别程序法》第63条。
③ 毕玉谦、郑旭、刘善春:《中国证据法草案建议稿及论证》,法律出版社2003年版,第595页。
④ 《中华人民共和国海上海事行政处罚规定》第102条规定,海事行政执法机关在进行海事行政处罚时发现证据可能灭失或以后难以取得的,经海事管理机构负责人批准,在当事人或有关人员在场,或可以请在场的其他人作证的情况下可以先行登记保存相关的海事行政处罚证据。
⑤ 《中华人民共和国海事诉讼特别程序法》第62条规定:"海事证据保全是指海事法院根据海事请求人的申请,对有关海事请求的证据予以提取、保存或者封存的强制措施。"
⑥ 《中华人民共和国公证法》是公证证据的法律依据,在其第11条中规定,根据自然人、法人或者其他组织的申请,公证机构有权办理保全证据事项。

　　然而,海事电子数据除了海事行政管理机关、人民法院和国家公证机关外,对于专门证据保全机构的证据保全的主体资格问题法律并没有赋权。由于海事电子数据的特殊性,在司法实践中当事人尚需要专门的海事电子数据保全:第一,对海事电子数据进行保全,必须首先确认证据中所蕴含的待证事实留下的事实信息具有客观真实性。对待证事实信息客观真实的审查认定,往往需要依赖具有专门技术和设备的机构来实现。所以,一方面,在通过保全手段对海事电子数据的证据效力进行确认的情况下,海事专门鉴定机构的审查鉴定可作为一项独立的保全方法;另一方面,海事鉴定机构以外的证据保全机构,通常也需要将保全对象移交有关海事鉴定机构先行鉴定,然后再根据鉴定结果确认该证据的客观真实性。第二,鉴于海事电子数据及其所处环境的特殊性和复杂性,人民法院和公证机关往往缺乏熟练掌握海事技术的专业人员以及能够有效分析、鉴别海事电子数据的专业技术和设备,无法妥善地审查和认定海事电子数据。第三,增加海事专门的鉴定机构作为海事电子数据保全的合法主体,使海事电子数据的收集主体和保全主体有所区分,能够有效地避免当事人互不认可对方当事人收集并提交的证据的情况发生,有关当事人也会更好地认同人民法院对待证事实的裁判。毫无疑问,构建这样的海事电子数据保全法律制度,能够有效地提高证明活动的效率,极大地节省司法资源。

　　2.海事电子数据保全对象的特殊性

　　如前文所述,海事电子数据保全的对象不仅包括海事电子数据中所蕴含的待证事实信息及其物质载体,还应当包括能够证明海事电子数据具有客观真实性、合法性的验证信息。

　　所谓存储有海事电子信息的物质载体,是指直接储存有待证事实信息的海事仪器设备,诸如雷达、GPS、卫星通信网等或者其他物质载体。这一信息载体是运用海事电子数据证明待证事实的客观基础,是海事电子数据副本和工作件客观性的来源和保障。这些直接来源于海事电子仪器及其设备的信息,由于其中的待证事实信息是该待证事实发生时,存留在物质载体中的事实信息,因此该信息载体中的信息被作为证据用以证明该待证事实。正是由于海事电子数据中的这些待证事实信息,海事电子数据才能够成为证明待证事实的证明根据。

　　海事电子数据验证信息与海事电子数据的待证事实信息不同,海事电子数据验证信息属于对待证事实信息的客观真实性能够起到验证、审查作用的佐证性信息。如前所述,这些信息并不来源于待证事实并且用于证明待证事实,而只是被用来说明待证事实信息在其生成、存留、复制等过程中有无信息失真、变异。海事电子数据验证信息的作用在于审查、判断海事电子数据的客观真实性、合法性。由于海事电子数据验证信息对于审查待证事实信息的客观真实性具有决定意义,因此,对海事电子数据的验证信息进行审查、确认,对于海事电子数据的正确运用当然具有重要意义。

3.海事电子数据保全方法的技术性

海事电子数据保全最为重要的对象是存储于海事电子仪器中的待证事实留下的电子数据信息。从电子数据的角度看,电子数据信息是一系列按编码规则处理成"0"和"1"的数据,需要借助特定软件才能使其直观地呈现出来。与其他形式的证据不一样,固定和确认海事电子数据中的这些电子数据信息,需要使用正确的技术和设备。技术和设备的不当,甚至操作上的失误,都可能导致这些电子信息被修改或受到毁损。因此,鉴于这种特殊的信息存在形式,保全主体应当充分运用高科技的保全方法、技术和设备对海事电子数据进行固定和确认。从海事专业技术的角度看,某些海事电子数据只能采取请有关部门指派专业人员登轮检验的方法进行保全,以获得这些重要证据。一般的保全活动通常是由法官进行的,比如提取物证、复印资料、拍照录像、做调查笔录等。而在海事诉讼中对船舶状况和有关资料的检验、固定、保全活动,最好是由专业人员来完成,法官提取的仅仅是专业人员检验后所形成的检验报告。这也是由海事证据专业技术的属性所决定的。在司法实践中,海事法院就曾灵活运用《海事诉讼特别程序法》第 5 章关于海事证据保全的规定,较好地解决了证据的提取等问题,值得在海事电子数据保全中借鉴。例如,2002 年广州海事法院深圳法庭应某吉海运有限公司申请,对停泊在深圳赤湾港 6 号泊位的载重吨达 7 万余吨的塞浦路斯籍"福某普"轮进行证据保全。该案法律关系之复杂、涉外因素之多,使该案的处理凸现了入世后海事审判的新特点。①

(二)海事电子数据保全的作用

在数字航海的背景下,海事电子数据已逐渐成为一种常用的海事诉讼的证明形式。通过海事电子数据保全措施对其进行保全可以更好地运用海事电子数据,从而确认待证事实的客观真实性。海事电子数据证据保全不仅可以通过保全措施审查确认证据的证据能力,减少对海事电子数据客观真实性的

---

① 《广州海事法院·塞籍巨轮深圳证据保全,入世后海事审判特点凸现》,http://www.gzhsfy.gov.cn/shownews.php? id＝2502,下载日期:2019 年 2 月 17 日。

异议,而且海事电子数据保全可以从专业性与技术性的角度专门对产生海事电子数据的航海仪器设备进行审查、确认,有助于提高法院认定海事电子数据的效率,从而节省司法资源。具体而言,海事电子数据的保全至少具有如下重要作用:

1.海事电子数据保全可以通过准确查明案件事实保障实体公正的实现。从前文分析可知,海事电子数据的数据信息很容易被人为地故意篡改损毁,或是因为非正常操作而导致数据信息发生实质性的变化。另外,海事案件具有的突发性较强、取证时机稍纵即逝等特征,因此在诸如船舶碰撞、搁浅、人身损害等海事侵权案件中,实施海事电子数据保全,可以确保船舶留下的航行轨迹、航海技术电子数据原始记录等不会因时间的延续而消失,或因等当事人起诉后再随意进行电子数据篡改,使法院能依据这些海事电子数据查明事实、分清责任、定分止争。

2.海事电子数据保全体现了对诉讼效率的价值追求。在诉讼实务中,及时保全有关海事电子数据,有利于提高查明待证事实的效率,从而有效地维护当事人的合法权益。海事电子数据的持有者很可能为了达到胜诉的目的或者基于某种经济利益的驱使,故意修改、删除海事仪器中待证事实留下的信息。对海事电子数据进行保全,可以有效地防止海事电子数据的持有者删改数据,从而维护当事人的合法权益。与此同时,在诉讼中对保全过的海事电子数据进行认证时,只要没有相反的证据证明经过保全过的海事电子数据不具有客观真实性,法官就可以对其采信。减少了烦琐的海事电子数据的证据审查、质证等程序,从而节省了司法资源,提高了诉讼效率。

3.海事电子数据保全有利于减少不必要的诉讼。我国台湾地区学者认为,在司法实务中常常因为一方当事人未能保全证据,导致事实出现不清的局面,使另一方当事人有机可乘,最终需要寻求法官对其进行裁决,从而发生了诉讼。所以诉讼并非完全都是由于双方当事人各持己见、否认对方的权利而导致的。[①] 由于海事电子数据的特殊性,涉及海事电子数据的纠纷更是如此。如果没有将海事电子数据提交法定保全机构予以保全,航海仪器中待证事实留下的信息很容易因人为修改,或者因为海洋环境等因素导致毁损灭失。海事电子数据灭失后难以重现事实发生的情形,往往导致事实不清并由此酿成纠纷,导致诉讼的发生。依法对海事电子数据予以保全,往往也是对实体权利的固定,可以有效地防止此类案件的发生。

---

① 　陈玮直:《民事证据法研究》,台北新生印刷厂1970年版,第134页。

4.海事电子数据保全有助于案件的复查工作。对海事电子数据予以保全,也就是对其客观真实性予以确认。证据的确认,事实上也是对案件事实的固定与确认。由于案件事实得以确认,一旦当事人上诉或者人民法院要求再审或重审案件,这些被依法保全的海事电子数据对案件事实的复查自然也就有着至关重要的作用。

二、海事电子数据保全的对象

明确海事电子数据保全的对象范围是对海事电子数据保全进行研究的重要前提之一。确定保全的对象范围有利于在实践中有针对性地开展海事电子数据保全工作。所谓海事电子数据保全的对象,包括海事电子信息的物质载体、海事电子数据中蕴含的待证事实信息以及能够正确分析、判断海事电子数据的客观性、完整性、真实性的验证信息。

(一)海事电子数据的物质载体

海事电子数据的物质表现形式就是存储着海事电子数据信息的载体。由于海事电子数据特殊的存在形式,这些信息可以较为容易地被复制到不同形式的存储载体之中。所以,有必要将海事电子信息的物质载体划分为海事电子数据信息的原始物质载体、副本和工作件。

关于海事电子数据原始载体,联合国国际贸易法委员会率先提出电子数据原件问题。联合国国际贸易法委员会认为"原件"就是电子数据信息最先固定于其上的物质形态的形式。当然,从技术上看就根本不可能探讨任何电子数据的原件问题,因为电子数据在制作人与收件人之间存在一模一样的两份,接收电子数据的一方永远是该电子数据信息原件的副本。[①] 借鉴这一规定,所谓海事电子数据信息的原始载体,即指航海仪器在传输数据时最初生成的并首先固定于其上的各种存储介质。由于原始载体直接存储了海事电子数据待证事实留下的信息,较之其他通过电子数据的复制等方式得到的载体更具有客观真实性。我国最高人民法院《关于民事诉讼证据的若干规定》第 23 条以及《关于行政诉讼证据若干问题的规定》第 12 条均要求提供电子信息的原始载体作为诉讼证据。因此,对海事电子信息原始物质载体的保全,是海事电

---

① 刘品新:《论电子证据的原件理论》,载《法律科学(西北政法大学学报)》2009 年第5 期。

子数据保全的重要内容。

关于海事电子数据副本应当注意的问题是,经保全后的海事电子数据信息原始载体可以成为最为可靠的来源和验证依据。通过技术保全方式产生的副本,都是通过一定的设备和技术拷贝于原始载体的,因此,如果未经保全原始载体遭到损坏、遗失或篡改,那么通过缺少原始载体比对的副本因没有可靠的来源进行佐证而不能被运用于具体的待证事实的证明。

(二)海事电子数据中的待证事实信息

保全海事电子数据的目的在于充分发挥海事电子数据的数据信息来查清事实真相。由于海事电子数据中存储的电子数据才是待证事实留下的能够被用来证明该待证事实的信息,因此,海事电子数据保全的关键便是对蕴含的待证事实电子数据信息的保全。由于这些事实信息是待证事实自身留下的,因而能够反映该待证事实。所以,根据这些事实信息,人们才能够据以作出事实判断、得到证据事实从而证明该待证事实。

海事电子数据中的待证事实信息同样具备一般证据所蕴含的事实信息的自然属性和法律属性,即其具有能够蕴含与表征待证事实的事实信息。通过对待证事实数据信息的保全,可以有效地防止海事电子数据的毁损。与一般的电子数据相比较而言,海事电子数据更具有突出的易毁损性,其中的数据内容极易受到物理毁损,尤其是在船舶碰撞案件中,海事电子数据可能会随着航海仪器沉入海底。海事电子仪器的集成化也导致其中的数据亦具备系统性和牵连性,其中某部分数据遭到破坏,可能会对全局性的海事电子数据的恢复造成困难。所以,对海事电子数据待证事实的数据信息的保全是非常重要的。通过对海事电子数据中的相关事实信息审查并依法予以确认,可以使该事实信息得以固定。

海事电子数据中存储的待证事实信息必须借助相应的专门的航海仪器技术和设备才能得以直观、清晰地反映。在运用海事电子数据证明待证事实的过程中,海事电子数据是作为待证事实留下的事实信息的客观基础而存在的,单纯依靠举示海事电子数据本身是难以实现的。必须通过对海事电子数据待证事实的数据信息进行保全,将海事电子数据所蕴含的电子数据信息以相对比较直观的方式加以固定,可以在纠纷解决中更好地运用海事电子数据证明相关事实的真实性,这对于海事电子数据的运用意义重大。

(三)海事电子数据的验证信息

海事电子数据的验证信息,是指用于对海事电子数据进行审查判断并能够证明海事电子数据中待证事实信息的客观真实性与完整性的信息,包括代码、口令、算法或者密钥[①]等。海事电子数据信息是除海事电子数据中所蕴含的待证事实信息以外的其他佐证性信息,其存在的价值在于审查、判断海事电子数据及其中蕴含的待证事实信息的真实性、完整性。

保全海事电子数据的验证信息是确保海事电子数据的来源具备客观性的重要前提。海事电子数据作为一种专业性的证据形式,其具有高度的航海专业性及现代计算机技术特性,海事电子数据对自然环境、系统环境具有很强的依赖性。这些特征对海事电子数据客观性的正确认定提出了严峻挑战,也使得对它的审查和判断完全不同于一般的电子数据。如何在确保海事电子数据客观、可靠的前提下充分发挥其证明效力,是运用海事电子数据证明的关键所在。海事电子数据验证信息对海事电子数据起着重要的佐证作用,它本身的客观性能够有效地验证和说明其所属海事电子数据在来源和形式上是否具有客观性。因此,对海事电子数据验证信息的保全会有效地确保验证信息自身的客观性,实现依靠验证信息对海事电子数据来源可靠性予以佐证的目的。

保全海事电子数据的验证信息是发挥海事电子数据能力和证明力的重要保障。根据证据法的理论,任何证据欲进入诉讼程序必须符合的基本前提是证据的合法性,非法的证据是没有证据资格的。海事电子数据当然也要符合这个标准。对海事电子数据验证信息的保全能够从相当程度上反映海事电子数据的采集来源与保全过程,从而在一定程度上保证证据收集和保全程序的合法性,进而为海事电子数据的可采性和证明力打下坚实的基础。

三、海事电子数据保全的程序与方法

(一)海事电子数据保全的程序

综合相关法律规定的分析,当事人对于自己的主张应当提供证据,而经过

[①] 加密密钥随机产生,可以使生成的密钥很难再现。根据技术要求,加密随机数生成器应当生成无法通过计算方法推算出的结果,一般是低于 $p < 0.05$ 的概率,也就是说,任何通过推算的方法来对下一个输出位结果不得高于随机猜测的成功概率。

保全的证据不仅可以使证据形式符合法律的规定,更重要的是可以提前审查证据的客观真实性,在向人民法院提供电子数据证明待证事实时更容易被法官采信。因此,为了实现上述目标,在保全海事电子数据时应当符合下列要求,以遵守海事电子数据保全的程序,从而保障数据的真实性、有效性:

1.一般而言应当将海事电子数据的原始载体进行保全,但许多海事仪器比较笨重,所以对于原始载体的保全比较困难,那么根据相应的法律规范,对于保全海事电子数据原始载体确有困难的,可以通过保全海事电子数据复制件的方式进行,由于海事电子数据的脆弱性,对其进行复制件制作时必须严格遵守相关程序,否则可能会导致保全无效。在保全过程中必须制作保全笔录,笔录应当记载不能提取原始载体的原因、复制过程与方法,对于存储电子数据海事仪器品牌型号的说明等。在制作海事电子数据的复制件上应当附有海事电子数据持有人签名或者盖章,或者以公证方式证明电子数据与原始载体的一致性和完整性。中华人民共和国海事局关于《海事行政执法证据管理规定》第18条规定:"应当收集有关资料的原始载体,并由证据提供人在原始载体或者说明文件上签字或者盖章确认。"

2.收集的海事电子数据应当使用只读刻录光盘备份。如果使用可重复擦写的数据存储设备应当避免被擦除的风险。无论使用何种介质备份,都应当妥善保存至少一份封存状态的海事电子数据备份件,封存的海事电子数据备份件应随案移送,以备法庭质证和认证时对复制件的原始性提出质疑时使用。海事电子数据可以提取制作打印件的,转换为文本后形成打印件,并由当事人注明"经核对与原数据显示一致",标明提取时间,并签字或者盖章确认。"视听资料、电子数据的存储介质无法入卷的,可以转录入存储光盘存入案卷,并标明光盘序号、证据原始制作方法、制作时间、制作地点、制作人,及转录的制作人、制作时间、制作地点等。证据存储介质需要退还当事人的,应当要求当事人对转录的复制件进行确认。"①

3.从方法的角度看,如果提供通过技术手段恢复或者破解的方式获取的海事电子数据,或者是运用专用读取工具读取的海事电子数据信息,应当将被删除对象与恢复件以及恢复数据所使用的工具说明共同提交,尤其是提供详细的恢复或破解对象、过程、方法和结果的专业笔录说明。在质证过程中,如果对方当事人对恢复数据的专业说明持异议,并且有证据表明所使用的恢复

---

① 中华人民共和国海事局:《海事行政执法证据管理规定》第21条,海政法〔2014〕141号。

方式对获取的电子数据存在篡改、删除和添加等导致海事电子数据不真实情况的可能性时,可以向人民法院申请鉴定。而对于需要专用软件才能读取的海事电子数据,例如 VDR 数据,应当提交海事机构专门提取,并附有使用数据读取工具的说明笔录等。

(二)海事电子数据保全的方法

海事电子数据是海事仪器中获取的用于证明待证事实的事实信息,它是一种特殊的信息存在形式。海事电子数据信息的特征和所处环境决定了海事电子数据的保全必须采取与传统证据保全不同的方法。只有采用这些特殊的方法,保全机构才能对海事电子数据信息的客观真实性予以确定。由于海事电子数据的保全是审查和确认海事电子数据的客观真实性,因此,海事电子数据保全的方法应当是能够有效地保障对海事电子数据客观真实性审查和认定的科学方法。只有能够确保海事电子数据的客观真实性的保全方法,才能使海事电子数据在证明待证事实中发挥证明作用,有效地证明待证事实。因此,在运用海事电子数据保全方法时,需要在科学技术上满足待证事实的证明对证据的要求。这就应当特别强调航海专业知识和计算机先进技术设备的运用,以使海事电子数据的保全能够建立在航海专业技术和科学技术的基础上。

1.海事电子数据保全的同一认定法

海事电子数据保全的主要方法应当是同一认定的方法。所谓同一认定,是指由专业的技术人员运用专门的技术手段,在研究和比较海事电子数据特征的基础上,制作出与原数据一致的海事电子数据保全工作件,通过是否出自一个或是否原属同一整体物所作出的判断。例如海事电子数据的公证保全基本上就是采用的同一性认定方法。同一认定的科学基础是客体物的物质性与反映性,客体物可以通过某种形式构成同质反映。有学者认为,对海事电子数据进行同一认定需要具备以下条件:(1)客体物的特性必须可以得到全面的反映;(2)客体物必须具备相对稳定性;(3)对客体物必须有较强的可识别性。[①]

海事电子数据保全可以采用同一认定的方法。这是因为,海事电子数据具备了同一认定的各项条件:首先,许多海事电子数据是多方数据,不仅存在于船舶一方,还存在于海事管理机构、第三方数据运营商等处,多方共同持有海事电子数据,这就为同一认定提供了客体物。其次,海事电子数据产生后一般不会被彻底删除,即使被删除,有的也可以通过数据恢复等技术予以还原。

---

① 任忠华:《侦查学原理》,法律出版社 2002 年版,第 64～70 页。

所以,海事电子数据中所蕴含的待证事实信息具备可查找其是否曾经存在的信息的特性。海事电子数据都是以比特的形式存在于海事电子数据的载体上的,必须借助相关硬件和软件才能直观地被人们感知。从技术上讲,可以采用专门的海事电子数据保全软件,无须人工操作,通过设定的海事电子数据保全系统,对需要保全的海事电子数据信息采用哈希算法加密固定,得到该海事电子数据信息的独有的哈希值①予以保存。人们只需用同样的算法算出其哈希值,通过网络传输的方式与原来保全时存储的哈希值加以同一比较,即能得到该海事电子数据中的待证事实信息是否客观真实的正确结论。还可以通过现代加密技术对海事电子数据进行保全,因信息的固定和验证都可以由海事电子系统完成,通过这样的保全方法得到的保全结果具有很高的客观真实性和可靠性。随着海事电子数据保全逐渐在实务中得以实现,这样通过海事电子技术实现同一认定的保全方法,将会成为海事电子数据保全的主流的保全方法。

2.海事电子数据保全的验证认定法

海事电子数据保全主体通过验证信息固定并确认海事电子数据及其中的待证事实信息客观真实,运用此验证证明海事电子数据的真实性与完整性。根据海事电子数据的验证信息可以审查海事电子数据的生成过程中是否出现变化,从而对海事电子数据及其信息的客观真实性作出判断。

海事电子数据保全须审查数据信息是否具有客观真实性,那么在保全时就应当采用可靠的技术与方法,以确保海事电子数据信息在保全过程中不发生信息毁损、变异等信息失真,同时需要注意的是对保全过程中的验证信息进行正确的收集以证明所保全的海事电子数据信息的客观真实性。首先收集确实充分的海事电子数据的验证信息。对被复制的原始海事电子数据存储介质中的数据以位对位的方式复制到工件标的盘,此时会生成一系列的验证记录并存储于专用取证验证设备中,这些验证记录与海事电子数据复制盘进行绑定,以确保海事电子数据提取过程的唯一性与可验证性。依据与海事电子数据复制盘绑定的验证信息记录,可以对复制的海事电子数据进行差异性校验,验证海事电子数据中的数据信息是否被篡改或破坏。

---

① 哈希算法将任意长度的二进制值通过映射的方法固定为长度较小的二进制值,此值称为哈希值。哈希值是数据唯一且极其紧凑的一段数值。如果在散列数据中做任何一点点细微的改动,哈希都将产生不同的值。在计算机上是不可能找到散列为同一个值的两个不同的输入结果的,所以可以通过哈希值来检验数据是否被改动。

关于海事电子数据及其信息的技术保全,西方国家已经成功地研发出了一些能够保证收集到的信息客观真实的专门取证工具,如 Encase①、X-ways②等,这些工具在收集海事电子信息的同时,一般都存储了收集信息相关的验证信息。基于专业技术工具,整个海事电子数据的复制过程都会对被复制的原始存储介质进行写入保护只进行读取而不进行写入数据,以避免其他电子数据插入相关海事电子数据中。这样就不会造成在数据流转过程中对原始电子数据的修改或重置。利用专业级的取证工具还会同时将所有的数据提取过程实时记录,从而将形成的验证报告保存于专用验证设备中,最终这些验证报告与海事电子数据进行唯一性绑定。通过这种专业级的取证与保全为海事电子数据的真实性与合法性提供重要保障。

本章小结

海事电子数据与传统证据存在许多差异,而从电子数据的特性出发,两者的不同基本上集中于证据的收集与保全环节。以传统方式对海事电子数据进行收集与保全,不仅不能获取电子数据,甚至可能会污染海事电子数据。本章从海事电子数据收集与保全的关系与价值入手,通过对民事诉讼与刑事诉讼基本架构的分析认为,在海事电子数据收集上存在证据偏在与诉讼成本两方面问题。而在海事电子数据的收集与保全主体问题研究中认为海事行政机构收集与保全海事电子数据是显著特色。

在海事电子数据保全的研究中,提出海事电子数据的保全对象重点在于海事电子信息的物质载体、海事电子数据中蕴含的待证事实信息以及海事电子数据的验证信息三个保全对象,并在此基础上研究了海事电子数据保全的程序与方法。

---

① EnCase Forensic 是专业级电子数据鉴识软件,通过 EnCase 可以查找分析电子数据,并且可以在计算机系统中查找已经删除的文件以及存放在磁盘未分配空间中的数据。目前被司法、政府、军队等部门广泛采用,用于查找并管理计算机中的数据。

② X-Ways Captures 是一套专业的计算机取证工具,可实现电子数据一对一的复制,多用于证据采集阶段。

第四章

海事电子数据的举证与质证

　　举证与质证问题与前文的证据收集与保全及后文的认证问题是有区别的。举证、质证与认证均属于事实认定过程中的环节,在同一场域同步进行,但其主体是不同的,承担的责任也不同。事实认定包括证明和认证两个部分。证明是证明主体运用证据,对证明对象的论证活动,包括举证和质证。[①] 当事人必须在法庭上举证和质证。举证又称提出证据,是指证明主体将自己收集并已经过审查判断的证据提交法院或法庭,以论证其诉讼主张或阐明案件事实的活动;[②]而质证是指对待证事实不负证明责任的当事人质疑或否定对方当事人提出的证据作为法律适用前提的待证事实的活动。[③]

　　事实认定者对庭审中经过质证的证据进行审查判断,从而决定是否采信并说明理由构成认证。即认证是指事实认定者在法庭审理中对经过当事人质证的证据进行审查判断,以确定其相关性、证据能力和证明力的一种诉讼活动。[④] 而证据收集一般是由各方分别独自进行的,取证的时间和场所都各不相同,彼此的取证行为之间并不直接发生交互作用。因而,证据的收集是证明准备活动,取证活动与证明是一个相对独立的环节。基于现代证明的观念,本章的内容主要是研究海事电子数据的举证与质证的问题。

---

① 　张保生:《证据法学》,中国政法大学出版社 2014 年第 2 版,第 359 页。
② 　卞建林:《证据法学》,中国政法大学出版社 2014 年第 3 版,第 520 页。
③ 　尚华:《论质证》,中国政法大学出版社 2011 年版,第 75 页。
④ 　何家弘、张卫平:《简明证据法学》,中国人民大学出版社 2007 年版,第 185 页。

第一节　电子数据的证明及意义

一、电子数据与电子数据信息的关系

(一)证据与事实的区分

国内外关于证据概念的说法包括"原因说""方法说""事实说""信息说""根据说""反映说""结果说""统一说""资料说"等近十种。[①] 尽管我国传统证据理论将证据作为关注的焦点,然而学者在证据定义问题上却始终未能达成一致。其中,在我国传统证据理论上长期占据主导地位的是"事实说"。我国1979年《刑事诉讼法》第31条规定:"证明案件真实情况的一切事实,都是证据。"1996年《刑事诉讼法》第42条沿用了这一定义。如今仍然有不少学者持这一观点。[②] 其实,这种把证据定义为"事实"的做法是从苏联的证据理论中借鉴来的。维辛斯基就曾把"诉讼证据"分为两类:一是应当证明的事实或情况,即需要证明的事实;二是成为证明方法和手段的事实。[③] 英美证据法学者也常常把证据定义为"事实"。比如,塞耶就认为:"证据是当事人向法庭提供的,除推理和无须证明即可获得的推论以外的任何事实。这一事实被作为确定某些其他事实的推论基础。"[④]值得注意的是,尽管威格莫尔也将证据定义为一种"可感知的事实",但他特别指出:"'事件'(event)、'事实'(fact)、'现象'(phenomenon),我们很难在这些术语中作出选择;它们之中没有一个是恰如其分的;'事实'(fact)整体上看相对容易接受。"[⑤]

---

① 汪建成:《论刑事证据的多重视角》,载《中外法学》2004年第3期。

② 裴苍龄:《论实质证据观》,载《法律科学》2006年第3期。

③ [苏]安·扬·维辛斯基:《苏维埃法律上的诉讼证据理论》,王之相译,法律出版社1957年版,第267页。

④ James B. Thayer, Presumptions and the Law of Evidence, *Harv,L. Rev*, 1889, pp.141-142.

⑤ John H. Wigmore, *Evidence in Trials at Common Law*, Brown and Company, 1983, Vol.1, p.8, note 5.

证据与事实是两个不同的概念,分别用来表达不同的含义。证据是一种物,而事实则应当是一种命题。"事实不是物自体,而是'物的关系'。"[①]所以说,只有对物的时空关系、物的属性、某物与他物的联系等关系性判断,才能构成事实,任何孤立的物自体都不能构成事实。证据本身属于证明手段,而非证明客体,如果将证据定义为"事实"则是混淆了证明手段与证明客体的关系。尽管证据也需要印证或佐证,但对证据的佐证属于对证据的审查评断,与案件事实的证明的性质不同,不能因为证据需要印证或佐证就把证据当作证明的客体。[②] 2012 年 3 月修订的《刑事诉讼法》已经纠正了原有的表述,该法第 48 条规定:"可以用于证明案件事实的材料,都是证据。"这种"材料说"较之以往的"事实说"显然有了明显的进步,为证据概念的正本清源奠定了基础。

(二)电子数据发挥作用的关键——数据信息

英国科学家艾什比(Ashby)认为,信息是事物的变异度。[③] "信息的本质功能是可以标示致信物的存在方式和属性。"[④]而司法证明的原理就在于,以已知事物的变异信息来获知其他事物的行为或者状态。因此可以把证明信息理解为:案件发生所遗留于外部世界的一种痕迹。有学者指出:"在大多数情况下,法律要解决有争议的案件事实必须依赖于某些能够给予我们启发的不可替代的'痕迹'——在人们头脑中,纸张上遗留的痕迹以及在有形物品上遗留的独特痕迹。"[⑤]龙宗智教授也认为,"证据是事实发生所遗留下的客观物质痕迹与主观印象痕迹"[⑥]。"信息就是信息,不是物质,也不是能量。"[⑦]《民事诉讼法解释》第 116 条规定:"电子数据是指通过电子邮件、电子数据交换、网上聊天记录、博客、微博客、手机短信、电子签名、域名等形成或者存储在电子介质中的信息。"电子数据作为证据的一种,充分体现了证据所承载的信息,是证明的关键。

证据的增加并不意味着信息的增加,重复的信息会导致不确定性的增加。

---

① 龙宗智:《"大证据学"的建构及其学理》,载《法学研究》2006 年第 5 期。

② 何家弘:《证据法学研究》,中国人民大学出版社 2007 年版,第 113 页。

③ 艾什比:《控制论导论》,张理京译,科学出版社 1965 年版,第 152 页。

④ 常绍舜:《系统科学方法概论》,张知本译,洪冬英勘校,中国政法大学出版社 2004 年版,第 118 页。

⑤ Henry M. Hart, *Evidence and Inference in the Law*, Daedalus, 1958, pp.40-44.

⑥ 龙宗智:《"大证据学"的建构及其学理》,载《法学研究》2006 年第 5 期。

⑦ [美]诺伯特·维纳:《控制论》,郝季仁译,科学出版社 1962 年版,第 133 页。

这就是信息的"重复不增值性原理"①。这在证据法理论中被称为重复证据(cumulative evidence),②所谓重复证据,就是指用来支持已被现有证据所确立的事实的证据。③ 美国《联邦证据规则》第403条作出了关于排除重复证据的规定:即使证据具备相关性,"如果相关证据的证明价值被不必要地出示重复证据;不公平损害、混淆争点以及误导陪审团、不当拖延、浪费时间中任何一个或者几个危险所严重超过,那么法院就可以排除该证据"④。正如法官在United v. Kizeart案中认为的,如果一个证据对案件中其他证据的证明力没有什么添加,反而在采纳它的情况下,会导致审判的冗长并可能造成混淆,它对其他必须经受更长审判的诉讼当事人造成的损害超过其对确定事实的贡献,那么该证据就是重复的。⑤ 证明信息是证据发挥作用的关键,是证明的重要序参量。⑥ 从信息的角度来看,整个司法证明过程就是一个信息传输、鉴别、评价和处理的过程。申农指出:通信的基本问题是在通信的一端精确地或近似地复现另一端所挑选的消息。⑦ 实际上,司法证明的过程也是一个通信过程。用司法证明过程中的信息运动来揭示证据发挥作用的过程,可以解释为何传来证据不够可靠。因为在证据审查环节,法庭所获取的证明信息已经不再是原始的证明信息,掺杂了一些噪声,所以,难免会导致证明信息的减损和扭曲。

海事电子数据其实就是存储在海事仪器中,有待证事实的电子数据信息。因此,海事电子数据的证明其实就是通过海事电子数据中存储的待证事实信息去认识并说明待证事实真相的活动,也就是人们对证据中信息的识别、解

---

① 常绍舜:《系统科学方法概论》,中国政法大学出版社2004年版,第124页。
② 王进喜:《美国〈联邦证据规则〉(2011年重塑版)条解》,中国法制出版社2012年版,第68页。
③ Bryan A. Garner, *Black's Law Dictionary 9th*, Thomson/WestPublishing Co., 2009, p.596.
④ 王进喜:《美国〈联邦证据规则〉(2011年重塑版)条解》,中国法制出版社2012年版,第65页。
⑤ See United v. Kizeart,102F.3d320(7th Cir.1996).
⑥ 协同论(Synergetics)亦称"协同学"或"协和学",是系统科学的重要分支理论。是在多学科研究基础上发展起来的一门学科,其创立者是德国物理学家哈肯(Hermann Haken)。序参量是协同论的核心概念,指从无到有的系统演化过程中,是由一种序参量影响着系统各要素由一种相变状态转化为另一种相变,这一参量同时也能指示出新结构形成的参量。参见《协同理论》,http://wiki.mbalib.com/wiki/,下载日期:2015年2月18日。
⑦ 常绍舜:《系统科学方法概论》,中国政法大学出版社2004年版,第113页。

读、审查和确认的活动。海事电子数据的证明也就是运用海事电子数据及其中的信息去认识和说明待证事实的活动。

二、电子数据证明的环节

整个事实认定过程是举证方、质证方和认证方交互作用的过程。举证行为、质证行为与认证行为相互交织，构成一个完整的事实认定的过程。因此，我国有学者指出，"事实认定包括证明和认证两个部分"[①]。但国内学者也有将司法证明理解为取证、举证、质证与认证的不同环节。例如，有学者指出："司法证明像一条由取证、举证、质证与认证四个基本环节构成的流水线作业。"[②]诚然，举证、质证和认证行为几乎是同步交替进行的，具有共时性的特征。比如，在英美法系国家的审判过程中，举证方向法庭提供的证人在作证过程中，质证方提出反对，认证方则必须即刻作出裁决。而如果要求举证方将所有的证言、证物都已提交法庭即举证完毕后再分别举行质证和认证，那么不可采的证据对陪审团的影响将成为既成事实，证据排除规则也无从发挥作用了。但是将证明过程包括侦查、起诉和审判的全过程的传统证明概念理论，存在着自身固有的不足与缺陷，产生诸如证明主体过于宽泛、举证责任与证明责任的相互关系混乱、诉讼结构设计失调等问题。[③]

与传统观念的证明概念不同，卞建林教授认为，证明应当是由包括国家公诉机关和诉讼当事人在内的特定证明主体为避免证明不力时承担不利后果，依照法律规定的程序和要求向审判机关提出证据，并在法庭审理中运用证据阐明争议事实，论证诉讼主张的活动。[④]"证明是证明主体运用证据对证明对象的论证活动。证明包括举证和质证。"[⑤]在事实认定过程中，举证行为自然涉及证据的提交，而质证行为可以是通过纯粹的论辩活动来质疑或否定对方所主张的事实，也可以通过提交证据来质疑或否定对方主张的事实。而质证方为了对抗对方而提交证据的行为则不属于举证行为，而是质证行为。具体而言：

---

① 张保生：《证据法学》，中国政法大学出版社 2014 年第 2 版，第 359 页。
② 何家弘、刘品新：《证据法学》，法律出版社 2007 年版，第 218 页。
③ 卞建林：《证据法学》，中国政法大学出版社 2014 年第 3 版，第 370～371 页。
④ 卞建林：《证据法学》，中国政法大学出版社 2014 年第 3 版，第 368 页。
⑤ 张保生：《证据法学》，中国政法大学出版社 2014 年第 2 版，第 359 页。

(一)举证行为

"举证是证明活动的重要环节。证明主体收集和审查判断证据,其目的是向法院或法庭提出证据,以论证自己的诉讼主张或阐明案件事实。"[1]举证行为是为了使对己方有利的法律规范得以适用而对待证事实承担证明责任的主体论证其诉讼主张或阐明案件事实的活动。松冈正义认为,"举证(立证)者,即当事人对其主张之事实,以期审判官确信其真实为目的之行为也"[2]。其实,待证事实包括但不限于当事人主张的事实。当事人没有提出主张,但法庭基于审理需要而要求当事人举证的,也可以成为证明对象。我国的司法解释还专门针对当事人对人民法院依职权调查收集的证据提出相反证据的举证期限问题作出了规定,人民法院调查收集的证据在庭审中出示后,当事人要求提供相反证据的,人民法院可以酌情确定相应的举证期限。[3] 而关于举证期限问题在《民事诉讼法解释》第99条中作出了更加详细的规定:"人民法院应当在审理前的准备阶段确定当事人的举证期限。举证期限可以由当事人协商,并经人民法院准许。人民法院确定举证期限,第一审普通程序案件不得少于十五日,当事人提供新的证据的第二审案件不得少于十日。举证期限届满后,当事人对已经提供的证据,申请提供反驳证据或者对证据来源、形式等方面的瑕疵进行补正的,人民法院可以酌情再次确定举证期限,该期限不受前款规定的限制。"

举证行为是相对于某一个特定的证明子系统而言的。因此,我们难以孤立地根据当事人向法庭提交证据的行为来判断其行为的性质。同时,任何证据都是相对于特定的证明子系统而言的。所以,当事人在提交证据时应当明确该证据用于证明何种事实。目前,我国民事证明实践中一般要求原告于起诉之际在证据目录中注明该证据用以证明何种事项。在庭审过程中,法庭也会主动询问当事人意图证明何种事实。当然,证据一旦被提交给法庭,其使用就不再受制于证据提交者的意图。根据证据共通原则,不仅法庭可以运用该证据来确定其他相关事实,对方当事人也可以援引该证据来证明相反的事实。

---

① 卞建林:《证据法学》,中国政法大学出版社2014年第3版,第520页。

② [日]松冈正义:《民事证据论》,张知本译,洪冬英勘校,中国政法大学出版社2004年版,第5页。

③ 参见《关于适用〈关于民事诉讼证据的若干规定〉中有关举证时限规定的通知》第4条的规定。

(二)质证行为

质证行为是指不负证明责任的当事人质疑或否定对方当事人提出的证据作为法律适用前提的待证事实的活动。从字义上看质证是"质疑证据",但质证的目的非常明确,就是推翻对方的事实主张或者其对己方不利的待证事实。学者指出,在古今中外的司法实践中,质证活动是普遍存在的,但在我国,曾经长期没有把质证作为一个专门术语在理论上加以阐释和在法律上加以界定。这是因为,在职权主义诉讼模式下,法律的着眼点是对证据的审查判断。[①]"质证"的概念是伴随着我国学者对探知证明模式的反思和对竞争证明模式的借鉴而出现的。实际上,质证行为是司法证明系统不可或缺的要素,是一种对证明信息的重要过滤机制。在实践中,举证方基于自身利益最大化的考虑,可能向法庭提供不真实、不合法的证据,而赋予相对方提出异议的权利有助于防止司法证明系统受到不当干扰,确保司法证明活动的有序性。从这个意义上来说,质证规则为司法证明系统构建了一种自组织机制。

如果质证方向法庭提交的证据不是用来证明法律规定的抗辩事实,而是针对举证方主张的事实进行反驳,那么这种提交反证的行为在本质上就属于一种质证行为。质证可以通过直接针对事实的反驳、针对证据的反驳以及针对其他证明手段(逻辑法则、经验法则以及法庭科学规则)的反驳来得以实现。从逻辑学的角度来看,需要注意的是,驳倒了对方的论据,并不等于驳倒了对方的论题,只表明该论题尚未得到证明。[②] 然而,由于证明责任机制的存在,在司法证明过程中,质证方一般无须证明举证方主张的事实为假,只需证明其论证不能成立即可避免有利于对方当事人的法律规范得以适用,从而达到质证的目的。

在法庭质证过程中,争讼双方仍然存在"叙述性危险",需要在法庭上对证人的交叉询问,这是质证的有力手段,也是保障事实发现功能得以实现的需要。因为质证不仅使证人准确地感知了事实,并且质证过的证据具有了诚实属性。[③] 质证作为一项权利,当事人可以行使,也可以放弃。当事人放弃质证权利主要有积极和消极两种方式。积极的放弃又包括两种:一是对提交的证

---

① 何家弘、刘品新:《证据法学》,法律出版社 2007 年版,第 241 页。

② 黄华新、王继同:《新逻辑学》,浙江大学出版社 1999 年第 2 版,第 334 页。

③ [美]罗纳德·J.艾伦:《证据法:文本、问题和案例》,张保生等译,高等教育出版社 2006 年版,第 457 页。

据予以认可;二是对对方主张的事实予以承认,即诉讼上自认。前者通常会导致法庭对证据的证据能力和证明力的确认,间接地支持对方的事实主张。后者则通常会导致法庭对待证事实的确认,直接地支持对方的事实主张。例如《民事诉讼法解释》第 103 条第 2 款规定就是积极的放弃质证,即经审判人员在庭审中说明后,当事人在审理前的准备阶段认可的证据可视为质证过的证据。而消极的放弃则是指对于对方当事人提交的证据或者主张的事实不予置评。比如,美国刑事诉讼法上明确规定了被告"不予争辩的答辩"及其法律后果。我国民事证据规定也对一方当事人对另一方当事人陈述的案件事实"既未表示承认也未否认"的法律后果作出了专门的规定。即"对一方当事人陈述的事实,另一方当事人既未表示承认也未否认,经审判人员充分说明并询问后,其仍不明确表示肯定或者否定的,视为对该项事实的承认"[1]。

三、电子数据证明的意义

证明是一个使用范围广泛的动态概念。在证据法学理论中,有学者提出证明是指证明主体运用证据这个证明方法,求证或探知待证事实的抽象思维活动和具体诉讼行为。[2] 在用证据证明待证事实的证明活动中,证明与证据是两个有着严格界限的概念。证据是证明的客观基础,证明是运用证据去说明待证事实,也就是运用证据去实现对待证事实的证明。"证据是一个相对的概念,它表示两个事实之间的关系,即待证事实或事实主张与证据事实或证明材料之间的关系。"[3]在司法实践中,一个证据并不仅仅可以用于证明某一个要件事实,而是可以同时被用来证明多个要件事实的。此外,基于证据共通原则,某一方当事人提交的用于证明己方主张的证据还可以被对方当事人用来证明相反的事实。并且,某些不能被用于证明案件主要事实的证据还可能被用作辅助证据或弹劾证据。

在证明中心主义下,证明手段包括证据及证明规则。而证明手段在整个证明系统中是连接证明主体与证明客体的媒介。一方面,证明主体借助证明手段作用于证明客体;而另一方面,证明客体也通过证明手段反作用于证明。

---

① 《最高人民法院关于民事诉讼证据的若干规定》,法释〔2019〕19 号第 4 条。

② 江伟:《证据法学》,法律出版社 1999 年版,第 49 页。

③ Jojn H.Wigmore, *Evidence in Trials at Common Law*, Boston: Brown and Company, 1983, p.14.

证据是证明的手段，这一点几乎是没有争议的。"证据是为了证明某一法律文件是否存在或某一待证法律事实的真实情况而使用的手段。"①然而，证据并不是唯一的证明手段。证明手段包括证据和证明规则两大类。前者是证明信息的载体，后者则是将证明信息与待证事实联结起来的桥梁和纽带。

（一）实现证据证明待证事实目的的关键

证据是证明待证事实的根据。没有待证事实，自然也就没有证据存在的必要。正是因为既往事实的"存而不在"，待证事实到底是否真实，是否的确曾经存在，才会成为需要证明的对象。由于这一已经"存而不在"的事实，人们已经不能直接感知，是否曾经存在也就会产生疑义。为了说明待证事实是否真实，人们才会去寻找证明的根据，通过证明的方式去说明该事实过去的确存在，是真实可信的事实。由此可见，没有证据，人们将无法说明过去发生而现在已经存而不在的事实是否真实；只有证据，没有证据的运用，也无法说明那些既往事实的客观真实。

（二）有助于收集与保全证据价值的实现

人们只有通过对证据中待证事实留下的事实信息的识别，才能够正确地判断待证事实存在与否以及待证事实的具体情况。仅完成海事电子数据的收集、保全是无法实现证据证明待证事实的。收集甚至保全电子数据，就是为了充分发挥证据的证明价值查明待证事实，进而解决纠纷。如果没有对证据的证明，没有对证据中信息的深入挖掘和分析，即使收集、保全进行得完美无缺也不可能使证据发挥其证明待证事实的作用，实现证据的价值。

（三）是证明待证事实的必经过程

由于待证事实是发生在过去的行为或者事件，法官不可能直接去感知那些已经"存而不在"的既往事实，而只能间接地通过各种证据来认识它们，来查明并说明该待证事实。所以，没有电子数据的具体运用，只是证据的存在，待证事实同样不能得到证明。

---

① 汪建成：《论刑事证据的多重视角》，载《中外法学》2004 年第 3 期。

第二节 海事电子数据的举证

一、海事电子数据举证的基本要求与程序

(一)海事电子数据举证的基本要求

海事电子数据举证,是指证明主体将收集得来并经载体审查与信息识别后的海事电子数据提交法院或法庭,以论证其诉讼主张或阐明案件事实的活动。通过诉讼手段解决纠纷,需要提交证据给法院,并说明证据中的相关信息能否证明自己主张的待证事实。提交海事电子数据证明待证事实时存在两种情况:(1)对于已保全的海事电子数据应向法院提交海事电子数据保全文书。(2)对于未经保全的海事电子数据则需要将证据与其他能够证明该证据客观真实的验证信息及其证据一并提交法院。当事人认为必要时,还应当申请法院批准委托鉴定机构对海事电子数据进行鉴定,并提交鉴定意见。

当庭出示的海事电子数据形式与其他形式的证据不同,当事人及其委托的辩护人、诉讼代理人向法庭提交海事电子数据,既可以直接举证作为海事电子数据信息原始载体的海事电子数据,也可以将海事电子数据信息通过打印或者其他方式得到的信息载体加以举示。不论采用何种方式,提交海事电子数据必须提供足够的验证信息以证明海事电子数据信息的客观真实性。

向法庭提交的海事电子数据,其证据形式一般有以下几种:一是海事电子数据信息的原始物质载体。此类海事电子数据并非复制,因而具有直观性特征,稳定性较高。二是通过技术设备生成的存储有海事电子数据信息的信息载体。此类证据是指人们在收集海事电子数据时,为了确保原始的海事电子数据信息不被修改或者毁损而通过复制的方式得到的新的海事电子数据信息的物质载体,此为再生成的海事电子数据。例如,从船载设备存储的电子数据、图像、声音等复制的海事电子数据和收集、整理电子设备中的待证事实信息和验证信息而形成的海事电子数据。当然,用生成的海事电子数据证明待证事实,最为重要的是要有足够的验证信息,能够证明生成的海事电子数据中的信息具有客观真实性。三是通过解读海事电子数据中的信息得到的信息载

体。由于海事电子数据的高技术和专业特性，不少证据中的信息都需要通过专门的技术设备、专业技术人员才能正确解读并加以固定，例如通过 VDR 收集的电子数据是必须经过特殊程序才能提取、解读的。因此，对此类海事电子数据中的事实信息和验证信息，应当由举证方或专门人员对证据信息予以正确解读，使证据的审查与认证更加方便和准确，由此得到的证据可以用来有效地证明待证事实。此外，还有如司法鉴定机构的鉴定报告等。四是海事电子数据的收集与保全文书、记录。如收集保全海事电子数据的目录、原始证据与生成证据的关系说明、参与收集保全的人员名单和收集保全的主要过程记载等。

（二）海事电子数据举证的程序

在诉讼中举示海事电子数据证明待证事实，一般都需要相应的电子技术设备。由于使用海事仪器设备的举证方式所具有的特殊性，法庭传统的举证方式也就会有所不同。

由于海事电子数据的特殊性，举证的当事人向法庭提交海事电子数据时，需要对证据中的信息加以解读和说明。当事人应当说明，该海事电子数据存储有什么样的待证事实信息以及有哪些能够证明该海事电子数据及其信息生成、存储、传递、修改、删减等过程的验证信息，这些信息包括数据形成方式、操作系统及查询方法等。举证的海事电子数据经过保全的，在提交时应当提交保全证书。经过司法鉴定的，鉴定人也可以出庭当庭予以说明。

具体来看，海事电子数据举证的程序包括：第一，举证前的证据准备工作。首先，清点所要举证的海事电子数据是否齐备；其次，检查所提交的海事电子数据是否遭到篡改、是否正常运行；再次，检查数据工作记录和收集保全文书是否齐备；最后，在法庭中需要展示海事电子数据所需要的软件与硬件是否完整无缺。第二，根据需要证明内容的不同分别指明两类数据；第一类是海事电子数据中的事实信息，第二类是海事电子数据的验证信息。在法庭举证过程中，根据证明内容，依次举出的海事电子数据的事实信息和验证信息来对海事电子数据的客观真实性进行证明。第三，海事电子数据的法庭现场演示和信息解读。对于海事电子数据中涉及技术操作演示的部分应当在获得法庭许可的前提下，由举证方或聘请的专门人员予以现场演示和信息解读。

二、船舶碰撞案中海事电子数据的独特举证规则

通过对我国海事法院审理船舶碰撞案件的实践总结,积极借鉴和吸收英美国家在船舶碰撞案件中的司法经验之后。我国《海事诉讼特别程序法》不仅专门规定了海事证据保全制度,更就船舶碰撞案件当事人的举证问题专门在第八章审判程序中设置一节,详细规定了审理船舶碰撞案件的特殊规定。[①]如前文所述,船舶碰撞多发生于环境变幻莫测的海况中,由于水流、惯性、天气状况等众多因素的影响,相关的证据可能灭失也可能呈现与事故发生时完全不同的变化。那么记载船舶运动的各种电子数据就成为认定碰撞责任的重要证据。

(一)船舶碰撞案的特殊性

船舶碰撞中确定责任等因素的证据涉及众多的海事仪器中的电子数据、航海技术、造船技术及气象学等专业性极强的知识,因此在海事电子数据举证方面不仅要符合一般电子数据的形式要求,在船舶碰撞案件中更要遵从特殊的举证规则,具体而言,海事电子数据在船舶碰撞案件的特殊性表现为:

1.船舶碰撞案件证据材料缺乏。由于特殊的地理环境因素,船舶航行于大海之上,当发生海难事故后,由于海洋的洋流、风力等因素导致船舶碰撞后留下的航行轨迹无法保留,而碰撞船舶如果沉没于水下又会导致船上的航海资料发生遗失或残损。因此,船舶碰撞案件中的实物证据取得以及碰撞现场保留难度较大,造成船舶碰撞案件证据材料缺乏这一现实情况。一旦船舶沉没,导致许多书证物证无法收集的情况下,船舶碰撞事故中的海事电子数据往往会成为判断责任的最主要依据。

2.当事人篡改海事电子数据的可能性大。当事人为减轻责任而篡改证据材料的情况多有发生。船舶碰撞案件的证据材料较为缺乏,尤其是相关物证更难完整保存。海事法院不得不依赖于船舶碰撞双方所提供的各自掌

---

① 参见我国《海事诉讼特别程序法》第 82 条:"原告在起诉时、被告在答辩时,应当如实填写《海事事故调查表》。"第 83 条:"海事法院向当事人送达起诉状或者答辩状时,不附送有关证据材料。"第 84 条:"当事人应当在开庭审理前完成举证。当事人完成举证并向海事法院出具完成举证说明书后,可以申请查阅有关船舶碰撞的事实证据材料。"第 85 条:"当事人不能推翻其在《海事事故调查表》中的陈述和已经完成的举证,但有新的证据,并有充分的理由说明该证据不能在举证期间内提交的除外。"

据的相关资料(包括海事电子数据)及当事船舶的陈述来审理船舶碰撞案件。当事船舶的船员或因主观认识能力问题,或为减轻责任,可能会提供不真实的材料或者作出虚假的当事人陈述,无疑给海事法院增加了公正审理案件的难度。

3.船舶碰撞案件的专业性强。船舶碰撞案件带有较强的专业性、技术性,在案件的审理中涉及痕迹检验、船舶操纵技术分析、船体结构论证等等知识。这些问题不是单纯依靠法律知识可以解决的。即使法院可以通过海事调查机关的调查结果进行判断,但海事调查机关依据调查的处理权对船舶碰撞事故进行的海事调查形成若干证据材料,但其调查与诉讼的目的不同,在海事电子数据的收集保全等方面的规定也不同,往往会形成海事调查中的电子数据与诉讼中的电子数据不一致的情况。例如,在某海事法院审理的"大某华轮"案中,被告提交了北京某科技有限公司(下称某公司)出具的下载自船某网的"大某华"轮船舶轨迹,认为该数据是船舶自身 AIS 设备发出的数据,应以此作为认定"大某华"轮船舶轨迹的客观依据。原告认为,船某网记录时间间隔长,海事处提供的海事调查报告中,提供可视化平台调取的数据每分钟就有一个定位,后者更加准确,①海事电子数据的不一致增加了法院公正审理案件的难度。

(二)船舶碰撞案的独特举证规则

船舶碰撞案件的证据问题在《海事诉讼特别程序法》中做了独特的规定。其第 82 条规定当事人在船舶碰撞诉讼答辩时,应如实填写《海事事故调查表》。第 83 条规定海事法院向船舶碰撞案当事人送达起诉状或者答辩状时,不附送有关船舶碰撞案的证据材料。第 84 条规定船舶碰撞案当事人应当在海事法院开庭审理前完成举证。第 85 条规定船舶碰撞案当事人不能在诉讼中否认已经完成的举证以及其在《海事事故调查表》中的陈述。据此,《海事诉讼特别程序法》在船舶碰撞证据举证问题上形成初步文书、送状不附证、严格举证时限等独特规则。

1.初步文书证据

英国学者彼得·莫非(Peter Murphy)从实际操作的角度考虑,将证据划分为初步证据与绝对证据。初步证据是指在没有相反证据的条件下成立的证

---

① 参见《丁某华、丁某生与广西防城港某船务有限公司海上养殖损害赔偿责任纠纷一审民事判决书》,厦海法事初字〔2013〕第 24 号。

据,是可以辩驳的证据,当事人可以通过相反的证据予以推翻。而绝对证据是无可辩驳的证据,用相反的论据也不能推翻的证据。[1] 在英国,"英国在这几百年建立了一套相对完整,符合人性与现实的证据法。它收集并累积了西方古人先贤的明智之言和有关如何分析、对待各种证据(作为先例),并把过时与不妥的排除出去(以立法或判例,推翻以往不妥的先例)"[2]。英国有关船舶碰撞引起的诉讼适用《有关船舶碰撞诉讼的特别规定》,其中最值得借鉴的一项制度就是设立了初步文书制度(Preliminary Act)。英国关于海事证据方面的程序法规则规定在最高法院规则75(R.5.C.ORDER75)中,在其第18条中作出了初步文书的程序性规定。船舶碰撞诉讼中初步文书不仅仅是对事实的陈述,它还是一种船舶碰撞证据材料。

在英美证据法理论上,一般是将初步文书作为诉讼当事人的自认。为了提起因船舶碰撞而引起的人身伤亡索赔及其他有关损害的诉讼,依据英国最高法院规则75(R.5.C.ORDER75)规定,除非法院另有裁定外,原告必须在令状签发后的两个月内,被告必须在接到该诉讼的令状的签发或该诉讼令状被送达之后的两个月内提交一份文件,如诉讼在登记处进行,则向该登记处提交此文件。填写了初步文书,具有完成举证的法律效力。[3] 在实践中,原告起诉后,被告可能针对原告起诉状中陈述的事实,根据当事船舶碰撞时的航行情况,修正对己方不利的数据资料,通过假证损害原告的合法权益影响案件的公正审理。为避免上述弊端,英国于1855年已经开始实行"初步文书"制度。英国最初实行该制度还有另一个目的,就是为了使有关方可以在短时间内收集到船舶碰撞的材料。

我国《海事诉讼特别程序法》第82条规定,在船舶碰撞诉讼中原告起诉或者被告答辩时,双方应当如实填写《海事事故调查表》提交给法院。《海事事故调查表》一般被认为是当事人的一种陈述,所以也有学者称之为庭前陈述制度。[4] 在船舶碰撞案件中《海事事故调查表》虽然可以认为是当事人的陈述,这种陈述的法律效力与普通民事诉讼中的"当事人的陈述"是不同的。船舶碰撞诉讼中《海事事故调查表》的证据效力要高于一般民事诉讼中的"当事人的

① 尹伟民、刘云龙:《简议海事诉讼中的初步证据》,载《当代法学》2001年第4期。
② 杨大明、杨良宜:《国际商务规则:英美证据法》,法律出版社2002年版,第3页。
③ 金正佳:《海事诉讼法论》,大连海事大学出版社2001年版,第99～102页。
④ 阎铁毅、赵楚:《浅析我国海事诉讼特别程序法对证据的庭前陈述制度和庭前举证制度的规定》,载2003年《中国海商法年刊》。

陈述"的证据效力。而且根据法律的规定,《海事事故调查表》对填写的当事方
具有级终证据效力,在之后的诉讼中不得自己否认其在《海事事故调查表》中
的供述。[①]

我国《民事诉讼法》中并没有明文规定"初步证据"制度,与《海事诉讼特别
程序法》中的《海事事故调查表》在功能上最为相近的是"当事人陈述"的规定,
但二者无论在制度的诉讼意义和法律效果上均存在差异。我国《民事诉讼法》
第 75 条规定:"人民法院对当事人的陈述,应当结合本案的其他证据,审查确
定能否作为认定事实的根据。当事人拒绝陈述的,不影响人民法院根据证据
认定案件事实。"《最高人民法院关于民事经济审判方式改革问题的若干规定》
第 21 条中也规定除对方当事人认可外,当事人对自己的主张,只有本人陈述
而不能提出其他相关证据的主张不予支持。[②] 我国民事诉讼的证据理论认
为,"当事人陈述的内容具有复杂性,并非所有的当事人陈述都具有证据意义,
因为当事人陈述的诉讼意义和法律效果具有多样性特点"[③]。即除非有其他
证据材料予以佐证,否则是不认可当事人陈述的证据效力的。我国现阶段的
民事诉讼立法,是把当事人陈述作为一种补充性的证据,其在证明作用上具有
虚实相间性。[④] 毕竟当事人同诉讼结果有直接的利害关系,基于利益的考量,
即使当事人的陈述是真实的,仅仅依据当事人陈述认定案件事实是缺乏公信
力的。从性恶论出发,"双方当事人对诉讼结果有最大程度的利益,因此他们
是最差的证人"[⑤]。当然,当事人与诉讼结果有直接利害关系,并不必然决定
当事人仅作出对己有利的陈述。只是在争议事实有其他证据佐证时,显然非
当事人陈述的证据效力会被优先考虑。

2.送状不附证规则

我国《民事诉讼法》第 120 条、第 121 条及第 125 条规定,当事人起诉时在
起诉状应当记明证据和证据来源,证人姓名和住所等事项。并按被告人数提
出副本,在立案之日起 5 日内人民法院将起诉状副本发送给被告,而被告应当
在收到之日起 15 日内提出答辩状,法院在收到答辩状之日起 5 日内将答辩状
副本发送原告。在民事诉讼中并没有规定被告的答辩状中应当记明证据及其

---

① 薛介年:《试论海事举证的特殊性与海事诉讼的特别立法》,载中国航海学会海洋
船舶驾驶专业委员会:《海事与安全论文集》1999 年,第 175~179 页。

② 《最高人民法院关于民事经济审判方式改革问题的若干规定》,法释〔1998〕14 号。

③ 李浩:《当事人陈述:比较、借鉴与重构》,载《现代法学》2005 年第 7 期。

④ 张榕:《证据法》,厦门大学出版社 2007 年版,第 63 页。

⑤ [德]尧厄尼希:《民事诉讼法》,周翠译,法律出版社 2003 年版,第 295 页。

来源的要求,被告可以在答辩时提交,也可以不与答辩状一起提交。与我国《民事诉讼法》规定不同,《海事诉讼特别程序法》第83条规定,船舶碰撞案件中海事法院向当事人送达起诉状或者答辩状时,不附送有关证据材料。这里的"有关证据材料"不仅指的是原被告双方应当填写《海事事故调查表》,此表作为证据有保密的性质,在送达起诉状或答辩状时不予附送,同时,包括海事电子数据在内的其他船舶碰撞证据材料送达起诉状或答辩状时也是不予附送的。

船舶碰撞诉讼案的审理要求《海事事故调查表》等证据材料对双方当事人保密。在法庭调查之初,即在各方还没有掌握对方的证据之前必须填写一份表格,这份表格共11项内容,作为当事船舶应提交的书面证据之一。除当事船舶的航行签证簿和营运许可证或类似的文件等文件外,还需要提供当事船舶在航行中的轮机、车钟、电台、雷达等原始记录、当事船舶罗经差表和碰撞时所使用的原始海图及自动航向记录等海事电子数据的书面记录。

当事人事后对船舶碰撞事实制造虚假的证据的情况比较多,"送状不附证"是对审理船舶碰撞案件举证作出了保密性规定,是基于船舶碰撞案件的事实证据具有易失性、隐蔽性和单一性等特点,所以采取信息隔离的方式,要求双方提交《海事事故调查表》用以对当时碰撞的具体情况做一说明。通过此举防止发生一方当事人在证据少而且单一的情况下,有针对性地依据另一方当事人陈述的事实,修正对自己不利的航海数据、资料的情况。除船舶碰撞事故责任案件外,其他海事纠纷,如对船舶碰撞所造成船舶受损求偿案件的证据无须保密。

3.严格举证时限

严格举证期限制度与送状不附证不同,它强调船舶碰撞中证据的举证时间限制,即船舶碰撞诉讼的举证只能在开庭审理之前完成,只有在双方完成举证之后,当事人才可以查阅相关证明材料。此举的目的在于,当当事人已经完成所有的举证后,此时当事人已经没有机会篡改相关证据材料。如果没有特殊情况,船舶碰撞案件也不得在开庭前提出新的证据。我国《海事诉讼特别程序法》在第84条和第85条中规定,当事人的举证应该在开庭审理前完成,而且规定只有双方当事人完成举证后才可以查阅相关证据材料。除非有新的证据并能证明该证据不能在举证期间内提交,否则当事人于庭前完成的举证具有禁止推翻性。

船舶碰撞诉讼与一般的民事诉讼法中的举证期限显然存在差异。从举证时限制度设立的目的来看,不仅要求提出主张的当事人就其主张提出证据,而且还要及时地提出证据,要让每一方当事人有公平的机会回答对方提出的意见。当事人在举证时限内披露证据,让对方知晓对其攻击的证据材料,才有机会实现公平防御。另外,通过举证时限及时披露证据,当事人通过诉讼成本与预期效益的比较,很可能在开庭审判前选择更有效率的方式解决纠纷。我国民事诉讼中的举证期限制度源于最高人民法院的司法解释,在 2001 年 12 月颁布的最高人民法院《关于民事诉讼证据的若干规定》中创设了这一制度。举证期限制度包含复杂的内容,涉及一审程序、二审程序和再审程序,因而在《关于民事诉讼证据的若干规定》中用了较多的条文对举证时限及其相关问题进行了规定。然而,这一旨在提高诉讼效率的新制度并未取得预期的效果,而是在实施中遇到了重重的困难和阻力。[①] 2012 年新修订的《民事诉讼法》在第 65 条中详细地对举证时限进行了规定,包括确定举证时限的方式、举证时限的延长期限以及超过举证时限举证的处理等措施。这些规定基本确定了我国举证期限制度的基本框架。但在确定举证期限的方式、具体时间等方面规定尚需要进一步细化。这些问题在 2015 年 2 月施行的《关于适用〈中华人民共和国民事诉讼法〉的解释》中得到了解决,第 99 条规定:"人民法院应当在审理前的准备阶段确定当事人的举证期限。举证期限可以由当事人协商,并经人民法院准许。人民法院确定举证期限,第一审普通程序案件不得少于十五日,当事人提供新的证据的第二审案件不得少于十日。举证期限届满后,当事人对已经提供的证据,申请提供反驳证据或者对证据来源、形式等方面的瑕疵进行补正的,人民法院可以酌情再次确定举证期限,该期限不受前款规定的限制。"这里对举证期限的起算时点在本解释中与《最高人民法院关于民事诉讼证据的若干规定》有所不同,此解释对于举证期限的理解不包括答辩期在内,是在答辩期届满后确定、起算举证期限的。

第三节　海事电子数据的质证

　　质疑广泛存在于自然界、人类社会等各种领域。在自然界中,只要有探寻真理的地方,就会存在质疑,质疑是通往真理的必由之路,很多重要的真理都

---

　　① 李浩:《论适用举证期限的几个问题》,载《法律适用》2013 年第 4 期。

是在不断质疑中发现的。[①] 而法庭质证是诉讼中的一种质疑。法庭质证作为司法证明的基本环节,是举证的后续环节,是认证的前提和基础,在整个司法证明的过程中居于中心地位。

"质证"最初出现于我国 1979 年《刑事诉讼法》第 36 条的规定,证人证言必须在法庭上经过讯问、质证,听取各方证人的证言并经过查实以后,才能作为定案的根据。在 1982 年颁布的《民事诉讼法(试行)》没有明确使用"质证"的概念。[②] 民事诉讼领域直到 1984 年才在《关于贯彻执行〈民事诉讼法(试行)〉若干问题的意见》中规定了质证,其第 30 条规定,应当当庭出示或宣读定案依据的主要证据,并允许双方当事人辩论和质证。在 1991 年的《民事诉讼法》中保留了质证的规定,其第 66 条中规定:"证据应当在法庭上出示,并由当事人互相质证。"2012 年修订的《刑事诉讼法》《民事诉讼法》和 2014 年修订的《行政诉讼法》[③]进一步完善了法庭质证,并且在最高人民法院对两部诉讼法的解释中都明确规定"未经质证的证据不得作为定案的根据"。如 2012 年颁布的《关于适用〈中华人民共和国刑事诉讼法〉的解释》第 63 条规定:"证据未经当庭出示、辨认、质证等法庭调查程序查证属实,不得作为定案的根据,但法律和本解释另有规定的除外。"《民事诉讼法解释》在第 103 条中规定:"证据应当在法庭上出示,由当事人互相质证。未经当事人质证的证据,不得作为认定案件事实的根据。"

证据本身有各种各样的复杂情况,再加上电子数据自身虚拟性、隐蔽性、易修改和删除的脆弱性等特点,与传统证据的真实性相比很难得到保障。现实中不可能每个当事人都是技术专家,当事人去收集证据一方面可能造成证据收集的不能,另一方面可能大大降低其真实可靠性。所以电子数据自身的复杂情况就使得其真实性问题受到人们的很大质疑。在我国,主流观点认为质证的内容包括证据的真实性、关联性、合法性和证明力。该观点也得到了中国最高司法机关的认可,《民事诉讼法解释》第 104 条规定:"人民法院应当组织当事人围绕证据的真实性、合法性以及与待证事实的关联性进行质证,并针对证据有无证明力和证明力大小进行说明和辩论。"这一规定的优点是能够清楚、具体地分析质证内容,有针对性地进行法庭质证,但四个内容较为分

---

① 尚华:《论质证》,中国政法大学出版社 2011 年版,第 12 页。

② 何家弘、刘品新:《证据法学》,法律出版社 2007 年版,第 241 页。

③ 参见《中华人民共和国刑事诉讼法》第 59 条、《中华人民共和国民事诉讼法》第 68 条、《中华人民共和国行政诉讼法》第 43 条的规定。

散,而从电子数据的特性出发,在电子数据的法庭质证中,基本上是围绕真实性展开的,这是电子数据的特点决定的,因此本节研究的质证是以海事电子数据的真实性为中心展开的。

一、质疑电子数据真实性的原因与形式

(一)质疑电子数据真实性的原因

1.电子数据本身引发的真实性质疑

首先,电子数据与传统的物证、书证最大的不同就是具有一定的虚拟性与无形性。电子数据的这个特点导致在真实性上存在致命的缺陷。传统的证据形式上基本上是可以被触及、可以被感知的实实在在的事物,而电子数据存储于电子仪器内部,电子数据信息内容都被数字化了,这些信息都是由这些特定的不可见的无形的数字编码来传递的。而现实中的人们在潜意识里对证据仍然存在着"眼见为实"的观念,其对电子数据与证据的传统观念的认识落差很大,电子数据是否在这种虚拟的世界真实地存在还是存在一点质疑的。

其次,电子数据对于电子数据系统具有很强的依赖性。不按照特定的程序可能对证据难以有效的保全,甚至会产生相同的电子数据在不同的仪器中会展示出不同的结果,例如最为常见的数码图片因显示设备的不同而产生的色差问题。

再次,电子数据最为薄弱,这也是其倍受真实性质疑的问题。电子数据与传统的"有形物质"证据不同,传统"有形物质"证据所记载的证据信息被涂改、增加或删减一些内容,均会在"有形物质"介质上留下一定的痕迹可供检验和鉴定,而电子数据存储于光、磁性介质中,人为破坏十分容易,产生它的人或接触它的人都有可能随时随地的对其进行编辑、修改,使其面目全非,运用特殊技术手段甚至可以不留任何痕迹。由此,人们对于电子数据的信任度更加大打折扣,电子数据的真实可靠性在法庭上也成为辩论的焦点问题。例如,在一起劳动争议案件中,某公司提供的证据是指纹考勤系统记录,劳动者对此证据表示怀疑,对该电子数据的真实性如何认定,成为审理

本案的关键。^①

2.电子数据的技术支撑可靠性质疑

没有电子技术，没有计算机技术，就不会有电子证据。在人类历史发展过程中，科学技术的进步对司法证明方法始终发挥着极其重要的影响和推动作用。^② 当事人是利用何种技术措施对电子数据进行收集、怎样进行有效地保全的，这是从技术可靠性的角度对电子数据的真实提出的质疑。如何审查判断其来源的可靠性、传输过程的安全性等问题，不破坏电子数据真实性是需要通过专门技术来解决的。电子数据的收集、保全要在技术可靠的源头上保障电子数据的真实可靠性。落后老化的机器设备与技术手段都将阻碍电子数据的有效收集与运用，落后的仪器设备所产生的电子数据误差也会大于运用新技术的电子仪器。电子数据收集保全技术也会有一定的滞后性，不一定会适合于运用新技术方法产生的电子数据。例如，人们最常用的 WORD 文件保存中的"DOCX""DOC"格式文件在不同的 office 版本中的不同表现。^③ 技术的这种相对滞后性也为保障电子数据的真实性设置了一道关卡，而这似乎又无从避免，所以就需要法律和技术二者紧密结合来最大限度地保障证据的真实可靠性。

(二)质疑电子数据真实性的方式

电子数据的真实性会遇到诉讼当事人以下三个方面的质疑：一是当事人质疑数字数据遭到修改、破坏；二是质疑产生数字数据的计算机程序的可靠性；三是质疑数字数据制作者的身份。

1.对信息的质疑

因为电子数据具有易遭篡改的特性，当事人往往质疑其档案遭到篡改，如

---

① 《济南某华印务包装有限公司与付某昌劳动合同纠纷二审民事判决书》，济民一终字〔2014〕第 774 号。

② 何家弘、刘品新：《电子证据法研究》，法律出版社 2002 年版，第 3 页。

③ Docx 是 Microsoft Office2007 之后版本使用的，用新的压缩文件格式取代了以前的 WORD 文件格式，在传统的文件名扩展名后面添加了字母 X（即.DOCX 取代.DOC、.XLSX 取代.XLS 等等）。DOCX 格式与 DOC 格式都是 WORD 文本格式，但是二者的差距实际上是很大的，DOCX 和 DOC 的区别显著的一点就是体积大小的不同。DOCX 格式就是一个 ZIP 文件，我们可以拿 WINRAR 打开 DOCX 文件，得到一堆的文件，这类似于 android 程序或者 win7 桌面窗体的源码，你在里面可以找到各种配置文件、文本书件和媒体文件。不通过技术插件 Word2003 是无法打开 DOCX 文件的。

果没有严格遵守电子数据收集保全程序,电子数据的内容必然被质疑。美国法律报告(The American Law Reports)提出电子数据真实性的标准并提出九项[①]具体要求,如数据可靠性、数据保存或存取方式等。作为法院审理的参考以刑事案件方面为例,对于电子数据真实性的要求最为明显,执法人员必须更细心地调查与采证,才能避免法院认定该证据不具有证据能力。例如 U. S. v. Simpson 案中,Simpson 质疑电子数据档案的下载时间与 FTP 端的纪录文件时间不同,无法确认两者是相同的档案,质疑网络聊天内容的打印件无法比对笔迹,故无法证明此证据的真实性,对此,最终是通过环境证据佐证方为法院认可。[②]

---

① 此九项具体要求,包括:(1)计算机设备保存纪录与提出打印物的可靠性(the reliability of the computer equipment used to keep the records and produce the printout);(2)基本数据最初存于计算机纪录保存系统的方式(the manner in which the basic data was initially entered into the computerized record-keeping system);(3)一般商业运作模式的数据输入方式(the entrance of the data in the regular course of business);(4)对于事件的发生有所认知的个人所记录的事件,在事件发生后合理时间内数据的输入方式(the entrance of the data within a reasonable time after the events recorded by persons having personal knowledge of the events);(5)确保数据输入正确性的机制(the measures taken to insure the accuracy of the data as entered);(6)数据储存的方法及避免在储存过程中发生遗失的预警方式(the method of storing the data and the precautions taken to prevent its loss while in storage);(7)计算机程序处理数据的可靠性(the reliability of the computer programs used to process the data);(8)认证程序精确性的机制(the measures taken to verify the accuracy of the programs);(9)印出物准备的时间与方式(the time and mode of preparation of the printout)。See http://en. wikipedia. org/wiki/Digital_evidence and Givens J S., Admissibility of Electronic Evidence at Trial: Courtroom Admissibility Standards, *CuMb. l. rev.*, 2003, (34): 95.

② See United States v. Simpson, 152 F3d 1241, 1250(10th Cir. 1998). 被告 Simpson 遭扣押两个 jpg 图片文件,其辩称此二档案的下载时间与 FTP 端的纪录文件时间不同,无法确认两者是相同的文档;此外,检方搜证所得的 Simpson 网络聊天内容的打印件,Simpson 辩称该打印件无法比对笔迹,故无法证明此证据的真实性,法院不得采用此证据。后经调查人员解释,调查干员针对文档的时间提出解释,认为一般人下载文件时,若发现本身已有此内容的文档,往往会将新下载的文档删除,因此虽然有留下存取记录,但计算机中的文档并非下载的文档,所以才会发生所持有的文档纪录的下载时间与 FTP 端纪录文件的时间不同的结果。ISP 服务器管理者作证表示,被扣押计算机中的 log 文件,指出 doit007. jpg 及 kk-a0021. jpg 两个文档来自 Boston 的网站,此二文档并不会突然被下载。法院认为从被告 Simpson 于网络聊天的谈话内容中,可得知 Simpson 的真实姓名、个人的地址与电子邮件。搜索 Simpson 家的结果,也找到能佐证谈话内容的资料,故各种环境证据皆可佐证证明谈话内容的打印件具有真实性,可采为证据。

2.对载体的质疑

对于产生电子数据的计算机程序可靠性方面,若计算机程序设计上有严重的错误,或极不稳定,则其所产生的纪录欠缺真实性,自然不应该被采为证据。当事人往往会主张将此类证据加以排除,然而电子数据很难从科学的角度判断其错误率,即便给予被告足够的时间检验计算机程序的可靠性,或经由质证的专家证人对错误率的说明仍难以证明计算机程序的可靠性。在 United States v. Salgado 案中,[①]被告质疑本案证人 Mr. Deerin 并不知道电话公司账务系统的错误率,且不熟悉该系统如何确保精确度。法院针对此质疑,认为只要提出证据能呈现其精确性,并且公司业务上行为依赖的,政府即不需要寻求专家证明该计算机的精确性。是否需要进行错误率的测试呢?在 United States v. Briscoe 案中,[②]被告依据《联邦证据规则》第 803 条第 6 项之规定,质疑检方提出的电子数据纪录的证据能力,认为提出该证据的一方未能举证该证据经过精确的编辑(accurate compilations)。法院参酌其他实务上的见解,认为提出证据的一方必须证明该数据的可靠性(reliability)作为合适的基础(proper foundation),合适的基础必须是在日常业务活动有规律的实施中所记录与保存的数据,并且由管理人或其他有资格的证人出面作证,而这些数据还必须符合连续性及负责尽职性(conscientiously)。

3.对人的质疑

计算机数据仅是"0"与"1"的组合,与手写方式的传统文书,可以借由笔迹鉴定判断制作人的身份有所不同,况且电子数据有无差别复制性以及网络传输的匿名性等的特征。当事人往往质疑其真实性,主张该电子数据系他人所制作,这也正是有关电子数据特性中所提到的"属人性的不易确定"。例如,在一起劳动合同纠纷案中,被告针对原告提交的电子邮件等电子数据的"真实性、关联性均不认可,公证书所显示的邮件内容不是从 QQ 邮箱所属网站登录后截图而得,而是从对应原告上海分公司 IP 地址的服务器上以'ADMIN'为用户名登录的,邮件实际是服务器内存储的,邮件内容并不真实"[③]。

---

①   United States v. Salgado,250 F.3d 438,452(6th Cir. 2001).

②   United States v. Briscoe,896 F.2d 1476,1493-1495(7th Cir. 1990).

③   《北京某智天下营销顾问有限公司与徐某亚劳动合同纠纷一审民事判决书》,静民一(民)初字〔2014〕第 3337 号。

二、海事电子数据不同环节的真实性质疑与方法

(一)海事电子数据环节真实性质证

1.海事电子数据生成环节真实性质疑

海事电子数据的生成环节是海事电子数据最基本环节,对它的质疑也是根本性的。例如,海事电子数据的生成方式是按常规程序自动生成还是人工录入,如果存在人为录入的情况,其录入的基础数据是否真实将是质证的重点,例如前文所述 AIS 设备中的 MMSI 数据是由人工录入的,如果这一信息存在错误或虚假,那么其传输到 AIS 中的轨迹也就不可能是真实的。生成海事电子数据的系统是否存在被非法控制的可能性也是生成数据环节的重要问题,如果生成海事电子数据的系统是自闭系统,不存在网络攻击或系统病毒植入的可能性,其数据产生环节的可靠性就是高的。对于自动生成海事电子数据的质疑主要是针对产生海事电子数据的程序是否可靠等。

(1)海事电子仪器的标准质疑

航海仪器设备受海事国际公约规制,只有满足国际公约和国际标准的航海仪器产生的海事电子数据才能具备相应的证据资格。以 AIS 为例,2000 年修订后的 SOLAS74 公约第 5 章有关于航行安全及其相关导则中的第 19 条中详细规定了船载 AIS 作为船舶航行设备,必须强制装载的国际要求。因此船舶所安装的 AIS 设备必须符合相应的标准。为此,国际电信联盟 ITU《在 VHF 海上移动频段采用时分多址(TDMA)技术的通用船载自动识别系统(AIS)的技术特性》(ITU R.M1371—1 决议案)规定了 AIS 的电子数据的技术细节。国际电工委员会 IEC《通用自动识别系统 A 类船载设备的操作和性能要求、测试方法及测试结果要求》结合了 ITU R.M1371—1 标准中所包含的 AIS 技术特性,强制要求 AIS 电子数据内容应当包括人工输入的方式设置的船舶的静态信息,例如海事移动服务标识(MMSI)、呼号和船名、船长和船宽、船舶类型;GPS 天线位置,以及 AIS 的传感器自动获取的船舶的动态信息,如船位、航行状态等。在司法实践中,不符合规范要求的海事仪器所产生的电子数据的真实性是值得怀疑的,往往也得不到法官的认可。

(2)海事电子数据传感器的误差质疑

航海仪器接收的数据主要是来自船舶各个传感器收集的电子数据信息。在对海事电子数据质证时,应当分析航海电子仪器传感器收集数据的精度。

通过比较检验法可以查证相关传感器的数据与真实事实的差距。例如船舶航行中最为重要的航行方向与位置的数据是依靠陀螺罗经，卫星导航等航海仪器。一般船舶都是将船舶位置电子信号接入 AIS 的，船舶避碰和海事纠纷中船位信息必须达到一定的精确度才有实际意义。但是如前文所述，AIS 系统的数据来自船舶各个不同的传感器，这些传感器的精度直接影响 AIS 数据的准确性。也就是说要使 AIS 在船舶交通运输中发挥重要作用，就必须让 AIS 播发和接收的数据信息是可靠和高精确度的数据，关键是自动实现对船位信息的采集、船位的可靠性和船位误差的影响。但如前文所述，这些传感器都存在这样或那样的误差，例如陀螺罗经就存在纬度误差、速度误差、冲击误差、摇摆误差、基线误差等。[①] 而 AIS 的船位信息来自全球卫星定位数据，目前广泛使用的美国卫星导航系统、中国的"北斗"等都存在距离误差，船舶通过全球卫星定位系统确定地面点的坐标与实际船位存在距离误差，无论这种误差是来自卫星本身还是由于接收器的灵敏程度，这些误差在船位认定上都不是绝对准确的。如果电子罗经、全球卫星定位系统的方向与位置数据存在较大误差，反映到 AIS 仪器上就是不真实的船舶位置。

2.海事电子数据保管环节的质疑

海事电子数据保管方法是否科学、介质是否可靠也会影响海事电子数据的真实性。如前文所述，如果海事电子数据存储于只读介质中，如 CD-ROM 中，那么就不必考虑其被重新写入或被擦除的问题，相反，如果存储于可擦写的介质中，其任何一个保管环节不严谨都会招致数据失真的质疑。除了保管的介质，还要分析海事电子数据的保管主体。海事电子数据是由不利方保管的还是由有利方保管的，还是由中立的第三方保管的，其真实性是不同的。不利方保管的海事电子数据的真实性最高，第三方保管的数据电文的真实性次之，而由有利方保管的海事电子数据的真实性最低。

3.海事电子数据传送环节的质疑

在诉讼中使用海事电子数据肯定要经过数据传送环节。海事电子数据的

---

① 纬度误差是由于采用了垂直周阻尼力矩施加于陀螺仪垂直轴上所致；速度误差产生的原因是陀螺罗经的基座相对于地球不静止而产生的；冲击误差是指船舶在机动（变速、变向或者同时改变）航行过程中所产生的惯性对陀螺罗经造成的影响而引起的误差；摇摆误差是指船舶摇摆所产生的惯性力矩作用于单转子摆式罗经重力控制设备上而引起的罗经示度误差；基线误差是指由于陀螺罗经在船上安装时，其基线与船舶的首尾线不平行而引起的读数误差。参见洪德本：《航海仪器》，大连海事大学出版社 2003 年版，第 30～45 页。

传送是指海事电子数据经历多个部门、多个人员处理的过程。尤其是海事行政执法中获取的海事电子数据的传送环节更多。根据电子数据的技术特点，海事电子数据在传送的过程中可能会产生多个副本，不必要副本的出现，会直接影响法庭展示中的最终版本海事电子数据。从技术上分析，海事电子数据传送必然会生成元数据。① 这些元数据形成海事电子数据传送的验证数据信息之一。在数据传送的过程中应保证创建阶段形成的元数据不丢失，与海事电子数据一同保存以便必要时进行数据验证。一旦海事电子数据在传送过程中与元数据脱离，法庭质证时其真实性、原始性就会遭到质疑。海事电子数据在传送过程中，不仅要关注数据安全因素问题，还有关注数据管理问题。海事电子数据在传送过程中可能会被压缩、加密或转换格式等处理，在使用时需要进行解压缩、解密或转换格式后方可正常使用，这极可能造成数据信息丢失或变形。拿人们熟悉的 WORD 文本编辑来说，在低版本的 WORD 程序中打开 DOCX 文件是需要进行转换的，这种转换可能会造成文本内容的变化，而使用高级别版本的 WORD 程序编辑文本在保存时存储为 DOC 格式，系统都会提示这种操作可能会导致某些编辑格式的变化。因此，在质证过程中要注意对海事电子数据传送的技术手段或方法是否科学、可靠进行分析。一旦发现传送环节存在导致数据失真的可能性，就可以依此质疑对方提供的海事电子数据。

4. 海事电子数据收集环节的质疑

海事电子数据收集的主体、程序和技术方法三个方面是质疑收集环节的重点。海事电子数据收集主体不同会影响数据的真实性。在实践中，海事电子数据的收集，既有司法机关、海事行政机关依职权收集，也存在有当事人从自己的诉讼利益出发而自行收集。海事电子数据质证过程需对不同主体的中立性与利害关系进行分析，无利害关系的公权机关收集的海事电子数据的可靠性与真实性很少会被质疑，而存在商业利益关系的其他机构收集的海事电子数据可能会被质疑收集的目的等。另外，不同技术能力的收集主体收集的海事电子数据也存在被质疑的可能性。

---

① 元数据（Metadata），又称中介数据，其功能主要是描述数据属性的信息，通过元数据可以分析数据存储位置、文件使用记录、历史数据修改记录、资源查找次数等。参见 ht-tp://baike.baidu.com/link? url＝zqhKVRaSUI1OkRGOCYptFQy3aOo_bnacbQBfuAT9C JzNIvr9or2aXbwosLQPFcPQCtS4Ig6XX173mc8MpoCq5q，下载日期：2020 年 10 月 19 日。

(二)海事电子数据质证的方法

1.海事电子数据专家证人质证

2012年修订的《民事诉讼法》第79条规定:"当事人可以申请人民法院通知有专门知识的人出庭,就鉴定人作出的鉴定意见或者专业问题提出意见。"《刑事诉讼法》第192条规定:"公诉人、当事人和辩护人、诉讼代理人可以申请法庭通知有专门知识的人出庭,就鉴定人作出的鉴定意见提出意见。""有专门知识的人",通俗一点讲就是"专家",有的将其称为"诉讼辅助人""专家辅助人"等,是指在某专门领域具有专业知识或者经验的人。在诉讼过程中,根据当事人的申请并经人民法院通知,出庭就鉴定人作出的鉴定意见或者诉讼中所涉及的专业问题进行说明或者发表专业意见,为案件的审理提供帮助。①

《民事诉讼法解释》第122条规定:"当事人可以依照民事诉讼法第七十九条的规定,在举证期限届满前申请一至二名具有专门知识的人出庭,代表当事人对鉴定意见进行质证,或者对案件事实所涉及的专业问题提出意见。"在诉讼过程中,经准许当事人本人不仅可以对"专家辅助人"进行询问,而且当事人各自申请的"专家辅助人"可以就案件中的有关问题进行对质。

海事电子数据在诉讼中所涉及的问题不仅涉及计算机技术,还涉及航海技术等等,几乎大部分的海事案件都存在对专门性问题的界定,而海事电子数据这种特殊的证据形式这方面的需求更为突。一般的当事人通常不具有诉讼中所要求的专业科技知识,诉讼代理人往往也只具有法律专业技能,这样就很难应对质证过程中所出现的专业技术问题,很难对其真实性问题阐述清晰。为了维护当事人的诉讼权利,帮助法庭准确认定事实,在质证过程中,运用专家证人进行质证则显得十分重要,许多难题也将迎刃而解。在海事诉讼中由于提交了海事电子数据作为证明案件事实的材料,需要技术专家鉴定的这些电子数据的真实性与可靠性等问题,"专家辅助人"越来越成为证明事实主张的一种十分重要的证明方法和手段,其提供的专业意见越来越受到重视。

"专家辅助人"作用之一是对专家鉴定意见提供意见,这是由于需要鉴定的专门性问题错综复杂,鉴定过程容易受到各种因素的影响,鉴定发生错误的情况难以避免。同时,在一个专门性问题领域,可能鉴定人有许多,由于学识、学派、品行、分析判断的方法等的不同,对同一个问题不同的鉴定人可能会有

---

① 全国人大常委会法制工作委员会民法室编:《〈中华人民共和国民事诉讼法〉条文说明、立法理由及相关规定》,北京大学出版社2012年版,第118页。

不同的鉴定意见,甚至导致选择什么样的鉴定人即等于选择了什么样的判决。另外,鉴定工作的专业性较强,仅凭其他诉讼参与人自身的知识很难发现鉴定中存在的问题,不能有效地对鉴定意见进行质证,在没有"专家辅助人"制度之前,当事人对鉴定意见有异议的只能通过重新鉴定来解决。当事人申请人民法院通知"专家辅助人"出庭,由其对鉴定意见提出质证意见,寻找鉴定中可能存在的问题,不仅为法官甄别鉴定意见、提高内心的确信提供参考,更重要的是充分保障了当事人的质证权。

2.海事电子数据相关人员出庭

海事电子数据在收集和保全的各个环节都牵涉到操作人员、技术人员、保管人员、公证人员、鉴定人员等。各类人等在海事电子数据提交法庭之后,相关人员对海事电子数据的影响问题在必要时需要其出庭说明。例如对于技术人员在收集和保全的过程中采用何种技术手段、依照何种程序来收集保全海事电子数据,鉴定人员的知识水平、经验甚至是专业品行等是否良好都会影响到海事电子数据的真实性。因此,必要时当事人应当申请法庭要求相关取证人员出庭接受双方的交叉询问。

对于海事电子数据收集、保全和鉴定过程中的相关人员出庭质证,我国相关法律制度已有一定的规定,《民事诉讼法》第78条规定:"当事人对鉴定意见有异议或者人民法院认为鉴定人有必要出庭的,鉴定人应当出庭作证。经人民法院通知,鉴定人拒不出庭作证的,鉴定意见不得作为认定事实的根据。"第139条规定:"当事人经法庭许可,可以向证人、鉴定人、勘验人发问。"然而,其他人员,例如海事电子数据的公证人员出庭作证的问题,法律并没有明文规定,从理论上分析,公证人员同鉴定人一样,都应当负有出庭作证的义务。李浩教授认为,从质证的原理来说,如果当事人对公证过的证据提出质疑,公证员应当出庭对其公证过的证据作出必要的说明。通过质证的陈述、解释,可以提高法官的内心确认,使得公证书被采信。① 其实,通过前文对海事电子数据的分析可知,无论是产生海事电子数据的航海仪器还是由其产生的电子数据,都可能会导致公证过的海事电子数据仍然存在法律效力的瑕疵。尤其是公证人员可能缺乏相应的技术知识,无法真正地对海事电子数据进行公证保全。法庭要求公证人员出庭说明,可以消除不必要的质疑,保证海事电子数据最终为法庭所采信,从而更好地维护当事人的诉讼权益,实现诉讼的公平与公正。

---

① 法制网:《公证保全网络证据为何受青睐》,http://www.legaldaily.com.cn/bm/content/2007-12/10/content_758123.htm? node=12,下载日期:2020年2月19日。

本章小结

与传统观念的证明概念不同,卞建林教授认为,证明应当是由包括国家公诉机关和诉讼当事人在内的特定证明主体为避免证明不力时承担不利后果,依照法律规定的程序和要求向审判机关提出证据,并在法庭审理中运用证据阐明争议事实,论证诉讼主张的活动。也就是说证明是证明主体运用证据,对证明对象的论证活动,包括举证和质证两个环节。本研究认为,海事电子数据的证明是指以海事电子数据为基础,在电子数据收集、保全程序完成后对其中蕴含的事实信息进行识别,进而形成证据事实,实现待证事实证明这一过程。本章节重点研究了海事电子数据在船舶碰撞案中的特殊举证规则,并以真实性为中心专门研究了质疑海事电子数据的原因及方法。

第五章

海事电子数据的认证

　　"准确认定案件事实是司法公正的基础,也是法官在审理各类案件时的基本任务。案件事实对于法官来说,都是发生在过去的事件。在现实生活中,法官不可能穿越'时空隧道'去直接感知发生在过去的事件,而只能通过各种证据去间接地认识案件事实。通过证据去认识案件事实,就要对证据进行审查,就要对证据进行认定。换言之,审查和认定证据是运用证据证明案件事实的基石。"①按照传统的证据法理论,在取证、举证、质证、认证四个环节中,认证被认为是中心环节。所谓认证,是指事实认定者对经过质证的证据进行审查判断,确定其相关性、证据能力和证明力的一种诉讼活动。② 认证的主体是事实认定者,一般情况下是法官,在法庭上法官综合诉讼各方的质证和意见后,依据规则、经验和逻辑对证据是否采信作出决定。③ 尽管认证的字面含义是"认定证据",但其最终目的是对待证事实作出认定。与举证行为、质证行为不同的是,认证行为的主体与诉讼结果不存在法律上的利害关系,因而在行为方式上具有中立性。在实践中,举证方、质证方所提供给认证方的大多是对于论证己方诉讼主张或者反驳对方诉讼主张有利的事实片段。这就需要认证方凭借自己的理性和智慧来将这些事实片段去粗取精、去伪存真,从而组合成裁判事实。所以,对于认证方来说,司法证明过程是一个事实发现(fact finding)过程;而对于举证方和质证方来说,司法证明过程则是一个竞争和说服的过程,争讼双方对事实的发现往往是在证据收集阶段,甚至在证据收集之前完成的。认证行为除包括对证据的认可和对事实的认定以外,还包括依职权调查与询

---

　　① 何家弘:《刑事诉讼中科学证据的审查规则与采信标准》,中国人民公安大学出版社 2014 年版,第 2 页。

　　② 何家弘、张卫平:《简明证据法学》,中国人民大学出版社 2007 年版,第 185 页。

　　③ 张保生:《证据法学》,中国政法大学出版社 2014 年第 2 版,第 387 页。

问。在对抗制诉讼模式下,争讼双方对证人的交叉询问容易遗失很多有价值的证明信息,因而,充分发挥认证主体的能动性有助于揭示更多的证明信息。但是,传统法律人在法学的学习过程中,甚少接触信息科技(information technology)知识的训练,更不用说对相对更加专业的海事电子数据知识的掌握。因此,普遍而言,法官在面对海事电子数据时难免会有排斥感,或者是以传统证据的概念来认证海事电子数据。对于海事电子数据该如何适用现行诉讼制度,如何审查判断海事电子数据成为诉讼实践中的一个问题,事实认定者也因为对于海事电子数据本质的不明了或错误认知,而难以在海事司法过程中给予正确的认定。

第一节　电子数据认证方法、要求与标准

电子数据具有不同于传统证据的特征,但这绝不意味着各国法律应当给予电子数据差别性的待遇,赋予电子数据同传统证据一样的证据法待遇,对待电子数据认证方也必须受到"无知之幕"的阻隔,只能在法庭上依靠双方提供的证据和听取双方辩论来对待证事实作出裁断,这已然成为一种全球化的趋势。例如,联合国《电子商业示范法》要求不得仅以某项信息采用数据电文形式为理由而否定其法律效力、有效性或可执行性。《电子商业示范法》第9条规定在任何法律诉讼中,任何方面均不得仅仅以证据是电子数据为由,或以电子数据并不是原样为由否定一项其作为证据的可接受性。并对于以电子数据为形式的信息,应给予应有的证据力。法官在评估电子数据的证据力时,应当注意审查电子数据的生成、储存或传递该数据的方法是否可靠、保持数据完整性的技术是否可靠等因素。由此可见,《电子商业示范法》的立法目的在于确立电子数据在法律诉讼中作为证据的可接受性,这为电子数据的认证提供了有力的指导。

对证据的认证是电子数据运用的一个重要环节。"证据是一个相对的概念,它表示两个事实之间的关系,即待证事实或事实主张与证据事实或证明材料之间的关系。"要实现从"证据—事实信息—证据事实—待证事实"的法庭证明过程,还需要从经过认证的证据中得到证据事实,通过证据事实去对待证事实是否真实作出认定。电子数据的证据事实形成即从"事实信息——证据事实"的过程,电子数据的证据事实形成是对电子数据中待证事

实留下的事实信息的审查判断,是对待证事实曾经发生或者存在留下信息的正确判断和分析。

一、电子数据认证的影响因素

(一)电子数据对待证事实的掩盖

无论是民事、刑事或行政诉讼案件,当事人往往会通过销毁、篡改证据的方式来掩饰自己的行为或其他影响自身权益的相关证据材料,致使他造当事人难以主张权利从而达到逃避追诉责任的目的。常见的如伪造、变造文书,就是具体掩饰罪行、隐匿事证、颠倒是非的传统方式。科技时代,通过伪造变造的方式对电子数据进行篡改几乎可以达到毫无痕迹。例如当事人往往会将相关电子数据加以删除或篡改,若电子数据系统欠缺良好的安全机制,电子数据很容易遭到篡改、销毁,从而降低电子数据的可信赖性与不可否认性,致使依靠电子数据审理案件事实更显困难,更有甚者可能会产生是非对错颠倒的结果。当电子数据被篡改或损毁后,当事人主张相应的责任时,可能会因欠缺可靠的、真实的电子数据来佐证,而对电子数据不当的处理,可能导致电子数据连证据能力的阶段都难以通过考验,更不用说达到保障自身权益、取得胜诉的判决的目标了。

(二)高成本构成电子数据认证的阻碍

电子数据的收集并非只是下个搜寻指令,找到后再下个复制(copy)指令即可完成。在涉及电子数据的案件中,电子数据的收集可能会耗费极大的时间、人力及物力,甚至由于电子数据过于庞大导致其不具有"合理存取性"。而且为了确保电子数据的可信赖性与不可否认性,还必须通过特定的鉴识设备,经由严谨的鉴定程序,才能符合法律上对于证据能力的要求。电子数据的收集与提出的相关费用比较昂贵,主要缘于两种因素:第一是电子数据储存设备环境的复杂性,第二则是提高电子数据可信赖性的程序。电子数据来源的种类繁多,诸如数据库、网络服务器、备份系统、台式计算机、笔记本电脑、GPS 设备、AIS 系统、海事卫星电话、数字摄(录)影机、云端储存设备等。这些来源中所储存的电子数据类形繁杂,甚至于包括无法读取的未分配空间(Unallocated Space),①皆有可能从这些不同形态的电子数据中,发现与案件具有关联性的事证资料,而不同存储介质的电子数据提取的难易程度、费用高低也不同。

在美国以对 Zubulake v. UBS Warburg, LLC.②案的讨论最多,该案当事人 Zubulake 要求其原所属 UBS 公司必须提供 5 名员工近两年来所有的电子邮件寄信与收信数据,UBS 公司则主张该等信件散见于 94 个备份磁带,提取邮件会给企业造成"过度负担或费用",以 Zubulake I 的判决内容来看,对于备份磁带必须采用下列四个程序:第一步,先找到相关备份磁盘;第二步,制作硬盘映像文件;第三步,以软件抽离储存档案,并将其转换为可读的格式;第四步:以关键词搜寻所需的数据。③ 计算机鉴定专家预估被告将花费 30 万美元。

(三)电子数据背后隐藏的真实

电子数据的"隐藏性信息"能够发现许多证据形式上所看不到的信息,对于案件真实性的发现有极大的帮助。依据传统方式在采集证据时如果发现有关联性的电子数据,可能会采取印出成纸本书件,再请相关人员签名确认的方法。如果不将电子数据进行正确的保全,就会失去隐藏在电子数据内的许多相关信息。因此,正确地取得电子数据,完整地保存隐藏性信息,对于真实性的发现具有重要的意义。

"隐藏性信息"通常并无法经由打印等输出方式加以显示,必须经由直接检查电子数据,才能得悉与其有关的重要信息。仅以人们经常使用的微软 office 软件为例,最为一般人所常用的当属 Word,从 Word 档案的隐藏信息中可知悉文档建立时间、修改日期及存取日期,还可以显示上次存盘者、编辑总

---

① 未分配空间(Unallocated Space)未分配到任何分区、逻辑驱动器或卷的可用磁盘空间。可以在未分配空间上创建的对象类型取决于磁盘的类型(基本磁盘还是动态磁盘)。对于基本磁盘,可以使用分区外的未分配空间来创建主分区或扩展分区。可以使用扩展分区内的可用空间来创建逻辑驱动器。对于动态磁盘,可以使用未分配空间来创建动态卷。

② Zubulake 案的案例事实,系有关于女性员工原告 Zubulake 原受雇于被告 UBS 公司,于 2000 年 12 月其所属部门的主管上任后,即常以各种言词质疑工作能力,甚至于当其面讨论性别歧视(gender discrimination)的话题,而该部门只有她一位女性,其余均为男性。为此,Zubulake 向"平等就业机会委员会"(Equal Employment Opportunity Commission,简称 EEOC)指控其性别歧视,但此举却令其于同年 10 月遭公司通知解雇,于是 Zubulake 遂向法院提出性别歧视的劳工诉讼。

③ Zubulake I, LLC, 217 F.R.D. 309,313-14 (2003).并认为该案要从 94 个个别的备份磁盘中完成重置数字数据,计算机鉴识专家预估被告将花费 30 万美元。

时间、前次打印时间等，这些信息可以对案件所需的相关事实提供许多丰富的辅助资料，直接或间接证明案件的事实；另外，以数码相片中的 EXIF[①] 信息为例，可以从档案内容中，得悉宽度、高度、垂直分辨率、相机型号、拍照日期等，甚至于 GPS 的地理位置，借此还原当初拍照的背景资料。这些数据对于案件事实有相当关键的影响。在 BTK Killer 案中[②]，被告 Dennis Rader 在长达 16 年的连续杀人期间，警方未能找到他将其绳之以法。后来在他寄送给警方的电子信件中暴露了他藏身的地点，警方在磁盘的隐藏性信息中发现了"Dennis at Christ Lutheran Church"，遂依此线索将其逮捕。[③]

当事人在诉讼中使用的电子邮件常常为纸质打印件，未留下电子数据的其他信息，无法进一步进行隐藏信息的分析，电子数据的打印件，虽不能证明其为真，但仍能证明其为假。所以，当双方当事人若对于电子数据的真实性有争执者，即便不能依据电子数据的打印件判断其为真，但仍能依据外观、时区等信息判断其为伪。例如网页或 webmail 打印时，可将页首、页尾印出，并将页首页尾的完整信息另行保存，当发生争议时，即可请网页或 webmail 的提供者判断页首、页尾参数中的规则性，以判断有无可能系属伪造。由于这些隐藏性信息非属人类感官可直接理解，再加上电子信息须通过计算机设备的转换过程，显示在屏幕上或以打印方式呈现，人类感官难以直接观察、了解，与传统纸类文书得以人类感官知觉直接认识的情况有异。[④]

---

① EXIF 是专门为数码相机的照片设定的可交换图像文件，在其中可以记录数码照片的属性信息和拍摄时使用的光圈、快门甚至是相机型号等数据。EXIF 数据信息可以附加于 JPEG 等图形文件之中，为图片增加有关数码相机拍摄信息的内容以及制作的版本信息等数据。

② Rader killed ten victims between 1974 and 1991 in Kansas. Several other people were severely injured or narrowly escaped death by Rader. Rader sent taunting letters to police and local news outlets during this period，but then the case went cold. Rader resumed sending letter to the police and local Wichita，Kansas media outlets in 2004. He subsequently sent in a floppy disk file. Through forensic analysis of the metadata within the file documents，investigators were able to retrieve a document that Rader believed had been deleted. The data was recovered using EnCase forensic software. http://www.computerforensicscertification.net/computer-forensics-cases.php，下载日期：2019 年 3 月 9 日。

③ See Computer Forensics Cases，http://www.computerforensicscertification.net/computer-forensics-cases.php.2013-05-12.

④ 黄玥婷、蔡震荣：《电子数据证据的证据力》，载《刑事法杂志》2005 年第 2 期。

（四）电子数据真实当事人的认定困境

电子信息的内容如果没有注明制作人的身份，要确认制作人则非常困难。例如在王某与李某的房屋租赁合同纠纷中，在法庭上，王某出示双方在 2012 年 5 月 23 日的聊天记录称，与房东签订解除协议。房东否认了王某举示证据的真实性。双方委托司法鉴定中心鉴定，鉴定中心分别查看 QQ 安装路径、聊天发起过程、聊天方资料、聊天记录页面，并分别截取屏幕或窗口保存成图片文件，接着对图片进行电子数据固定分析。鉴定结果双方网络交流信息真实，没有篡改。但最终法院认为，虽然司法鉴定中心对双方信息交流真实性已认可，仍无法确定用网名交流的两人是否就是当事人双方本人。对该证据不予采纳。①

（五）电子数据的无限、无差异复制性

我国在立法过程中，并没有引进英美证据法中有关"最佳证据法则"的规定，但是从民事诉讼法的规定中，仍认为原则上应该提出原本，如我国《民事诉讼法》第 70 条第 1 款规定，在诉讼中的书证应当提交原件，物证应当提交原物，如果提交原件或者原物确有困难的，可以提交书证的副本、节录本，原物的复制品或照片等。而对电子数据的提交方式并没有规定。以计算机可变性的储存媒体作为纪录器，电子信息的载体具有重复利用性，且电子信息的复制程序又非常的简便迅速，而使电子信息可以无限大量的复制，由此可知，电子数据具有无限复制性。② 由于电子数据本身具有无限复制性，从其来源来看，很难界定何为

---

① 凤凰网：《女子庭审用经鉴定 QQ 聊天记录当证据被法院拒采纳》，http://hebei. ifeng.com/detail_2015_01/29/3498469_0.shtml，下载日期：2020 年 2 月 15 日。

② 在一起银行卡被盗刷案件中，被告工行金华分行答辩称，一笔安全的交易看似离不开卡和密码，但从两者起到的作用来讲，密码在交易安全中起核心作用，是交易安全的必要条件，而银行卡本身只是一个交易的介质，能否鉴别真伪或者是否可复制和交易安全存在重大缺陷没有必然的联系。理由是，从交易原理角度上看，POS 机、ATM 机等电子银行设备识别的只是银行卡卡片所记载的信息，对卡这个实物并不具备物理辨别的能力。持卡人在 POS 机或 ATM 机交易时，机器分辨的是该卡所记载的磁条数据及信息是否与发卡行留存的数据和信息相对应，以及密码是否相符，从这个意义上来说，卡本身没有真伪之分，只要数据和信息相符，就应该认为交易凭借的是真卡。然而，法院认为，如果他人是在持有原告真卡并知道密码的情况下进行交易，则应视为原告本人的行为，相关责任应由原告自行承担。而本案因伪卡交易导致的损失，伪卡可以代替真卡进行交易的责任不在原告而在被告，即被告未能对伪卡进行有效识别导致交易成功。参见《陈振岩与中国工商银行股份有限公司金华分行财产损害赔偿纠纷一审民事判决书》，金婺民初字〔2014〕第 3214 号。

电子数据的"原件"。有些人工形成的数据信息本身只是操作人无形思想的体现,根本就不存在所谓的"原件"。而作为呈堂证供需要由法官认证的电子数据,都是电子数据最终表现结果形态,很难区分哪些是原件,哪些是复制件。

二、电子数据认证的方法

诉讼中证据审查判断是证明的关键环节,是从感性上升到理性的活动,在证明活动中有重要意义。无论西方大陆法系还是英美法系,事实认定者在对案件事实作出认定前,都需要对双方当事人提交的证据进行评判。卞建林教授认为:"审查判断证据,是指国家专门机关、当事人及其辩护人或诉讼代理人对证据材料进行分析、研究和判断,以鉴别其真伪,确定其有无证明能力和证明力以及证明力大小的一种诉讼活动。"①除法官外,侦查人员、检察人员、行政执法人员以及律师等对证据也存在如何审查评断的问题。② 但如果从法官的角度出发来看待证据审查判断,则是集中于庭审阶段,并与案件的裁决有着更加密切的联系,从某种意义上来讲就是认证。由于认证的主体只能是事实认定者,因而对证据的审查判断只能是事实认定者对双方当事人提交的证据的相关性、证据能力以及证明力大小进行审查判断的活动。对证据进行审查判断的目的是为查明事实真相,为认定案件事实打下基础。

根据法律的规定,人民法院应当遵循以事实为根据,以法律为准绳的原则审理各类民事案件。要求用作认定事实的证据必须查证属实。因此,人民法院认定案件事实的关键环节在于,证明案件事实的证据是否客观、充分,是否与案件事实相关联,是否具备证据能力与证明力,而这依赖于法官对证据的审查判断。长久以来,司法上最难解决的问题之一就是裁判事实。法律要求通过司法发现事实真相,并以此来宣布确认的事实及相应的法律后果。但是事实真相并不是现成地提供给我们的。确定事实或发现事实真相是一个充满着可能出现诸多错误的困难过程。③ 海事纠纷的事实往往多发生于海上,如船舶碰撞、海上油污、养殖损害等,海事诉讼案件涉及的案件事实具有突发性、案发现场不易保留等特点。与之相应的是海事证据本身具有易变性、易失性等

---

① 卞建林:《证据法学》,中国政法大学出版社 2007 年第 2 版,第 326 页。
② 何家弘、刘品新:《证据法学》,法律出版社 2007 年版,第 380 页。
③ [美]罗斯科·庞德:《通过法律的社会控制》,沈宗灵译,商务印书馆 1984 年版,第 29 页。

特征,再加之海事电子数据作为电子技术的产物,在海事证据的基础上又增加了新的困境。当事人及有关部门更是难以固定和获取直接的证据。海事电子数据在司法诉讼过程中的审查认定更加困难。海事电子数据作为航海技术与电子技术发展的结合物,更需要用科学的方法对其关联性、真实性进行审查判断。通过科学的方法从而使法官作出理性的判断,确保法官能够准确、高效地自由裁量。所以无论多么困难,审查认定是证明案件事实所不能回避的关键步骤。这就要求审判人员应当确认当事人及其诉讼代理人等提供的证据是否属实,证据与案件事实是否存在着客观联系,各证据证明力的大小,最终依据对质证过的证据进行认证对案件事实作出符合客观实际的结论。①

总之,法官在审判实践中需要对每个具体证据进行审查判断进而对其作出认证,这一系列的活动都是围绕证据是否真实,是否可靠展开的。② 随着科学技术的发展,电子数据在某种程度上能够更好地帮助人们认识证据材料的真实性,从认识论的角度来说,人类有限的认知能力是无法完美全面地认识如此日新月异复杂多变的事物,因为自身的理性无法完全克服人类认知方面的局限。那么在审查认证电子数据的过程中就需要更加审慎的态度,综合运用科学的方法来判断。

电子数据从产生之初,人们一直都在质疑它的真实性。真实性是衡量电子数据可靠程度的一项重要指标,具体是指法律上的真实性,并非"100%属实"意义上的真实性(这种意义上的真实性在诉讼中是永远不可能实现的)。换言之,用于证明案件事实的证据应当达到法律真实的程度,若有确证证明其虚假则不得被采纳。具体到司法实践中,法庭需要评断,一方当事人所举电子数据中蕴涵的信息是否同这一方当事人所主张的收集、保全证据情形相一致,以及对方当事人关于电子数据造假的质疑是否得到确证支持。判断电子数据是否属实的方法很多,具体而言,在电子数据有审查认证过程中可以利用如下方法:

(一)逻辑分析法

"诉讼证明一方面是外在的取证、质证和认证行为,另一方面是公安司法人员内在的思辨过程。"③司法中对于案件事实的追求,如同历史学家一样"借

---

① 谢勇:《论电子数据的审查和判断》,载《法律适用》2014年第1期。

② 何家弘、刘品新:《证据法学》,法律出版社2007年版,第250页。

③ 卞建林:《证据法学》,中国政法大学出版社2014年第3版,第502页。

助于证据在想象中重建过去"。① 由于案件中的事实发生于过去不可逆的某个时空,案件事实无法完全重现事实发生的真实场景,需要法官通过归纳和演绎、分析和综合、反证和排除等方法综合审查、判断全案证据得出结果。我国《民事诉讼法》第 64 条规定:"人民法院应当按照法定程序,全面地、客观地审查核实证据。"全面地审查核实证据,亦即综合各种证据,根据证据之间的关系归纳和演绎、分析和综合、反证和排除等方法综合审查。在审查电子证据真实性时也需要这种方法。从数据产生来看,"逻辑"是电子数据的根。计算机科学就是一种数理逻辑科学,通过计算机来实现人工智能逻辑。认知哲学与计算机领域学者 Michael Bratman 提出了智能主体的模型理念,即 BDI 模型,其主体被赋予信念(belief)、愿望(desire)与意图(intension)。这种模型已被广泛应用于分布式智能系统,知识推理等诸多领域,当然,在电子数据的司法应用领域使用这一模型还是一个全新的研究课题。

(二)印证法

所谓"印证",是指两个以上的证据在所包含的事实信息方面发生了完全重合或部分交叉,使得一个证据的真实性得到其他证据的验证。② 也是审查判断证据真实性的最常用的方法。这种对比方式一般可以分为两种基本形式,一种是"横向对比判断",即对证明的同一个案件事实的不同证据或不同人提供的证据作并列的对比。另一种"纵向对比判断",对同一案件事实中的各种证据作对比。③ 一般而言,孤立的证据很难证明其自身的可靠性,而要使证据所包含的事实信息的真实性得到验证,最简单的办法就是为该证据寻找另一个独立的证据信息源,使得该证据所包含的事实能够得到其他证据的佐证,因为通过各种比对,运用上述逻辑推理,如果通过比对印证发现两个电子数据存在矛盾那么至少其中一个是不真实的。④

(三)经验法

经验法则是人类在日常生活中积累的关于事物发展和运动的客观规

---

① ［英］科林伍德:《历史的观念》,何兆武译,商务印书馆 1997 年版,第 302 页。

② 陈瑞华:《刑事证据法学》,北京大学出版社 2012 年版,第 334 页。

③ 李学军、朱梦妮:《电子数据认证问题实证研究》,载《北京社会科学》2014 年第 9 期。

④ 陈邦达:《美国科学证据采信规则的嬗变及启示》,载《比较法研究》2014 年第 3 期。

律。司法证明活动也离不开经验法则的运用。不过,需要注意的是,应当把经验法则与经验区别开来。前者是一种公共知识,而后者则通常是一种个人的体验。证明主体在司法证明过程中运用的经验法则应当是在一定范围内被普遍接受的规律。我国台湾学者陈朴生认为,"盖经验法则,系本吾人生活之经验,而为判断证据证明力之基础,且非事理所无。并在客观上应认为确实之定则,既非仅凭裁判官之知识及办案经验,亦非违背事理,或为不合理之判断,尤非单纯为裁判官之主观经验作用"①。经验法则在证据评价方面具有不可替代的作用。事物的产生、发展变化都会遵循一定的客观规律,人们在同客观事物接触过程中通过感觉器官获得关于客观事物的现象和外部联系的认识形成了感性经验。诉讼证明中的经验分为生活经验和职业经验。生活经验是公安司法人员作为自然人和公民通过生活实践获得的知识技能,而职业经验是公安司法人员通过职业实践获得的知识技能。②法官的自由裁量权也是基于长久的办案经验以及生活经验积累所形成的理性。"验证证据是否符合日常规律与习惯的方法就称之为经验法则。"而根据已知的事实和日常生活经验法则推定出的另一事实,当事人无须举证证明。法官依照是否符合日常规律与习惯的方法来认定待证事实的根据,这种规律与习惯作为一种事物的发展常态,它应具有一定的确实性与合理性,并非仅为法官的主观经验作用③。证据内容如果不符合案件事实的存在和发展规律,也不符合人们的日常生活习惯,那么固执的脱离规律而教条式的认定案件事实,则被民众戏称为"恐龙法官"。《民事诉讼法解释》第 105 条规定:"人民法院应当按照法定程序,全面、客观地审核证据,依照法律规定,运用逻辑推理和日常生活经验法则,对证据有无证明力和证明力大小进行判断,并公开判断的理由和结果。"电子数据的科学性似乎与主观经验存在冲突,但除去电子数据的科技外表,其表现出的内容与其他证据表现出的内容没有差异,在电子数据的认证过程中,经验法则仍然是一个重要的方法。

(四)科学技术法

海事电子数据是现代高科技时代的产物,对其进行审查需要很强的技

---

① 陈朴生:《刑事证据法》,台湾三民出版公司 1979 年第 3 版,第 564 页。

② 卞建林:《证据法学》,中国政法大学出版社 2014 年第 3 版,第 505 页。

③ 戴涛、薛子裔:《论民事诉讼中日常生活经验法则不当运用及程序性规制》,载《法律适用》2015 年第 1 期。

术性、专业性,这就需要应用现代(高)科技手段查明案件事实。[①] 因为面对当事人所提供的电子数据,仅凭法官的法律专业知识水平很难对其真伪情况进行判明,其自由裁量权也受到挑战。对于电子数据的审查判断需要专业知识,科学技术来进行实验、分析和论证,法官依据这些现代(高)科技手段作出合理的判断,为审判提供科学的依据。自 20 世纪 90 年代初,美国联邦犯罪调查实验室的主任共同创建了"数字取证工作组"(SWGDE),这个工作组率先提出了"计算机潜在证据"(Latent Evidence on a Computer)的概念,这个概念就是 Computer Forensics Science 的雏形。在 1991 年,国际计算机专家联盟(The International Association of Computer Investigative Specialists,简称 IACIS)首次提出计算机法庭科学(Computer Forensics Science)[②]一词,计算机法庭科学的主要目的在于处理数据证据的保留(preservation)、鉴定(identification)、萃取(extraction)与文件化(documentation),确保案件事实发生现场计算机物证的原貌与鉴定结果的完整性,使电子数据只有具备了证据能力,才会进一步涉及其证明力,并运用到法院成为审理案件的依据。

(五)自认

有学者认为自认是对电子数据进行认定的一种普遍方法,自认可以提高诉讼效率,双方律师可以就证据的真实性问题迅速达成一致。[③] 对一方当事人及其代理人提交法庭的电子数据,另一方当事人或诉讼代理人表示认可或未对其真实性问题提出异议,那么法庭对于该电子数据应予以采纳。[④]《民事诉讼法解释》第 92 条规定了民事诉讼中的自认问题,即如果一方当事人在法庭审理中,或者其他书面材料中,对于已不利的事实明确表示承认的,另一方当事人无须举证证明,法庭自然也就不需要对这些证据的真实与否进行审查

[①] 卞建林:《证据法学》,中国政法大学出版社 2014 年第 3 版,第 508 页。

[②] Computer Forensics Science 一词的翻译在我国有不同的认识,例如,将"Computer Forensics"理解为计算机取证或计算机法医学,参见麦永浩:《计算机取证与司法鉴定》,清华大学出版社 2009 年版,第 1 页;蒋平:《数字取证》,清华大学出版社 2007 年版,第 2 页;杨永川:《计算机取证》,高等教育出版社 2008 年版,第 40 页。而我国台湾地区则译为计算机鉴识,被认为是法庭科学中的一种。

[③] Alan M. Gahtan, *Electronic Evidence*, Ontario: Carswell,1999,p.159.

[④] 王敏远、祁建建:《电子数据的收集、固定和运用的程序规范问题研究》,载《法律适用》2014 年第 3 期。

了。正是由于自认的存在,双方对于出示电子数据的真实性(也包括是合法性、客观性等)表示认可,除非有相反证据反驳,那么法官就可以采信电子数据。在这里,我们还要注意到我国立法的新变化,《民事诉讼法解释》第 112 条规定:"书证在对方当事人控制之下的,承担举证证明责任的当事人可以在举证期限届满前书面申请人民法院责令对方当事人提交。申请理由成立的,人民法院应当责令对方当事人提交,因提交书证所产生的费用,由申请人负担。对方当事人无正当理由拒不提交的,人民法院可以认定申请人所主张的书证内容为真实。"这也可以认为是一种自认方式。

虽然自认在民事诉讼与刑事诉讼中的理论依据和价值基础基本相同,但是,一般认为在刑事诉讼中应实行更为严格的自认规则。[①] 在刑事诉讼中,通过庭审的自认所认定的只是证据的可采性及一定的确定性问题。[②] 因为即使双方没有对证据提出异议也不等于确实无疑。[③] 根据我国刑事诉讼法的规定,只有犯罪嫌疑人、被告人供述,没有其他证据的,不能认定被告人有罪。

三、电子数据认证的要求

电子数据的认证是法庭证据审查后的结果。诉讼中的证据认证是法官对证据是否客观真实所作出的肯定判断。诉讼中对电子数据的认证,需要经过诉讼程序的证据审查,确认该证据客观真实,能够作为该待证事实的证据。电子数据,涉及科技发展的历史,不同科技发展会引导出不同的证据形态,除了不同的证据呈现方式,对于这些证据也有不同的证据能力的要求,配合上法治国家的发展趋势,对于证据的要求更显严谨,各种的诉讼程序发展因素,需要不同时空背景的大量信息进行分析,在此基础上,才得以进行各项比较。由于电子数据的特殊性,对电子数据的认证往往需要借助一定的技术设备和条件。如果法庭对电子数据的审查需要特定的技术条件,法庭可以通过委托鉴定的方式对电子数据进行认证,可以运用推定和司法认知对某些不需要当事人证明的事实进行直接确认。

证据的证明作用主要反映为证据的真实性和关联性。证明力仅指证明作用的大小程度,而证明作用的有无则属于证据能力的范畴。证据必须同案件

---

① 张少林:《试论刑事被告人自认》,载《政治与法律》2003 年第 4 期。

② 宁松、王志华:《自认规则在刑事诉讼中的运用》,载《当代法学》2001 年第 9 期。

③ 李学军、朱梦妮:《电子数据认证问题实证研究》,载《北京社会科学》2014 年第 9 期。

事实具有关联性,并且证据自身具有合法性才能作为定案的根据,在证明案件事实过程中其证据的证明力大小则取决于真实性与充分性,电子数据亦必须经过关联性与合法性的检验,电子数据在这一点上与传统证据没有什么实质性区别。然而电子数据是否遭受过增加、删减亦会影响其证明力,基于电子数据的特殊性,在认证过程中应当对电子数据的真实性、合法性、完整性问题进行充分的审查认证。

(一)真实性要求

发现"真实"是人类认识活动的基本目标之一。而事实真相的发现对纠纷解决具有永恒的价值。[①] 但不同种类的电子数据如何在法庭中呈现其真实性一面,由于电子数据存在的特殊性,电子数据真实性的认证则有着不同于普通证据的要求。电子数据随时可以在不留下痕迹的情况下进行修改与删除,要检验其真实性比传统的证据要困难得多。

修订后的我国《刑事诉讼法》《民事诉讼法》和《行政诉讼法》增加了电子数据的规定,电子数据在诉讼中的可采性问题已经得到解决,人们的目光更多地转向了如何正确地认定电子数据是否客观真实,如何更好地运用电子数据科学地证明待证事实。审查和确认证据中的事实信息是否客观真实,其主要的依据就是反映了该事实信息生成、传输、复制等的足够的原生系统信息。电子数据中的信息是否客观真实,最简便、最可靠的方式便是运用证据及其待证事实信息生成时的原生系统信息来审查电子数据及其中的待证事实信息是否就是该待证事实留下的信息,有无修改和变异。

证据兼具真实性与非真实属性,诉讼中的证据认定应以追求真实为目标。麦考密克认为:"在提交实物证据时,为了给可采性奠定充分的基础,需要以证据证明:首先所述物品是案件事实所涉及的物品,其次物品的性状在案件事实发生之后未发生改变。"[②]《联邦证据规则》901(a)规定:为满足对证据进行验真或辨认的要求,证据提出者必须得出足以支持该证据系证据提出者所主张证据所认定的证据。[③] 基于前述,影响电子数据真实性的因素众多,电子数据的验真也

---

① 何家弘:《证据法学研究》,中国人民大学出版社 2007 年版,第 228 页。

② [美]约翰・W.斯特龙:《麦考密克论证据》,汤维建译,中国政法大学出版社 2004 年版,第 205 页。

③ 王进喜:《美国〈联邦证据规则〉(2011 年重塑版)条解》,中国法制出版社 2012 年版,第 309 页。

较一般的实物证据更为重要。验真(authentication)①根据《布莱克法律词典》的解释是指证明可能被采纳为证据某事物(如一份文件)是真实的或者真的行为。② 美国证据法将验真作为实物证据具备可采性的基本条件之一,如果实物证据未经鉴真的是不具有可采性的,在审判过程中法官可以将未经验真的实物证据排除于法庭之外。美国联邦证据规则将验真作为一个附条件相关性问题,如果证据的相关性取决于某事实是否存在时,必须提出足以支持认定该事实确实存在的证明。而就证据相关性的条件是否已经满足所进行的证明活动,也被称为为证明奠定基础。③ 也就是说"必须首先证明有关证据就是提出证据的人所主张的证据,然后才有该证据的可采性问题,这个普遍要求构成证据法的一个普遍原则被称为证明奠定基础"④。早在 20 世纪 60 年代初期,美国就已经有许多法院考虑真实性的要件,但因有的法院采取相当宽松的标准,而其他法院亦有采取较为严苛的标准。因此美国法律报告(The American Law Reports)提出电子数据真实性的标准并提出九项具体要求,如数据可靠性、数据保存或存取方式等,作为法院审理的参考。

(二)合法性要求

合法性是证据的社会属性,是指证据的取证主体、取证方法和取证程序必须符合法律的规定。我国《关于办理死刑案件审查判断证据若干问题的规定》第 29 条规定,对于电子数据应当主要审查其在收集保全直至提交法庭之前所有的程序与环节是否合法。这一条款是目前我国关于刑事诉讼中电子数据的合法性规则。这一规定不仅强调了电子数据的收集保全等程序和环节是否合法,而且对于取证人的资格以及取证过程的程序合法性作出了规定。但是,这

---

① 有学者将"authentication"译为"验真""证真""认证"。参见王进喜:《美国〈联邦证据规则〉(2011 年重塑版)条解》,中国法制出版社 2012 年版,第 311 页。本书采用"验真"这一类译法。而鉴真(authentication)一词的译法首见于[美]罗纳德·J.艾伦等:《证据法:文本、问题和案例》,张保生等译,高等教育出版社 2006 年版,第 212 页。该词是指"确认"、"证明……为真"的意思。陈瑞华教授认为"鉴真"是一种旨在鉴别证据真实性的审查方法。参见陈瑞华:《刑事证据法学》,北京大学出版社 2012 年版,第 129 页。

② *Black's Law Dictionary*,8th,Thomson West,2004,p.403.

③ [美]罗纳德·J.艾伦等:《证据法:文本、问题和案例》,张保生等译,高等教育出版社 2006 年版,第 151 页。

④ [美]罗纳德·J.艾伦等:《证据法:文本、问题和案例》,张保生等译,高等教育出版社 2006 年版,第 205 页。

一条款对电子数据的合法性的概括还很不全面,对于诸如取证时所使用的软件工具、技术侦查手段的合法性均未涉及。

从电子数据的特性出发,其合法性的认定主要是对电子数据收集与保全的主体、方法及程序等进行合法性审查。

其一,收集与保全电子数据的主体是否符合法律规定。由于电子数据具有不同于其他类型证据的特殊性,电子数据的收集主体需要一定的技术设备和专业技能:没有相应的技术和设备,很难保证所收集的电子数据及其信息的客观真实。因此,对电子数据的合法性认定的前提是审查收集电子数据的主体是否符合法律规定资格,这种资格不仅涉及是否具备法律规定的合法主体,还涉及这一主体是否具备收集电子数据的技术条件和技能。目前我国的证据立法对此没有作出明确的规定。

其二,电子数据的收集与保全是否符合法定程序。由于我国现行诉讼法及海事诉讼特别程序法尚无关于电子数据收集与保全的具体规定,而与其他证据形式相比,电子数据又具有一定的特殊性,在收集与保全程序上不能完全套用一般的证据收集和保全方法。

(三)关联性要求

关联性的认证要求对于判断电子数据的适格性具有重要意义。认定电子数据的关联性就需要审查该电子数据的存在一定要比没有该证据更能明显地证明案件事实,它是电子数据适格的基础性条件,确实有关联性的电子数据才可以认定为诉讼证据。从学理上讲,就是电子数据能够在一定程度上对证明案件事实产生实质性影响。

电子数据与案件事实之间客观存在的联系就是电子数据的关联性。詹姆斯·塞耶曾指出:"法律并没有提供对相关性的检验标准。因此,相关性检验不言而喻地要依靠逻辑和一般经验——假定相关性的裁判者和执行者都知道这些推理规则,正如我们假定他们完全知道的其他很多事一样。"[1]在司法证明活动中,要求电子数据对案件事实必须具有实质性证明意义,作为电子数据进入诉讼的第一道"门槛",电子数据与案件事实之间必须在逻辑上具有证明关系。[2] 客观事物之间的联系是普遍存在的,甚至在人与人之间通过很少的

---

[1]　[美]罗纳德·J.艾伦等:《证据法:文本、问题和案例》,张保生等译,高等教育出版社 2006 年版,第 139 页。

[2]　何家弘:《刑事审判认证指南》,法律出版社 2002 年版,第 14 页。

中间人就能建立起联系,形成六度空间。所以说任何两个事物之间都可以找到某种联系。但是,证据法上的关联性与上述哲学意义上的普遍联系是有区别的,哲学意义上的普遍联系原理不能作为在诉讼活动中采纳证据的基础。证据的关联性必须是对案件事实具有实质性证明意义的关联性,必须在逻辑上具有证明关系。

(四)完整性要求

完整性是审查电子数据证明力的一个特殊指标,传统证据(书证除外)很少使用这一标准。在联合国国际贸法会《电子商业示范法》,此后加拿大《1998年统一电子证据法》、菲律宾《电子证据规则》与印度《1999年信息技术法》都使用了这一术语。电子数据的完整性要求包括电子数据本身的完整性和电子数据所依赖的计算机等系统的完整性两个方面。

作为电子数据本身意义上的完整性,它是构成电子数据原件的一个要素;作为计算机等系统意义上的完整性,也称为电子系统的完整性,是审查认定电子数据的重要方面。对电子数据完整性的审查主要审查电子数据是否遭受了非必要的添加或删减。这种审查对电子数据来说具有基础性的意义,不完整的电子数据其真实性也会被动摇。对于电子数据完整性的审查认定常常需要存在着一个已知的电子数据原件样本,通过比对的方法来实现;或者当事人之间事先约定或者在无利害关系人处保存的完整性的验证数据,如电子数据的哈希检验值,通过这些来实现电子数据完整性核验。

作为审查认定电子数据一个特殊指标,完整性主要是指电子数据是否受到了不必要的添加或删减,即在法庭上是否得到了完整的出示。由于电子数据是各种电子系统运行的结果,往往是数据电文、附属信息证据与关联痕迹证据融合在一个载体中,因此电子数据的完整性与其所依赖系统的完整性密不可分。从这个意义上讲,判断电子数据的完整性不仅要通过鉴定等技术手段分析其是否属于碎片文件、片段文件,更要通过审查电子系统的运行状况、业务流程及保管情况得出结论。

四、电子数据认证的标准

由于电子数据具有抽象性,不通过特定的程序和设备不能为人所直接感知。我国《民事诉讼法》第71条规定:"人民法院对视听资料,应当辨别真伪,并结合本案的其他证据,审查确定能否作为认定事实的根据。"我国《刑事诉讼法》第 54 条、第 55 条、第 56 条也规定了刑事诉讼中证据的合法性与真实性的认定问题。法律规定,法院应当对电子数据进行审查认定,诉讼中运用电子数据裁决案件应该达到什么样的标准在不同的诉讼中要求是不同的。

如前文所述,证据的真实性是证据的证明价值的重要因素,尤其是对于电子数据来说,其证明价值的认定更离不开真实性的认定。因为自从电子数据产生之初,由于其虚拟性导致人们一直对其真实性保持着高度怀疑的态度。真实性认定是一个贯穿整个电子数据的认证活动,甚至可以说是电子数据认证活动的中心内容。根据发现真实必要与否,一般将诉讼证明活动分为两种类型:一是真实非必要型,二是真实必要型。在真实非必要型中,裁判仍然是以发现事实为基础,但该事实却没有必要一定是纠纷事实的反映。在民事诉讼中,是否有必要查明纠纷事实的真实情况完全取决于当事人的选择,国家公权力最大限度地尊重当事人自由处分自己权利的自律性。[①] 因此,在民事诉讼中,发现纠纷事实真相并不是诉讼证明的必然要求。而在真实必要型中,裁判所依据的事实应当是原始纠纷事实的反映。例如在刑事诉讼中,由于罪责自负的要求,刑事诉讼证明中重现被告人的原始犯罪行为是惩罚的必要条件和前提。[②]

(一)刑事诉讼中电子数据认定的一般标准

在刑事诉讼中,真实性与正当性的在关系非常复杂,重现原始纠纷的事实理所应当处于支配地位,但受到社会因素和人类认识能力的局限性,导致在证明过程中的正当性要求在一定程度上阻碍了原始纠纷事实的重现,所以在诉讼中必须对这些冲突着的诉讼价值进行选择。美国证据法针对不同的待证事实,确定了多个等级的证明标准,刑事案件的说服责任则比民事案件为重,必须达到"排除一切合理怀疑的确信程度"。这个标准基本上相当于达到 95%以上的可信度,属于检察机关证明被告人构成犯罪的证明标准,若仍"有合理怀疑"时,即表示该项事实尚未完成举证责任。

刑事诉讼要求法院"忠于事实真相",不受被告人供述和其他当事人陈述的拘束,在国家追诉原则下刑事诉讼的证明以实质真实为原则。但是,在诉讼中电子数据的真实性均包含形式真实与实质真实两层意义。电子数据的形式真实与实质真实对审查认定有着直接的影响。形式真实即通过"物化"后表明

---

① [日]谷口平安:《程序的正义与诉讼》,王亚新、刘荣军译,中国政法大学出版社 1996 年版,第 109 页。

② 何家弘:《证据法学研究》,中国人民大学出版社 2007 年版,第 228~229 页。

电子数据本身是真实的作为证据的电子数据和信息是以电子代码的形式存贮在各类介质中的,输出的文件资料中的数据和信息,都是以不可直接阅读的形式出现的。而且,审查认定电子数据的真伪,用传统证据一般的方法是不能实现的,需要使用专门的电子仪器、设备通过特定的程序才能进行。缺少必要的技术与设备,无论多么真实可靠的内容,也只能停留在各类存贮介质中,人们无法使用感觉器官来认知,当然更不会出现在法庭上供法官作为证据使用。在使用电子数据时需要对电子数进行物化转换,这是物化转换电子数据的一个重要特点。"物化"后的电子数据具有形式上的证据效力。具有形式真实的电子数据并不意味着也具备实质真实,还要求形式真实的电子数据所表达的内容能够起到证明作用,这样的电子数据才具有实质上的证据效力。

为了达到刑事诉讼中所要求的证明标准,我国《关于办理死刑案件审查判断证据若干问题的规定》第 29 条对于电子数据的审查内容与程序作出规定。2009 年 1 月台湾地区智慧财产法院审理一起违反著作权法案件时认为,存在被侵权的影片系被告所制作,并放置于计算机服务器中供人下载观赏,抑或系由他人利用店内网络下载后暂存于计算机中两种可能性。法官最终"在参酌被告自身学习经历背景及年纪等因素下,益见堪疑之处。而'罪嫌有疑,利归被告',乃刑事法学重要原则,本件既查无其他积极证据足认被告等涉有前开犯行,自属不能证明被告犯罪"[①]。

(二)民事诉讼中电子数据认定的一般标准

民事诉讼与刑事诉讼的证明程度有明确的差异,在民事诉讼中,一般只要求为"证据优势的证明"(proof by a preponderance of evidence),被用来作为

---

① 2009 年 1 月台湾地区智慧财产法院审理一起违反著作权法案件时认为,被告所经营的某网吧并未设置任何禁止他人删改画面或下载影片之机制,存在被侵权的影片系被告所制作,并放置计算机服务器中供人下载观赏,抑或系由他人利用店内网络下载后暂存于计算机中两种可能性。而依证人证言,本案被告并不懂计算机,无法自行维修或灌录计算机软件且学历仅小学三年级程度,已年逾七旬,有无能力自己制作录像片或自行上网下载影片,甚或明知并委托他人为店内计算机存放录像片以供他人观赏,存在疑问。同时法官还认为原告提供证据仅能证明告诉人迪斯尼等八家公司确为系争著作的权利人,以及被告所经营之系争网吧内确有告诉人所有的电影影片,但不能因此证明上述侵权影片系被告所重制并公开传输,或被告明知、可得而知其店内计算机中有上开影片进而非法公开传输。参见台湾智慧财产法院刑事判决,97 年度刑智上更(一)字第 14 号。

被告方证明积极抗辩事由的证明标准相当于达到 50％以上的可信度即可。①

在"证据优势的证明"标准下,裁决仍然是以事实为基础的,但该事实却没有必要一定是纠纷事实的反映。在民事诉讼证明中,是否有必要查明事实真相完全取决于当事人的选择。因此,在民事诉讼中除非双方当事人以自己的诉讼行为表现出对原始纠纷事实的刻意追求,发现纠纷事实的真相并非诉讼证明的必然要求,由于仅仅涉及当事人双方的民事利益,为了尊重控辩双方的自由选择权形成了当事人处分原则。与民事诉讼的当事人处分主义相对应,民事诉讼的证明是以形式真实为原则的,这一原则下并不要求法院负有查明事实真相的责任。因此,民事诉讼中判断电子数据真实性的"证据优势的证明"标准是:在民事案件中,电子数据为真实的可能性明显大于其不真实的可能性,则可以认定该证据是真实的。

第二节　海事电子数据的认证

审判是一个综合的价值体系,案件的裁决需要发现真实,但纯粹的追求真实这一目标可能会导致诉讼效率的降低,司法资源的浪费。发现真实不是法律价值的全部,过分地追求真实甚至会损害司法的权威。② 海事电子数据作为一种特殊的电子数据,在海事诉讼中它不仅需要按一般电子数据一样进行审查认证,同时,由于其产生的环境、特殊的专业技术性等特点,对待海事电子数据的认证问题研究,不仅能深化电子数据认证问题的认识,更为海事司法实践提供理论支持。

一、海事电子数据认证的内容

在海事案件审判过程中涉及电子数据问题时,困扰审判实务的最大问题莫过于紧密围绕"真实性"的海事电子数据的认证问题。海事电子数据的真实

---

① ［美］戴尔卡门:《美国刑事诉讼——法律和实践》,张鸿巍等译,武汉大学出版社 2006 年版,第 539 页。

② 陈盛、纵博:《瑕疵证据规定的法律解释分析——以〈刑事诉讼法〉第 54 条为对象》,载《法律方法》2014 年第 1 期。

性在诉讼中体现为如何或以什么方式审查海事电子数据真实性的问题。海事诉讼中需要认定的电子数据可能并不是完全真实的,在海事电子数据可能并非完全真实的情况下,如何通过正当的法律程序,依据证据规则而运作、协调与沟通以及法律论证,达到证据认定的可接受性,这是海事电子数据真实性的实质问题。海事电子数据的认证,可从三个方面进行衡量:一是海事电子数据的内容识别,二是海事电子数据的可靠性审查,三是海事电子数据的证据链条审查。

(一)海事电子数据信息的识别

海事电子数据信息识别,是指证据证明主体以认定待证事实为识别目标,运用海事技术、计算机、网络等相关技术设备及识别经验对海事电子数据中信息的客观真实性进行辨认与甄别。确认其与待证事实的关系,能否被用来证明该待证事实。因此,对海事电子数据信息载体中的信息识别,其对象包括待证事实留下的事实信息和可以说明这些信息客观真实的系统信息。其主要工作是对海事电子数据进行深层次解读从而得到证据事实的过程。依据证据法理论,证据之所以是证明待证事实的根据,其根本原因就是证据中蕴含有能够用以证明待证事实的事实信息。所以,在海事电子数据的认证过程中,在初步审查电子数据信息载体之后,就是进一步解读和分析该证据所蕴含的待证事实的事实信息,正确地判断该信息就是待证事实留下来、而为该信息载体存储起来的信息。

1.海事电子数据信息识别的对象

首先是识别海事电子数据的待证事实信息。海事电子数据待证事实信息中蕴含着待证事实发生或者存在时留下因而能够证明待证事实的信息。由于这些事实信息就是待证事实自身留下的客观真实的信息,因而能够通过对这些信息认识并说明该待证事实。航海仪器哪些信息是待证事实留下的事实信息,哪些被海事电子数据这一信息载体存储下来,这些信息是否被修改、有无衰减等等,都需要认真加以识别。通过认真的分析和鉴别,才能发现那些待证事实留下的事实信息,蕴含这些信息的信息载体才能够被用来证明待证事实。

其次是识别海事电子数据的验证信息。海事电子数据验证信息中蕴含的待证事实信息的客观真实性与合法性的信息。海事电子数据的验证信息的主要功能在于能够证明海事电子数据及其中蕴含的待证事实信息的产生、存储等是否客观真实、其收集是否符合法定程序。对海事电子数据验证信息的识别,主要目的是发现和收集能够证明海事电子数据及其中的待证事实信息是否客观真实、收集是否合法的信息。

2.海事电子数据信息识别的要求

(1)主体专业性要求

识别海事电子数据中的信息,需要一定的专业技术设备和专业技术技能。为此,应当由具有相应专业知识和技能的专家、专门机构作为海事电子数据信息的识别主体。要求识别的主体具有中立性。信息识别人员对证据进行识别并得出识别结论的过程就是运用专门的电子技术和相关技能对海事电子数据里蕴含的信息进行检验、鉴别和判断,并在此基础上提出自己意见的过程。因此,信息识别人员应当是与纠纷及其当事人没有利害关系的机构或者个人。

(2)技术方面的要求

应当采用经过技术验证的科学方法。对海事电子数据中信息的识别,尤其是对是否经过修改的识别,需要可靠、先进的技术条件。海事电子数据是以二进制编码表示、以数字信号方式存在的海事电子数据信息的载体。由于海事电子数据中的数字信号是由一系列的二进制数码构成的,具有非连续性的特征,通过技术手段很容易对这些数据进行修改、删除。因此,能否正确识别海事电子数据中的信息,必须采用经科学验证后的识别技术。必须严格遵循信息识别的技术规范。由于海事电子数据的信息存储方式所具有的特殊性,要正确识别证据中的电子信息,必须严格遵守科学规律和技术规范。遵守科学技术规范,这是正确识别海事电子数据中事实信息以及验证信息的必要条件。

(3)程序方面的要求

除了遵守技术规范外,识别海事电子数据中的电子信息还必须严格遵循信息识别程序。由于海事电子数据不同于其他形式证据的特殊性,正确识别海事电子数据中的信息,还应当遵循海事电子信息识别程序。也就是说要围绕海事待证事实寻找能够证明该待证事实的海事电子信息。为了确认该电子信息就是待证事实留下的海事电子数据,必须发现和识别能够证明其客观真实的海事电子数据验证信息,以便通过验证信息确定待证事实信息的客观性及其载体的客观性。将海事电子数据中的信息按一定的要素进行分类,并将海事电子数据信息与案件事实的因素一一对应,审查是否能够基于海事电子数据中的事实信息形成可以用来证明既往事件和行为的证据事实,通过证据事实去推论该待证事实是否真实。

(二)海事电子数据的可靠性审查

1.航海仪器载体可靠性

海事电子数据是承载航海信息的物质载体。但是,航海信息的原始载体并不一定是唯一的。不同的载体完全可以通过技术手段获取相同的信息。因此,在认定航海信息载体是否具有客观性时要注意以下几点:首先,将航海信息初始载体与收集保全后的载体相对比,检验外观是否损坏,存储单元有无破坏,是否包含完整的信息,信息是否遗失、篡改,收集保全环境是否合法等,以此来认定航海信息载体。其次,由于海事电子数据的特殊性,常常会有航海信息的原始载体不方便运用于诉讼证明活动的情况,需要将从原始载体中获取的信息复制到一个便于证明活动进行的载体中。但是,事实认定者必须注意,复制相关数据再转存到另一便利的载体之中是否会有信息发生毁损或者修改。对此,应当注意采用不会发生信息变异的复制方式。由于海事电子数据依存于某一物质载体,因此对海事电子数据的真实可靠性进行审查,就是对这一载体的审查。可以用来存储海事电子数据的待证事实及其他有关信息的物质载体,包括船载计算机系统、GPS、AIS、VTS、雷达等仪器的电磁存储器、光介质、打印输出物、电子芯片等,也包括由专业电子数据取证工具得到的海事电子数据复制件。利用专业电子数据收集工具可确保被提取的数据位对位(Bit-to-Bit)地被精确复制,整个复制过程中应当对被复制的原始数据采取技术保护措施,防止在复制的过程中损坏被复制的数据,甚至在复制的过程中将某些数据写入被复制的电子数据中。

1996年,联合国国际贸易法委员会在《电子商务模范法》(UNCITRAL Model Law on Electronic Commerce)第9条第2款中对电子数据的证据资格,即建立一项指导性的原则作了规定,即在评估电子数据时,应考虑到电子数据的产生、储存或传递的技术办法的可靠性,通过保护信息完整性、可靠性,用以鉴别发端人的电子数据。在这一原则中特别强调了对"产生可靠性""储存可靠性""传递可靠性""保存方法可靠性"进行严格审查。这几项审查聚焦的重点,均与计算机设备有关。此指导性的原则可作为法院认定电子数据资格的参考,对于欠缺可靠性海事仪器设备所产生的电子数据,不宜径行赋予其证据资格。①

---

① 《联合国国际贸易法委员会·电子商务模范法》,http://www.jus.uio.no/lm/un.e-lectronic.commerce.model.law,下载日期:2020年4月12日。

2.海事电子数据中事实信息客观性的认定

审查海事电子数据中事实信息是否客观真实一般有两种情况：第一，对于经过前述证据保全机构保全的海事电子数据，由于这些证据及其中的事实信息都通过专门机构的审查与固定，如果没有相反证据证明保全机构的认定有误，则可认定为该证据及其信息客观真实，能够作为证据证明待证事实。第二，对于未经保全的海事电子数据，其证据中的事实信息是否客观真实，则需要通过对这些证据中承载的验证信息进行识别和分析然后加以确认。

如何通过证据的验证信息查明证据的客观真实性呢？首先，应当对海事电子数据待证事实信息和对应验证信息进行审查和比对，检验待证事实信息与验证信息的内容是否冲突，验证信息是否足以认定待证事实信息的客观真实；其次，应当对海事电子数据的相关验证信息进行逐个审查，确认证据生成时间、方式等验证信息是否有误，这些验证信息是否足以反映海事电子数据及其信息的客观真实性；最后，根据记录验证信息的相关文件所载明的收集保全措施和程序等信息，审查确认得到的海事电子数据及其事实信息是否客观真实。

本研究认为，虽然海事电子数据与实物证据存在巨大的差异，但电子数据的存在往往依赖于有形的物质，或者说人们只能通过有形物质的载体才能感受到电子数据所承载的信息。如果不能确认这一载体的客观可靠性、完整性等，对这些载体中待证事实信息以及其他信息进行识别和解读也就失去了客观基础。这是因为，海事电子数据信息的物质载体如果并非原始载体，或者已经被修改、损坏，其中存储的待证事实信息就有可能发生变异。一旦待证事实留下的事实信息不再客观真实，这一信息也就不能被用来证明待证事实。1999 年英国提出了计算机司法检验的四项原则来确保电子数据的可靠性，一是任何处理行为均不更改被检验介质上的数据；二是具备相应的处理能力访问者才能接触原始介质，同时要评估其接触行为是否必要，分析接触处理过程中可能会对电子数据造成的后果；三是对电子数据处理的整个过程要完整记录，无利害关系的第三方可以根据记录重复检验，并且这些处理过程应当产生相同的结果；四是电子数据介质处理人及相关负责人必须严格遵守相关法律和以上原则，以备合法性的检查。

(三)海事电子数据保管链条完整性审查

从实务中看，"证据完整"通常就是包括海事电子数据在内的一组证据是否足以证明某一案件事实或情节的存在或者不存在，以及包括电子数据在内的全部证据的证明价值是否足以证明全案事实。海事电子数据保管链条的完整性是就案件中海事电子数据在收集保全、举证、质证等一系列环节中始终完整有效的保管,是证据完整性的一部分。海事电子数据保管链是证明证据可靠性、完整性的重要方法。海事电子数据保管链不完整,证据的真实性得不到确认,将会被认定与案件无关,并因此被排除在认定案件事实的证据之外。[①]具体而言,海事电子数据保管链条的审查,包括海事电子数据被提取之后直到法庭出示的整个期间,在此期间任何持有、接触、保管过海事电子数据的人,都要对海事电子数据的真实性和同一性作出保证,以便证明海事电子数据在此期间得到了妥善的保管,海事电子数据的真实性不容置疑。保管链条对于海事电子数据的状态具有非常重要的意义。因此海事电子数据的稀缺性及易被伪造、变造等特点决定了海事电子数据唯有经过每一保管链条完整性证明,才能确保这些电子数据就是事实发生时就具有的数据状态。通过海事电子数据保管链条的完整性来说明其在接受检验、鉴定直至当庭出示时没有发生任何变化。否则将被视为"保管链条的中断"。虽然这种"保管链条的中断"并不必然导致物证可采性的丧失,也不一定对整个证据的证明链条产生影响,但"保管链条的中断"属于电子数据真实性环节上的缺陷,当事人可据此对"保管链条的中断"的海事电子数据的可采性提出合理的质疑。[②]

二、海事电子数据鉴定的认证

所谓的"鉴定"是使有特别知识经验的第三人就某事项陈述其判断的意见。而鉴定人系指基于其专门的知识,根据当事人的申请或人民法院指定,辅助解决诉讼中专门性知识的人。海事电子数据信息的技术鉴定涉及鉴定意见与专家辅助人两个问题。在证据方法中,大陆法系使用的是"鉴定意见",在英美法系使用的是"专家证言"。英美法国家中的专家证言,有时也称作专家证

---

① 杜国栋:《论证据的完整性》,中国政法大学出版社 2012 年版,第 54~172 页。

② 在 2008 年广东中凯文化发展有限公司诉中国电信股份有限公司侵犯信息网络传播权纠纷一案中,法院认为(2006)郑证经字第 6448 号公证书记载的公证地点、操作人员使用的电脑、电脑与互联网的连接状态、电脑硬盘中是否有预存内容、数据刻录光盘等均未明确记载,而对方提出通过技术手段完全可以制作出与公证书内容一致的公证结果。虽然公证书具有优先于其他证据的证明力,但法院认为该公证书足以被相反证据所推翻,法院对于公证的电子数据不予采信。参见"广东中凯文化发展有限公司诉中国电信股份有限公司侵犯信息网络传播权纠纷案",西民初字〔2008〕第 11348 号。

据。两者所依据的证据法原理不同，自然没有什么可比性，本书也无意对两者进行深度的研究，在此仅从我国诉讼法的相关规定出发，研究对于海事电子数据鉴定的认证问题。

经过质证的鉴定意见，法院审查认证后会成为判定的依据。但是，也不代表电子数据的提出就一定需要经过鉴定人员的鉴定程序。许多电子数据是由当事人所提供的。也有许多数据证据是由第三人所提出的，在当事人提出电子数据，时常会遭到他造当事人的质疑，认为电子数据具有易遭篡改性，其所提出的电子数据的证据能力（形式证据力）颇堪质疑。至于第三人提出的电子数据，虽然仍会受到真实性、传闻证据的质疑，但是因为第三人通常与当事人之间并无利害关系，故只有符合商业日常业务运作所产生的电子数据，通常也较少受到过度的质疑。总之，鉴定程序并非必然要实行的诉讼程序，只要电子数据的收集与提出能够有足够的事证足兹证明其具有证据能力（形式证据力），或者是当事人并不质疑的，则依旧可以采为法庭上认定事实、适用法律的基础。通过专业鉴定人员的采证，只是作为佐证、强化电子数据具有证据能力（形式证据力）的方式之一。

（一）海事电子数据的专业技术鉴定

学界很少有人将"法庭科学规则"单独作为一种证明手段来看待，一般是将其纳入经验法则来展开讨论。比如，德国学者就将专业知识归结为经验法则。[1] 陈朴生也认为法庭科学规则为"特别经验法则"，即具有特别知识或经验者所得知之事实。[2] 然而，随着科学技术在人类司法证明活动中的作用日益广泛，将法庭科学规则列为一种独立的证明手段是很有必要的。法庭科学规则在确定性上与一般经验法则有着显著的区别。很多现有的法庭科学规则都是从经验的基础上经过提升而得到的。人类社会早期的"滴血认亲"等同一认定主要依靠经验，而今，科学鉴定等现代科技手段则将司法证明的可靠性提高到一个前所未有的阶段。达马斯卡甚至预言："毫无疑问：科学将会稳步地将经验常识从各种认识机制中的特权地位上排挤出去——正是通过这些认识

---

[1]　［德］奥特马·尧厄尼希：《民事诉讼法》，周翠译，法律出版社2003年版，第265页。

[2]　陈朴生：《刑事证据法》，台湾三民出版公司1979年第3版，第192页。

机制,我们才能够理解我们所处的生活世界。"①"法庭科学规则"实际上就是有关的物证技术、法医学等科学原理。这些原理是在运用科学知识和总结实践经验的基础上形成的。尽管科学在不断发展,任何理论都不能穷尽对世界的认识,但是,法庭科学规则在其被推翻之前,通常可以被作为确定性证明的依据。目前有的国内证据法学教材已经将科技与逻辑、经验、实验相并列,作为四大证明方法类型。②

海事电子数据信息的鉴定,是技术鉴定机构运用专门的设备和技术方法审查海事电子数据中的信息是否客观真实。鉴定机构的海事电子数据信息鉴定不同于前述海事电子数据信息的审查。这种鉴定具有专业性和技术性,因而对于正确地运用证据证明待证事实,尤其在司法证明活动中证明争议事实具有重要意义。它是具有鉴定资质的鉴定机构依照法律规定,运用专门设备和技术,对发生争议的海事电子数据事实信息和验证信息进行检验、鉴别和判断的一种专门活动。由于海事电子数据不过是电子信息的物质载体,因而海事电子数据的鉴定主要就是对海事电子数据中存储的事实信息和相关的验证信息的鉴定。通过鉴定的方法审查确认海事电子数据信息,这是诉讼中运用海事电子数据证明待证事实的一种极其重要的方法。在诉讼证明中,司法机关或者诉讼当事人,为了准确查明海事电子数据信息,可以委托鉴定机构对海事电子数据信息进行科学鉴定。

1.鉴定主体

由于海事电子数据的特殊性,其科技的复杂程度较高。如果没有相应的信息技术设备以及专业技术人才,海事电子数据中的信息一般很难被发现和准确提取。因此,海事电子数据信息的鉴定只能由专门的电子信息鉴定和航海技术专家共同鉴定。基于海事电子数据自身技术性的特点,关于海事电子数据及其信息的鉴定,既要对承载事实信息的物质载体加以鉴定,也要对该海事电子数据蕴含的事实信息及其验证信息加以科学鉴定。海事电子数据的鉴定需要应用专门的设备,需要特定的科学技术,如数据恢复技术、密码破解技术等。

海事电子数据的鉴定具有自己独有的特殊性。因而,应当建立独立的海事电子数据信息鉴定资质认证体系,完善海事电子数据鉴定的机制、程序。只

---

① [美]米尔吉安·R.达马斯卡:《比较法视野中的证据制度》,吴宏耀、魏晓娜译,人民公安大学出版社 2006 年版,第 44 页。

② 卞建林:《证据法学》,中国政法大学出版社 2014 年第 3 版,第 501~511 页。

有较为完善的海事电子数据鉴定体系的建立,人们才能较好地认识和认定海事电子数据,也才能较好地运用海事电子数据去证明待证事实。

2.鉴定流程

鉴定海事电子数据所要遵循的一定的方法和步骤,即应当遵循的必要的程序规范。参考电子数据鉴定实务中已有的规则和规定,应建立委托——受理——出具意见的海事电子数据鉴定流程。

委托。当事人申请鉴定或公安司法机关依职权委托鉴定,应当向海事电子数据鉴定机构提交下列材料:《海事电子数据鉴定委托书》、证明委托鉴定人身份的有效证件、委托鉴定的海事电子数据、鉴定人要求提供的与鉴定有关的其他材料。提出复核鉴定或者重新鉴定的,应当附带原鉴定书。委托鉴定的存储媒介应当是作为最优海事电子数据的原始存储媒介或司法鉴定复制件的工作副本。①

受理。海事电子数据鉴定机构可以受理公民及有关机关和组织的委托,对海事电子数据及其信息进行科学鉴定。海事电子数据鉴定机构接到鉴定委托时,应当审查以下内容:委托主体和有关手续是否符合要求;提交鉴定的海事电子数据有无鉴定条件;海事电子数据的名称、数量;海事电子数据鉴定机构经过审查,分别作出接受委托、修改鉴定要求、补送材料或者不予受理的决定。

出具鉴定意见。鉴定单位应当制作《海事电子数据鉴定书》,鉴定书一式三份,一份交委托鉴定人,另两份存档。海事电子数据鉴定能够作出明确结论的,《海事电子数据鉴书》应当写明鉴定意见。《海事电子数据鉴定书》应当包含以下内容:委托人、受理单位、鉴定时间、案由、鉴定要求、论证报告、鉴定意见、《受理鉴定检材清单》、《提取海事电子数据清单》、鉴定过程中生成的照片、文档、图表等其他材料。论证报告应当解释形成鉴定意见、鉴定意见的依据。经鉴定的海事电子数据可以作为证据使用。当事人对鉴定意见存在争议的,可在法律规定的期限内申请重新鉴定。

---

① 在美国计算机司法鉴定程序中被称为司法鉴定复制件,包括司法鉴定复制件、合格的司法鉴定复制件、被恢复的映像和镜像。司法鉴定复制件可视为原始证据或最优证据。参见 Kevin Mandia、Chris:《应急响应 & 计算机司法鉴定》,汪青青等译,清华大学出版社 2004 年版,第 123~124 页。

(二)海事电子数据鉴定意见认证[①]

鉴定意见能否作为定案的根据,需要经过当事人的质证,我国诉讼法规定当事人可以申请有专门知识的人出庭,代表当事人对鉴定意见进行质证,经过质证的鉴定意见被采纳成为认定案件事实的根据。这些规定说到底主要是对证据的采纳或排除问题。[②] 认证程序是质证程序的后续程序,也是决定鉴定意见是否发挥证明作用的关键性程序。如何保障法官采纳可靠的鉴定意见,防止或排除虚假鉴定意见被采纳,使其采纳的鉴定意见具有可预测性,建立认证程序规则是必要的。

鉴定人一般被视为法官的"助手",法官借助于鉴定人专门知识内在涵摄和鉴定人意见的外在形式"掩饰其常识的缺陷"或"弥补其知识的不足"。虽然法律是将鉴定作为一种证据方法,基于对鉴定意见的依赖性和科学知识的崇拜,在实践中法官与当事人较少对其予以重新审视,特别是法官依职权启动鉴定程序而形成的鉴定意见,其证据能力与证明力往往会一起认证,形成了证据能力与证明力并合的认证模式。随着大陆法国家诉讼制度的改革和诉讼理念的变化,我国《民事诉讼法》第 133 条、《刑事诉讼法》第 182 条第 2 款都规定了庭前程序。[③] 诉讼程序逐渐分化为审前准备程序和庭审程序。那么鉴定意见的证据能力一般都会在审前准备程序阶段予以形式判断,但仍不能排除在审判程序中鉴定意见对证据能力作为认证的事项。在庭前程序中,法官作为事

---

① 鉴定意见认证的范围是否包括其证明力问题在理论界存在分歧。鉴定意见认证不同于证明,因为证明活动是当事人(控辩)双方的事情。那么,它是否与审查判断证据相同存在分歧,对于证据审查判断包括对个别证据的审查判断,也包括对所有证据的审查判断。那么对于鉴定意见是否与其他证据的认证一样,不仅是对鉴定意见单一证据的认定,还是对鉴定意见与整个案件其他证据的综合认定。这一问题在实践中也是混乱不清的。如四川省高级人民法院曾规定:"鉴定人无正当理由拒不到庭作证的,对其所作的鉴定结论,人民法院应当综合全案确定该鉴定结论的证据效力,或者决定对该鉴定事项进行重新鉴定。"之所以出现将证据的审查判断等同于认证,是因为证据能力与证明力相互交融,并非像理论上说得如此清楚。但是,证据能力与证明力毕竟存在不同,其认证也应当存在一定的区别。鉴于此,本研究对鉴定意见的认证采用广义的概念,包括鉴定意见的证据能力和证明力。

② Peter Murphy, *A Practical Approach to Evidenc*, Blackstone Press Limited, 1992,p.1.

③ 卞建林:《中华人民共和国刑事诉讼法最新解读》,中国人民公安大学出版社 2012 年版,第 229 页。

实认定者会通过询问证人或者与律师的交叉询问,提前对双方的争点有所掌握,尤其是对鉴定意见这样的专业性的证据材料的提前掌握会在某种程度上减少对专家的不当依赖。[①]

海事电子数据技术鉴定的目的是避免人员在海事仪器设备遭遇外来攻击或恶意的船员的破坏、窃取或篡改海事电子仪器数据。因为欠缺海事电子数据技术鉴识的基本观念、训练与技术,未能遵循证物处理程序,导致所得的证据遭到破坏、改变,而不具有证据能力,承审法官不愿将采集到的海事电子数据作为认定事实的依据,可能面临无法补救的困境。换言之,通过海事电子数据技术鉴识可以在海事诉讼过程中,确保海事电子数据的不可变更性、可信赖性与完整性,使海事电子数据具有证据能力而能采为呈堂证据。

在海事诉讼中当事人为了证明案件事实而向事实认定者提交相关证据,必须首先向事实认定者证明,其提交的证据就是其打算提交给法庭的证据,亦即与诉争的案件事实相关的那件证据。从证据载体方面来说,海事电子数据主要有 GPS 数据、AIS 数据、VTS 记录、海事卫星通信记录等证据形式;从海事电子数据信息的内容上来看,海事电子数据主要是那些记载于相关船舶航行中的电子数据信息。这些电子数据信息相对于传统的书证、物证、视听资料而言在记载的信息容量等方面具有明显的综合性。海事电子数据的鉴定意见能否被采纳,还需要法官根据实际情况作出裁决,例如上海海事大学出具的《"威尼斯桥"轮和"浙岱渔 15366"轮船舶碰撞案相关的 AIS 数据和航海技术分析报告》,拟证明"威尼斯桥"轮锚泊之处经常有商船锚泊,并非船舶习惯航路,具有足够水域供商船和渔船安全航行,而事故当时"浙岱渔 15366"轮没有任何减速或改向迹象,直至碰撞发生。但二审法院认为,格德公司提供的上海海事大学分析报告,尚不足以推翻《水上交通事故调查报告》认定的事实。综上所述,原判以该调查报告查明的碰撞事实及原因、综合事故水域通航状况等因素,认定"威尼斯桥"轮与"浙岱渔 15366"轮对碰撞事故的发生均有过失。[②]

---

① [澳]布鲁斯·托马斯·兰德尔:《澳大利亚联邦法院对专家证据的采纳》,汪诸豪译,载《证据科学》2014 年第 5 期。

② 《格某船务有限公司与叶某定、岱山珂某人渔业专业合作社船舶碰撞损害责任纠纷二审民事判决书》,浙海终字〔2014〕第 41 号。

第三节 海事电子数据的认证规则

处理海事电子数据的人必须认识到,海事电子数据除了需要与案件相关,还必须满足公认的确定标准。为了帮助评估证据,美国联邦证据条例(US Federal Rules of Evidence)、英国警察与罪犯证据法(UK Police and Criminal Evidence Act,简称 PEAC)和民事证据法(Civil Evidence Act),以及其他国家建立了对电子数据的审查认定规则,以便在诉讼过程中确定是否如电子数据的提出者所声称的那样,电子数据是否是传闻证据,电子数据原始证据的认定以及其复制件是否充足。法庭还必须考虑许多其他的问题,以便确定证据是否是可接纳的,如果从一开始就没有考虑到这些问题,就有可能导致证据被剔除,从而可能导致在诉讼中的失败。"电子证据在司法证明中的运用主要涉及可采性与证明力两个问题。"[①]海事电子数据在这一点上与传统证据没有什么实质性区别。然而,海事电子数据因其独特的存在及表现形式,其是否遭受过增加、删减亦会影响其证明力,因此可靠性与完整性也是衡量其证明力大小的重要因素。为此,本研究专门针对海事电子数据的特性,将其在司法应用中的独特性规则进行分析。

一、海事电子数据的可采性规则

在 19 世纪,美国著名证据法学家塞耶开创了以证据的可采性为中心的证据法时代。"证据的可采性又称证据的许容性,是证据规则的核心问题。"[②]海事电子数据是否具有可采性,关系到证据能否进入听审、审讯或其他程序。只有通过法官这道门槛,证据才涉及证明力的问题,所以可采性是认定证据证明力大小的先决条件。对于海事电子数据而言,根据电子数据本身的科技属性以及航海领域的专业属性,其通过法官这道门槛的规则主要有"传闻证据规则"与"最佳证据规则"等规则。

---

① 刘品新:《网络时代刑事司法理念与制度的创新》,清华大学出版社 2013 年版,第219 页。

② 齐树洁:《美国证据法专论》,厦门大学出版社 2011 年版,第 80 页。

(一)传闻规则

1.传闻证据的排除

作为英美证据法中的一项重要规则,传闻规则被誉为是英美法系的核心和灵魂。[①] 这一规则又称为"传闻证据排除规则"(The Rule Against Hearsay),与大陆法系的直接言词原则相对应。根据这一规则,对于证人所陈述的非亲身经历的事实,或者证人未亲自出庭向法庭提出的文件中的主张,由于存在若干风险,原则上不能作为认定犯罪事实的根据。[②] 这是对证人证言提供真实性保障的机制。传闻证据的关键内容或在法庭之外声明的真实性是不能通过法庭辩论来检验的,因此这样的证据是被排除,而无可采性的。[③]《美国联邦证据规则》第 802 条规定:"除本证据规则或由联邦最高法院根据法定权利所制订的规则或国会立法另有规定外,不能采纳传闻证据。"

如上所述传闻规则不仅仅适用于证人证言,同样适用于其提出的"文件",如果的证据证明"该文件在信息来源方面,或者在传送、存储方式或环境方面存在失实,对此文件应当予以排除"[④]。显然,从前文分析的基础可知,电子数据会涉及传闻证据排除的问题。由于电子数据是以"0"和"1"组合的二进制数字化编码形式存在的,如果要被人类所感知就必须将其"物化"为人们可以直接阅读的文字、图像等直观的形式,那么这种"物化"转化使得电子数据的第一来源性失去了支撑,这样其就面临着被排除的危险。在电子数据作为证据的情况下,如果教条地使用传闻规则,可能会出现难以证明或不可能证明的情况,导致审判无法进行,这显然不利于当事人权利的保障。[⑤] 在海事电子数据中,因其产生的环境具有特殊性,某些航海仪器设备中的电子数据需要专门的技术或专业公司进行读取,例如车钟记录、航海事故发生后的 VDR 数据的提

---

① 齐树洁:《美国证据法专论》,厦门大学出版社 2011 年版,第 188 页。

② 陈瑞华:《非法证据排除规则的适用对象——以非自愿供述为范例的分析》,载《当代法学》2015 年第 1 期。

③ See Hoey A., *Analysis of The Police and Criminal Evidence Act*, s.69—*Computer Generated Evidence*, Web Journal of Current Legal Issues, Blackstone Press Ltd. 1996,(7),pp.79-98.

④ 何家弘:《刑事诉讼中科学证据的审查规则与采信标准》,中国人民公安大学出版社 2014 年版,第 184 页。

⑤ 李树真:《思考在证据"拿来"之后——威格摩尔证明表格的逻辑化倾向及启示》,载《政法论丛》2008 年第 6 期。

取等,海事电子数据还包括一部分陈述形式的证据,如电子形式的备忘录、报告、记录或数据汇编。这些海事电子数据如果简单地排除,不符合"公平接近正义"的要求。

2.传闻证据排除的例外

"传闻证据是否应当一律排除?答案是否定的。"[①]一方面,对于电子数据的原始性问题在前文已论述,许多国家都从立法的角度确认了电子数据的原始性问题。另一方面,一些国家还专门设置了电子数据传闻规则的例外规定,美国联邦证据条例(US Federal Rules of Evidence)规定,如果是在定期商务(business)[②]活动的过程中产生的备忘录、报告、记录或数据汇编,所有这些都可以通过监管人员或其他符合条件的证人的检验体现出来,除非信息的来源或者准备的方法或环境缺乏可靠性,否则是不能排除的。在海事诉讼中,虽然法庭根据传闻条例把所有由航海仪器生成的电子数据作为商业记录进行评估,但是当没有涉及某个人时,这种方法可能并不是合适的。实际上,航海仪器生成的电子数据可能根本不能认为是传闻,因为它们并不包含人的声明,或者它们并没有断言某个事实,而只是简单地记录某种行为。USDOJ手册[③]清楚地描述了计算机生成的电子数据与计算机储存的电子数据之间的区别。这种差异取决于是个人还是机器创建了记录的内容。电子数据存储记录涉及包含某个人或某些人书写内容的文件,而且是以电子形式出现的。有学者将其称为"电子的证人证言""电子的当事人陈述"等等,[④]诸如人们常用的电子邮件信息、Word处理文档、Internet BBS的信息提供了普通的示例。就像其他任何包含人的声明的证词或文件证据一样,计算机存储记录必须符合传闻条例的规定。

航海仪器中生成的记录包含计算机程序的输出,也就是"计算机生成的电子数据",很难通过人工干预处理。如VTS接收的卫星数据、电报记录、车钟记录、VDR中形成的船舶航行数据等都属于航海仪器生成记录的形式。不像

---

① 齐树洁:《美国证据法专论》,厦门大学出版社2011年版,第202页。

② 此处"商务(Business)"这个词是不区分是否具有盈利性的,也就是说不仅包括商业等盈利的,还包括诸如协会等其他非营利机构。

③ See United States Department of Justice(2002),Searching and Seizing Computers and Obtaining Electronic Evidence in Criminal Investigations,http://www.usdoj.gov/criminal/cybercrime/s&smanual2002.htm,下载日期:2020年12月10日。

④ 刘品新:《网络时代刑事司法理念与制度的创新》,清华大学出版社2013年版,第209页。

WORD 存储的记录,航海仪器生成的记录并不包含人的"声明",而只是包含根据定义的算法设计的用于处理输入的程序的输出。在这种情况下,关于证据的问题不再是法庭之外的人的声明是否真实、正确(一个传闻问题),而是生成记录的计算机程序是否是运行正常的(一个真实性问题)。[1] 例如,在英国的 R.v., Governor of Brixton Prison 案中,上议院(House of Lords)考虑计算机的打印输出是不能接受的,因为它们是传闻。最终霍夫曼爵士得出结论,打印输出并是传闻。[2]

从这些国家现行的证据规则来看,传闻证据规则的例外不断增多,传闻规则的体系变得愈加庞杂,但传闻证据规则的适用已经变得更为宽松,法官对此拥有了很大的自由裁量权。[3] 它在电子数据的适用上仍然焕发着旺盛的生命力。例如,美国《统一证据法规则》规定,电子数据如果是在进行正常的业务中作成,可以作为传闻证据规则的例外而被采纳。[4] 英国 1968 年的《民事证据法》中规定,在任何民事诉讼中,除非法庭规则另有规定外,计算机打印输出的文书中所包含的陈述,如果计算机系统法律规定的条件并不能够证明该陈述,可以采纳计算机打印输出的文书。[5] 同样,1992 年颁布的爱尔兰犯罪证据法(Irish Criminal Evidence Act)在第五部分(1)中有类似的例外规定。[6]

(二)最佳证据规则

海事电子数据要么存储于船舶仪器中,要么存储于特殊的设备中,要么存储于大型管理系统中,如 VTS 系统或 VDR 系统中,最原始的电子数据如果不经过转化是无法展现在法庭中的,而且在海事电子数据转化过程中还必须通过专业设备对数据进行"物化"转换。那么,如何解决转化后的数据其原件

---

[1]　Eoghan Casey:《数字证据与计算机犯罪》,陈圣琳等译,电子工业出版社 2004 年版,第 122 页。

[2]　See R. v., Governor of Brixton Prison, ex parte Levin (1997) 3 All E. R. 289.

[3]　齐树洁:《美国证据法专论》,厦门大学出版社 2011 年版,第 220 页。

[4]　何家弘:《美国证据规则》,中国检察出版社 2003 年版,第 146 页。

[5]　刘品新:《中国电子证据立法研究》,中国人民大学出版社 2005 年版,第 70 页。

[6]　Irish Criminal Evidence Act 在第五部分(1)中规定:"……如果某个文件所包含的信息符合以下的要求,那么作为可接受的直接口述证据的任何事实证据,在任何刑事诉讼中是可以被接受的:(a)信息是在某个普通的商务过程中编辑的。(b)信息是由某个具有,或者可以合情合理地假定曾经具有处理此事所需专业知识的人提供的(不管他是否编辑过和可以确认身份)。(c)一旦根据永久性易读形式复制出的信息出现非易读状态,就如在相关的复制系统正常运行的过程中被复制的那样。"

与复制件之间因举证方式差异而出现的问题？这需要运用最佳证据规则来解决。

"最佳证据规则"也是英美法中一项重要的排除规则。在英美法上，它起源于17世纪的Ford v. Hopkinks案："出示由被证明事物本质决定的最佳证据是唯一的要求。"[①]塞耶(Thayer)认为，文书的原件是证明文书的内容第一位证据，除非有合理解释不能提供原件，否则第二位证据不可采纳。[②] 之所以设立这一规则，主要在于，文字或其他符号如有轻微的偏差，其所表达的意义可能会相差很大。很多国家均有最佳证据规则或者类似的规定，例如，《法国民法典》第1334条、美国《联邦证据规则》第1002条等。美国《联邦证据规则》规定："除本证据规则或者国会立法另有规定外，应要求提供文书、录音或者照片的原件来证明的内容。"从这些国家的立法分析来看，最佳证据规则适用于以所记载的思想内容作为证据的一切文字材料领域，其实质在于决定原始文字材料与副本、复印件等的先后顺序。[③] 总体而言，大陆法系国家的最佳证据规则与英美法系国家相比，显得单薄一些，法律一般通过赋予法官自由裁量权的方式予以处理。[④]

因为电子数据是以二进制的代码形式存在于计算机内部的，由"0""1"组成的代码不通过仪器设备的输出是不可能被人类所感知的。而一旦经过计算机设备输出为"物化"文件时其原件地位按照严格解释已不复存在。依据最佳证据规则，电子数据就有可能被关在诉讼证据的大门之外。各国为解决这一问题，对电子数据适用最佳证据规则规定了一些例外规定以扩大其适用。美国在《联邦证据规则》中对电子数据的"原件"进行了例外解释，规定如果电子数据存储在电脑或类似智能设备中，从该设备中将其准确反映为可识别物都是原件。同样，在联合国《国际贸易法委员会电子商业示范法》第8条中也通过"无差异原则"对此问题进行了规定。[⑤]

在我国，传统观念一般认为，只有在对原件真实性不存在怀疑的情况下，才可以采纳复制件。如已废止的1992年《适用民事诉讼法若干意见》第78条规定，在诉讼中不得使用没有其他材料可以印证的证据材料复制件作为认定

---

① 齐树洁：《美国证据法专论》，厦门大学出版社2011年版，第351页。

② 何家弘：《美国证据规则》，中国检察出版社2003年版，第344页。

③ 齐树洁：《美国证据法专论》，厦门大学出版社2011年版，第352页。

④ 齐树洁：《美国证据法专论》，厦门大学出版社2011年版，第353页。

⑤ 陈永生：《电子数据搜查、扣押的法律规制》，载《现代法学》2014年第5期。

事实的根据。显然这种规定没有意识到随着技术的发展,复制件的使用在社会中是一个非常普遍的现象。尽管在法庭质证过程中对电子数据复制件、打印件的质疑是最为普遍的手段或方式。但就使用的便捷性以及产生电子数据的仪器设备的复杂性,电子数据的复制件是不可避免的。如何来对电子数据的复制件进行认证,借鉴国外相关规定,我国有学者认为应当对电子数据的复制件设置"公正性衡量"的标准。[①] 司法实践界与理论界进行了大胆的尝试。在《关于行政诉讼证据若干问题的规定》第 64 条中规定了提复制件"有同等的证明效力"。这种做法回避了划分电子数据原件与复制件的难题,这也从根本上否定了要求提交原件的专门证据规则。一般来说,向法庭提交原件能最高程度地揭示所反映的案件事实,反之,提交复制件会存在失真的风险从而影响对案件事实的证明。同样,电子数据自生成以后,流转的环节越多,其失真的可能性就越大,并且由于电子数据的便捷的复制性使这一问题更加突出。[②] 各国立法领域都积极开展电子数据复制件与原件关系的相关探索。[③]

目前理论研究基本上的共识认为,在处理书面文件、录音记录或照片时,法庭有时会需要原始证据。这样做的初衷只是想通过证人关于内容的证词防止证人虚报材料。但随着照片复印机、扫描仪、计算机,以及其他能够有效创建相同复本的技术的出现,复印件代替原件是可以接受的,除非"针对原件的真实性,或复印件的精确性,或是在被认为以复本代替原件不公平的情况下提出了疑问"。所以何家弘教授认为,"在同时满足下述两项条件的情形下,电子数据复制件的可采性标准比照原件的可采性标准处理:(1)对电子数据原件的真实性当事双方都不存在实质性怀疑的;(2)根据具体案情,在电子数据原件缺失的情况下,采纳复制件不会导致司法不公的"[④] 我国《民事诉讼法》第 70 条规定:"书证应当提交原件。物证应当提交原物。提交原件或者原物确有困

---

① 何家弘:《刑事诉讼中科学证据的审查规则与采信标准》,中国人民公安大学出版社 2014 年版,第 184 页。

② 刘品新:《网络时代刑事司法理念与制度的创新》,清华大学出版社 2013 年版,第 198 页。

③ 据不完全统计,我国现行法律规范中零星分布着 5 个涉及电子数据原件的条款。如前所述,《关于民事诉讼证据的若干规定》第 22 条、《关于行政诉讼证据若干问题的规定》第 12 条、《关于行政诉讼证据若干问题的规定》第 64 条、《电子签名法》第 5 条、《出入境检验检疫行政处罚程序规定》第 19 条。

④ 何家弘:《刑事诉讼中科学证据的审查规则与采信标准》,中国人民公安大学出版社 2014 年版,第 183 页。

难的,可以提交复制品、照片、副本、节录本。"在《民事诉讼法解释》第111条中又对"提交书证原件确有困难"的具体情形进行了细化。^①《关于适用〈中华人民共和国刑事诉讼法〉的解释》第71条也作出规定,"据以定案的书证应当是原件。但是如果取得原件确有困难的,可以使用书证的副本、复制件。其与原件核对无误,或者经鉴定为真实,或者以其他方式确认为真实的可以作为定案的根据"。电子数据通过"物化"转化为人类可以感知的形式,从性质上看与书证无异,根据我国现行法律规定来看,最佳证据规则在我国不会构成认证电子数据的障碍。

二、海事电子数据的证明力规则

(一)完整性规则

海事电子数据证明力的一个特殊规则是完整性规则。从海事电子数据本身的角度分析的完整性,可以理解为海事电子数据原件的一个要素。一般上理解,海事电子数据的完整性包括海事电子数据本身的完整性和海事电子数据产生和存在的航海仪器系统的完整性这两层意义。参照联合国国际贸易法委员会《电子商务示范法》第8条第3款的规定,如果电子数据的内容保持完整和未予改动,那么这份电子数据就具有完整性。从海事电子数据产生的航海仪器系统的完整性意义上看,航海仪器系统的完整性表现为以下三个部分构成的前后相连的密闭循环:记录海事电子数据的航海仪器及系统必须处于正常的运行状态;航海仪器及系统对相关传感器接收的信息必须有完整的记录;完整的海事电子数据记录必须是在系统正常运转活动的当时或即后产生的。而加拿大《1998年统一电子证据法》第4条至第5条作出通过对电子系统完整性来推定其产生的电子数据的完整性的规定。^②

---

① 参见2020年12月23日通过的《关于适用〈中华人民共和国民事诉讼法〉的解释》第111条。

② 加拿大《1998年统一电子证据法》第5条第1款规定,如果没有相反证据,并且没有其他合理对该电子记录系统的完整性产生怀疑,而该计算机系统或其他类似设备在处于正常运行状态,即便不处于正常运行状态,但却并不影响电子记录的完整性时,可以推定该电子记录系统具有完整性。See the Subsection (a) of Section 5 of Uniform Electronic Evidence Act of Canada.

保持完整性的重要措施是保留并文档化证据的监管链（Chain of Custody，也叫作 Continuity of Possession，持有的连贯性）。[①] 涉及电子数据的任何案件的基础是正确的证据处理。所以，查封、保存、访问证据的实际操作必须完全按照常规进行：各种形式的标准操作规程是保证证据处理一致性的关键组成部分，如果没有稳定的监管链，就有可能引发争议，电子数据被不正确地处理过，可能已经被更改了，被控告证据替换了，或是以一些其他的方式损坏了。

海事电子数据提交者可能会被要求证实原始证据，收集分析系统和程序的可靠性，声明他们亲自收集并核实了数据，并建立了监管链。没有说明的监管链断裂，可能是用于排除证据。最终，海事电子数据提交方应当在法庭上向某个非技术观众展示他们的电子数据。就像任何证据的展示一样，成功的关键是准备、准备、更多的准备。

(二)可靠性规则

当事实认定者认证海事电子数据的可靠性以便确定它的证明力时，如果怀疑证据在收集之前已经篡改过了，那么这些怀疑就会减少证据的权重。但是，由于海事法院的法官越来越熟悉海事电子数字证据，因此他们要求对那些声称不可信的观点提供证据。因为在理论上存在已经被修改或捏造的可能性，而缺少篡改的具体证据，这种篡改的极小可能性不会影响计算机记录的真实性。对此，美国司法判例多有表述，"倾向于扰乱审判官决定计算机记录是可接受的，因为对证据篡改的指控是'无端猜测……没有证据去支持这样的假设'。"[②]"事实上改变计算机所包含数据的可能性是不足以确定数字证据是不可信的。"[③]"无懈可击的安全系统并不是接纳计算机打印输出的先决条件。如果这个先决条件的确存在，那实际上就不可能承认计算机生成的记录；反对接受的一方必须出示更好的安全系统才是可行的。"[④]……综上可知，美国司法实践中认为，一旦确定了可信的最低标准，"来自计算机程序运行"的计算机记录精确性的疑问只会影响到证据的权重，而不会影响到它的可接纳性，即使

---

① Eoghan Casey：《数字证据与计算机犯罪》，陈圣琳等译，电子工业出版社 2004 年版，第 113 页。

② See United States v. Whitaker，127F.3D.602 .7ᵗʰ Cir.1997.

③ See United States v. Bonallo，858F. 2d 1427，1436 9th Cir. 1988.

④ See United States v.Glasser，773F. 2d 1553，1559.llth Cir. 1985.

存在合理的关于数字证据可靠性的质疑,也一定不会影响它的可接受性,而是会降低提供给法庭证据的权威性。

由于海事电子数据涉及多个船舶上多个系统传感器甚至是船舶的机械结构,因此海事电子数据可靠性问题复杂。可能是因为海事电子数据系统的复杂性专业性和多样性,目前尚无统一的方法来评估其可靠性。但理论界却一直在努力尝试评价海事电子数据可靠性的能力,试图形成针对不同类型海事电子数据相对确定的统一方法,并以此来建立了一个评估等级标准,参见表5-1。[①]

表 5-1 相对确定性评估表

确定性级别	描述/指令	匹配资格
C1	证据与已知事实相矛盾。	错误的/不正确的
C1	证据是非常有疑问的。	非常不确定
C2	只有一个证据来源没有保护以防止篡改。	某种程度的不确定
C3	证据来源难以篡改,但是缺乏足够的证据来作出肯定的结论,或是在现有的证据中存在不能解释的矛盾。	有可能
C4	1.证据受到保护以防篡改。 2.证据未受到保护以免受到篡改,但是证据是多样的,来源也是独立的。	很有可能的
C5	证据的一致来自多个独立的来源,并且受到保护以防止篡改。但仍存在某些小的不确定性(例如临时性错误、数据丢失等)。	几乎是确定的
C6	证据是防止篡改的,而且是毫无疑问的。	确定的

上表中的确定性值(C值)为事实认证者提供了在特定的范围内某个特定证据可靠性水平的检验方法。这个等级并不是严格地用于将证据在总体上进行分类——声称所有的海事电子数据记录均拥有C3水平并不是有效的,因为在某些情况下,可能存在篡改的迹象,例如被删除的记录输入,可将记录的

---

① Casey E. Error, Uncertainty and Loss in Digital Evidence.International Journal of Digital Evidence, http://www.ijde.org/a rchives/docs/02_summer_art1 .pdf,下载日期:2020 年 5 月 25 日。

确定性水平降低至 C1。确定性级别的最初目的是帮助其他人理解事实认定者在根据证据得出结论时所提交的海事电子数据的权重。如果没有这些确定值,有人或许想知道海事电子数据认定者是如何得出结论的,特别是对所提交的某个海事电子数据的可靠性出现意见分歧时。

(三)比较规则

就同一待证事实存在若干份证据时如何确定海事电子数据的证明力,这是法庭审查证据的过程中常常要面对的问题。它包括两个方面:一是海事电子数据与其他证据相比的证明力大小问题,一般来说应当无差别对待海事电子数据与传统证据,不能因其形式与传统证据不同而否定它的证明力。二是对多份海事电子数据如何界定证明力大小的问题。这一问题对于法官来说具有更重要的参考价值。若就同一事实存在若干份海事电子数据时,海事法院可以参照以下规则来判断其证明力。

1.基于公证的比较

有效公证文书所证明的事实无须证明,经公证的证据其证明力一般大于非经公证的证据。由此推理,除有相反证据足以推翻公证证明的除外,通过公证保全的海事电子数据其证明力一般大于一般的海事电子数据。也就是说,我国法律基于公证处的特殊性质与中立地位,对公证保全的证据承认其预决的真实性,这种真实性除有相反证据外不得推翻。[①] 公证保全的预决效力当然地适用于电子数据。适用这一处理规则的前提是,海事电子数据获取的公证必须是合理有效的,经得起真实性的检验。

如前文所述,海事电子数据的保全方式之一就是公证保全,当事人根据诉讼的需要,请求公证处通过公证的方式,预先将海事电子数据固定,以实现海事电子数据真实性与完整性证明。除了传统公证措施外,国内外都出现了针对海事电子数据的这一特殊证据形式进行公证的新技术手段。例如通过网络实时公证保全,运用加密的数据传输公证平台系统保全等等。新技术发展,改变了公证保全的方式,但海事电子数据公证不仅需要公证员懂得信息技术,而

---

① 参见"广东中某文化发展有限公司诉中国某股份有限公司侵犯信息网络传播权纠纷案",西民初字〔2008〕第 11348 号。

且要求有一套适合对海事电子数据进行实时公证保全的电子服务平台。① 这种公证保全服务平台的可靠性如何,直接影响到公证的效果。

2.基于目的与时间的比较

海事电子数据的产生可以从目的上分为在正常航海活动中产生还是为某种目的在事后生成。正常航海活动中产生的海事电子数据,是随着航海活动的发生而实时记录的,从技术上分析,依照航海规则习惯而作出的或航海活动必然会生成的电子数据;与正常航海活动中产生的海事电子数据不同的是基于海事纠纷解决的诉讼目的在事后制作的海事电子数据,例如代理律师为赢得诉讼收集有利的海事电子数据,特意聘请计算机取证公司或者商业运营机构出具的海事电子数据。正常航海活动中产生的海事电子数据系英美法系所说的业务记录,往往拥有可靠的信息来源、存储设备和制度保障。为人们在实际业务活动中所信赖一般会推定其上具有真实可靠性。但是基于某种目的制作的海事电子数据难以杜绝制作者为胜诉的目的而选择性地提供,甚至存在造假的可能性。两相比较,前者的真实性要高于后者,证明力应当大于后者。例如前文所引用的"大某华"轮案中涉及的福建平潭海事处出具的航迹数据与被告提交的船某网出具的航迹图进行了比较。

某公司出具的"大某华"在 2012 年 3 月 12 日 00:27 时至 00:38 时期间的 AIS 轨迹为:

00:27 时,船位 25°27.429′N/119°49.908′E,对地航向 9.1°,对地航速 5.2节;

00:32 时,船位 25°27.532′N/119°49.224′E,对地航向 140.6°,对地航速 4.3节;

00:38 时,船位 25°27.208′N/119°49.460′E,对地航向 154.2°,对地航速4.1。

某海事处出具的《初步调查报告》中"大某华"轮 2012 年 3 月 12 日 00:27 时至 00:38 时 AIS 轨迹为:

00:27 时,航向 329.8°,航速 3.7 节,船位 25°27.371′N/119°48.918′E。

---

① 例如"公证云"平台,针对多种电子数据内容进行有效取证、存证与公证,满足了电子数据公证的快速性、便捷性等要求。从技术上最大可能地保障电子数据的真实性、完整性及安全性,提高电子数据的证明力。主种电子数据的公证服务平台也为法律举证提供了一个便捷公正的方式。参见《厦门市鹭江公证处》,http://www.xmgz.com/bctz_more.asp? Unid=658,下载日期:2020 年 12 月 5 日。

00:28 时,航向 00:3.1°,航速 5.1 节,船位 25°27.442'N/119°48.918'E。

00:29 时,航向 029.5°,航速 5.0 节,船位 25°27.516'N/119°48.964'E。

00:30 时,航向 050.7°,航速 4.7 节,船位 25°27.564'N/119°49.031'E。

00:32 时,航向 100.4°,航速 4.6 节,船位 25°27.588'N/119°49.179'E。

00:33 时,航向 141.1°,航速 4.2 节,船位 25°27.491'N/119°49.262'E。

经过比较后,某海事法院发现,对可能的事故发生时段,船某网仅记载 00:27 时与 00:32 时两个时点的船位,中间间隔 5 至 6 分钟,从海事处可视化平台调取的 AIS 轨迹图则精确到 1 分钟,共有 5 个时点船位,技术上更为精确。[①]

3. 基于主体身份的比较

由于提供海事电子数据主体身份的不同,存在的利害关系也不同,相应的证明力也不同。一般而言,趋利避害是理性人的选择,诉讼中当事人往往会隐匿对自己不利的证据。海事电子数据是由对己不利的一方当事人所保管的,对于己不利的事实明确表示承认的,另一方当事人无须举证证明,这种证据因为持有主体的不同其证明力也不同。从理论上分析,假如该电子数据是不可靠的,那么保管它的那一方当事人从维护自己的利益出发,肯定会举证反驳,而且"此人比任何其他人更了解他自己的记录保存系统",其容易对该电子数据或其所依赖的计算机进行修改,但从常理上讲不会修改为对己不利的状态。反之,电子数据是由对其有利的一方当事人所持有,其伪造或变造电子数据的可能性增加,与持有对己不利的电子数据相比,这种证据的证明力较小。

由无利害关系的第三方持有的海事电子数据则可能较为客观地保管证据。在海事电子数据中不乏这种证据,例如 VDR 电子数据,法律规定除海事管理机构外,其他任何人和组织持有都是无效的。相对于诉讼双方当事人,海事管理机构是无利益关系的"公权"机关。其持有或提供的海事电子数据证明力要高于其他商业机构提供的电子数据。例如,前文所述"大某华"轮案中,厦门海事法院认为:"船讯网提供船舶轨迹数据为书证,且属于商业行为,依约收取委托费,而平潭海事处 AIS 轨迹图来源于《初步调查报告》,该报告虽无文号,但毕竟出自行使行政管理职权的海事处,其证明力高于船讯网书证,故本

---

① 《丁某华、丁某生与广西防城某航船务有限公司海上养殖损害赔偿责任纠纷一审民事判决书》,厦海法事初字〔2013〕第 24 号。

院采信平潭海事处可视化平台调取的'大某华'轮 AIS 轨迹数据。"[1]

(四)推定规则

司法证明具有两个属性:既是一个认识过程,也是一个价值选择过程。[2]因此,法律拟制规则是司法证明规则不可或缺的组成部分。这是因为,在司法证明中真伪不明的情况大量存在,需要通过证明责任规则来分配败诉风险。当然,证明责任规则并非在所有情况下都适用。例如,裁判者在案件事实清楚的情况下,可以直接作出有罪或无罪认定,不再涉及证明责任。法律拟制则是司法证明所特有的证明规则。德国学者汉斯·普维庭指出:"毫无疑问,法律推定其实就是对证明责任的一种分配,亦即它属于证明责任规范。"[3]推定作为一种法律拟制规则。推定包括事实推定和法律推定两种。事实推定实际上就是经验法则的运用过程。而推定作为重要法律拟制规则在电子数据的司法过程中具有重要的意义。

推定是认定电子数据可靠性、完整性、真实性的方法。通过对其他因素的认定来推定电子数据具有真实性、可靠性、完整性的方法。就电子数据而言推定真实可靠的推定基本规则如下:

1.根据计算机等系统正常运行而推定其完整性。例如,加拿大《1998 年统一电子证据法》第 5 条第 1 款、菲律宾《电子证据规则》规则 7 第 2 条第 1 款的规定等。根据加拿大《1998 年统一电子证据法》的规定,符合如下条件可推定海事电子数据的完整性,即记录海事电子数据的航海仪器及系统必须处于正常的运行状态;航海仪器及系统对相关传感器接收的信息必须有完整的记录;完整的海事电子数据记录必须是在系统正常运转活动的当时或即后产生的。许多国家法律基本上认可根据计算机硬件和软件系统正常推定电子数据可靠的做法。如新加坡《1998 年电子交易法》规定,没有正当理由相信该输出是不正确的,并且有正当理由相信在所有关键时刻该计算机系统是正常运行的那么此电子数据就具有可采性,也是通过计算机系统的正常来推定其生成

---

① 《丁某华、丁某生与广西防城港某船务有限公司海上养殖损害赔偿责任纠纷一审民事判决书》,厦海法事初字〔2013〕第 24 号。

② 阮方民、封利强:《论我国刑事证明标准的现实选择:混合标准》,载《浙江大学学报(人文社会科学版)》2002 年第 5 期。

③ 〔德〕汉斯·普维庭:《现代证明责任问题》,吴越译,法律出版社 2006 年版,第72 页。

的电子数据就是正常的方法。①

借鉴这些外国法的规定,本研究认为,在我国如果举证责任方能够初步证明,海事电子系统的软硬件具有足够的可靠性,而且在所有关键时刻海事电子仪器处于正常运行状态或者即使处于非正常状态,但这种状态不会对海事电子数据造成实质影响,则推定该海事电子数据具有真实性。需要指出的是,这种推定是一种可反驳的推定,它仅仅是降低了举证方当事人的证明责任,并未剥夺另一方当事人质证的权利。

2.根据电子数据保存的当事人来推定计算机等系统的完整性。例如,加拿大《1998 年统一电子证据法》第 5 条第 2 款、菲律宾《电子证据规则》规则 7 第 2 条第 2 款的规定等。当电子数据由不利方当事人保管或提供时,该电子数据可以作为这一方当事人的自认而推定属实。从本义上讲,自认是由诉讼的一方当事人(包括刑事诉讼中的被告人)在审判前作出的陈述,它有助于反驳本方当事人主张或者辩护的事实,或者有助于证明对方当事人主张或辩护的事实。为什么关于电子数据的真实性可适用"自认"进行推定?这是因为一个理性人不会在法庭上举出对自己不利的证据,除非这一证据是客观存在的事实。由于这种"自认"是间接的,所以只能是"视为"自认处理。当然,这种"自认"型推定存在着一个例外,即制作者或举证者在主观上认为有关电子数据不会于己不利,根据客观情形也无法预见到制作者或举证者会因该电子数据遭受不利的,不适用前述推定。

根据我国《海事诉讼特别程序法》第 82 条的规定,在船舶碰撞案件中原告在起诉时、被告在答辩时,应当如实填写《海事事故调查表》。而在海事事故调查表的 11 项内容中包括:航行日志、甲板、轮机、车钟、电台、雷达等原始记录簿或类似文件;当事船舶罗经差表和碰撞时所使用的原始海图及自动航向记录等海事电子数据。这些海事电子数据被记录在海事事故调查表中,并与海事事故调查表一同提交后,即可将其视为当事人的自认。

3.根据电子数据是由第三方在正常业务活动中保存的,来推定海事电子数据系统的完整性。即由当事人以外的其他人在正常的业务活动中记录或保存,而此人行事不受任一方当事人的控制。例如,加拿大《1998 年统一电子证据法》第 5 条第 3 款、菲律宾《电子证据规则》规则 7 第 2 条第 3 款的规定等。

---

① See Approved Process under the Evidence (Computer Output) Regulations, http://www. lawonline. com. sg/evidence-computer-output. Htm,下载日期:2020 年 5 月 10 日。

无论是上述哪一种推定方式,实际上是立法者考虑海事电子数据系统的实际运行环境,而创制的一种简单检验完整性的方法。

本章小结

传统法律人在法学的学习过程中,甚少接触信息科技(information technology)知识的训练,更不用说专业的海事电子数据知识的掌握。因此,普遍而言,法官在面对海事电子数据时难免会有排斥感,或者是以传统证据的概念来认证海事电子数据。对于海事电子数据该如何适用现行诉讼制度,如何审查判断海事电子数据成为诉讼实践中的一个问题,事实认定者也因为对于海事电子数据本质的不明了或错误认知,而难以在海事司法过程中给予正确的认定。本章以普通电子数据的认证为研究起点,对海事电子数据认证的具体要求以及海事技术鉴定的认证问题进行了研究,最后利用对海事电子数据认证规则的分析,形成电子数据认证的普遍性规则,为法官在海事司法实践中认证电子数据提供理论借鉴。

第六章

大数据时代海事电子数据的证据法展望

第一节　大数据时代与数字化航海

一、大数据时代

人类已经进入大数据时代。大数据对学术界、政商界等几乎所有领域都产生影响。在"大数据"时代，船舶管理系统通过对海事电子数据的采集，并经过专业化的处理，基于计算机系统对诸如船舶过去的违章情况、安全检查情况、船舶种类、装载的货物类别等的数据进行分析后，得出的"客观判断"，让"海事电子数据"成为真正的"决策人"。将船舶划分为"高风险""中风险""低风险"等数个等级。这就要求在海事管理中对海事电子数据的收集等问题的认识活动要提高到一个新的水平。

电子数据与传统证据最大的差异集中在收集与保全环节，在大数据时代，用传统的思维与方式收集与保全电子数据已完全不能适应大数据时代的步伐，大数据带给人们对于数据的理解以及对于事物因果关系和相关关系的理解，正是大数据游戏的关键。[①] 当我们进入了一个用数据进行预测的时代，在各个行业领域中，计算机系统将改变甚至取代单纯依靠人类判断力作出判断。人们虽然无法解释电子数据产生的背后原因，但是运用大数据挖掘技术预测

---

① ［美］维克多·迈尔-舍恩伯格、肯尼思·库克耶：《大数据时代——生活、工作与思维的大变革》，盛杨燕、周涛译，浙江人民出版社 2013 年版，第 25 页。

产生的"可能证据"会影响证据的"可采性"规则,大数据时代带来的电子数据思维模式的改变的积极应对是保障当事人在新技术时代公平地接近正义的重要问题。

二、数字化航海技术

党的十八大提出坚决维护国家海洋权益,建设海洋强国的目标。21 世纪是海洋的世纪,我国坚持和平发展战略,建设海洋强国是维护海洋权益的题中之义。为了实现这一目标,我国正在大力发展海洋经济,海洋开发活动持续繁荣,随之而来的是海洋环境保护任务日益艰巨。更清洁的海洋和更安全的航运是我国利用海洋的使命。

航海技术的发展是我国利用海洋的保障。GPS、AIS、电子海图等新技术的应用催生了数字化航海。数字化技术为船舶航行提供了更加安全可靠的服务保障。但数字化信息应用系统都存在兼容性问题,这给航海人员带来不便。航海仪器及系统产生海事电子数据的标准化并没有真正实现。国际海事组织(IMO)认为,越来越多的新航海设备引入,若使用不当可能会影响航行安全和效率。在数字化航海发展趋势下,在 2005 年 12 月,由国际海事组织的 7 个成员国向海事安全委员会(MSC)联合提交议案,拟建立一种全局性和系统级的方式使用现存的或新的导航工具等电子航海工具。从此,以 IMO 为主导的 E-Navigation 系统的框架基本形成。最初提出 E-Navigation 概念时,笼统指代"电子航海",其含义并没有规定。在 2006 年 9 月 IALA 第一次会议上,第一工作组重点讨论了 E-Navigation 中"E"的含义,但并没有初步结果,与会人员仍围绕着"Electronic"和"Enhanced"进行讨论。同时,会议初步确定了 E-Navigation 的定义为:为了保障海上航行安全,保护海上环境,通过电子手段协调船舶和岸上航海信息的采集、整合、展现和分析,以此增强船舶航行安全及相关服务。在 2007 年 3 月举行的第二次 E-Navigation 会议上,明确了航海信息不仅仅是通过屏幕进行展现,还包括指示灯、声音等一切包含信息的展现方式;但仍旧没有明确"E"的含义。直到 2008 年 2 月举行的第 3 次 E-Navigation 会议上才最终确定了"E"仅是一个标志,不代表具体的含义。E-Navigation 战略中的"E"是不是电子一词不重要,但不可否认的是在 E-Navigation 战略下,航海技术中大量地融入了"数字化"的内容。航运界普遍认为,E-Navigation 是数字信息的集成。数字航海技术的重要性在航海领域的地位是不容置疑的。

我国作为 IMO、IALA、IHO 等国际组织的成员国,积极推动 E-Navigation 战略的发展。我国交通运输部近年来致力于 E-Navigation 战略的研究。中国海事局提出在 E-Navigation 战略中会为船舶提供更加全面、及时、可靠、集成的综合安全信息。

基于数字航海技术的发展,在 E-Navigation 战略中用户需求的海事电子数据系统架构至少应包括三项重要内容:船基系统电子数据,岸基系统电子数据,以及导航与通信电子数据,具体内容如下:

1.以船载导航系统为核心构成了船基系统,船基系统以采集各种船舶实时的航行信息为主要目的,通过船舶系列传感器收集船舶电子数据。船基系统的电子数据的核心要素包括高度完好的电子定位数据,电子海图(ENC)信息和船舶预警分析数据。这些电子数据在航行过程中积极调动船员积极参与,但船基系统电子数据在证据价值体系中由于存在船舶方控制的因素,在收集保全各环节区别于岸基系统数据。

2.以船舶交通管理和相关服务为中心构成岸基系统,岸基船舶交通管理和相关电子数据是便于岸基提供管理与服务各种信息数据,通过岸基系统电子数据可以有效地保证船舶的航行安全。基于岸基系统形成的电子数据与船舶之间存在脱离性,当事船舶不能自由控制此类电子数据,其在诉讼中的证据价值比较高。

3.通信基础系统电子数据,是船基系统数据与岸基系统数据之间实现无缝传输的工具,这一系统需要现代通信技术和网络技术的支持。通信运营电子数据具有中间验证的功能,在必要时可以实现电子数据的真实性验证。

目前,我国已在洋山港建立 E-Navigation 项目示范区,实施方案的核心是一个平台、多个技术系统。具体包括"北斗"卫星系统、AIS 拓展服务、宽带 VHF 数据通信系统、数字广播系统等,数字化集成的平台为数字化航海提供了技术保障。

海事电子数据采集和数据传输服务是 E-Navigation 岸基系统与交通目标、自然环境和航道之间的物理链路接口,AIS 服务、雷达服务、虚拟航标服务都属于这一组。整个 E-Navigation 系统内部的技术服务之间的相互作用有助于为用户提供所需要的整个系统的功能。基于 E-Navigation 的海事电子数据量是非常庞大的,海事大数据时代已经到来。

第二节 大数据时代对海事电子数据的影响

一、大数据对海事电子数据的消极影响

(一)大数据的"量"增加海事电子数据收集的难度

进入了大数据时代后,大数据改造了我们的生活,仅以船舶监管的 VTS 系统来说,在某种程度上可以说,基于 AIS 的 VTS 系统已经不是传统意义上的 VTS,它构成海事大数据综合系统的一部分。逐步形成的海事大数据不但包括 AIS 电子数据、船舶信息处理系统,还包括了船舶以及与它们进行信息交换的岸台电子数据。在 E-Navigation 战略下,海事电子数据的规模越来越庞大。然而海事电子数据规模越大,直接导致数据处理的难度越大。运用传统的方式收集可用于诉讼的海事电子数据在大数据时代将是不可能完成的任务。以海事 VTS 监管系统中的 VCR 视频安全监控为例,在大量的视频信息中查找对案件事实有重大价值的视频数据流犹如"大海捞针"。

从质量的角度看,大数据时代中所有数据集的规模或复杂程度都超出了常用技术按照合理的成本和时限收集、管理及处理的能力。大数据分析就是要利用所有的数据,与传统的业务数据相比,大数据具有多层结构,这意味着大数据会呈现出多变的形式和类型,其复杂性的存在使它只能提示和解释某些事情。因此,大数据时代绝对的精确不再是追求的主要目标。历史上很多时候,人们会把通过测量世界来征服世界视为最大的成就。那时候,天文学家和学者对时间、空间的研究采取了比以往更为精确的量化方式,用历史学家阿尔弗雷德·克罗斯比(Alfred Crosby)的话来说就是"测量现实"。从"精准"到"混杂"这种冲击相对于"海量数据"而言更不可小觑。"大数据"通常用概率说话,而不是板着"确凿无疑"的面孔。整个社会要习惯这种思维需要很长的时间,其中也会出现一些问题。但现在,有必要指出的是,当我们试图扩大数据规模的时候,要学会大数据的"混杂"。大数据适当忽略微观层面上的精确度会让我们在宏观层面拥有更好的洞察力,但这却动摇了证据的客观真实性。因为"放在天平上的分量不是证据的数量而是由证据产生的盖然性以及案件

的全部环境决定的"①。因此,优势证据不是一项数量标准,而是一项质量标准,反映了证据的可信度和说服力。凡是对于特定事实的存在有说服负担的当事人,必须以证据的优势确立其存在。证据的优势与证人的多寡或证据的数量没有关系。②

(二)大数据造成海事电子数据偏在现象凸显

20世纪中期以后,在诸如医疗纠纷、交通事故纠纷和产品质量损害赔偿纠纷等现代型案件中坚持当事人有责任对自己提出的主张提供证据的原则,经常会导致实质上的不公正的现象。于是台湾学者提出"证据偏在"的概念,即在诸如交通事故纠纷和产品质量损害赔偿纠纷等现代型案件中,证据往往集中掌握于某一方,而当事人收集证据的能力不平等,造成证据收集、因果关系证明困难等现象。如果严守"谁主张,谁举证"的原则,难免造成事实上不公平的结果。因此有必要对特殊类型侵权案件中某些要件事实重新分配证明责任。

在大数据背景下,海事电子数据的持有者通常与航海仪器设备有极大的关联性,该等设备的持有者,往往对该电子数据拥有所有权或管理的权限,而当事人却难以取得该电子数据,另外海事电子数据采集具有专业性强、技术性高的特点,并且在通常情况下,当事人如果不具备专业的海事仪器以及相应的技术知识就难以正确地收集电子数据,显然,海事电子数据偏在是非常突出的结构性难题。而证据偏在最大的危险是容易发生销毁与篡改证据。在大数据时代如果海事电子系统欠缺良好的安全机制,海事电子数据很容易遭到篡改、销毁,降低海事电子数据的可信赖性与不可否认性,增加案件审理的难度。

(三)云基础架构层的数据安全与完整性问题凸显

大数据与云计算发展密切相关,云计算将计算任务分布在大量计算机构成的资源池上,使各种应用系统能够根据需要获取计算力、存储空间和各种软件服务。大型云计算应用不可或缺的就是数据中心的建设,以云计算为基础的信息存储、分享和挖掘手段为海事电子数据收集提供了工具,但目前云计算还没有统一的标准,不同厂商的解决方案风格迥异、互不兼容。因此,云计算在数据安全性与完整性方面也带来很多新问题。譬如在云计算基础架构服务

---

① 沈达明:《英美证据法》,中信出版社1996年版,第46页。

② [美]摩根:《证据法之基本问题》,李学灯译,世界书局1982年版,第48页。

层(Infratructure as a service,IaaS)主要有以下两类问题:首先是对已有的安全攻击,IaaS是否更容易被攻击,或者存在新的技术方法去避免这些攻击;其次是新的安全问题,诸如信任问题(特指租客和云服务商之间),多租客之间的资源隔离问题。①

海事电子数据的完整性影响着该电子数据证明能力的有无及证明力大小的确认。如果证据不具备完全的证明力,需要结合其他证据,才能够证明案件的真实情况。② 从信息安全的角度来看,许多用户担心将自己宝贵的数据托管到云计算中心,就相当于丧失了对数据的绝对控制权,存在被第三方窥看、非法利用或丢失的可能。另外,在云计算基础架构层,虚拟化技术由于在资源整合、利用、管理等方面的优势,使用的是虚拟机器监控(Virtual Machine Momitor,VMM)。VMM通过虚拟化物理的服务器资源,向租客提供相关的VM租赁服务。如果有恶意软件攻破了VMM或者在VMM中植入Root-kit③,就意味着在虚拟机运行过程中,恶意程序可通过VMM这个特权软件攫取或篡改用户的数据,因此基于云计算的大数据如何保证VMM的完整性是一个不能回避的问题。

(四)运用数据挖掘技术收集海事电子数据的适用困境

收集分析海量的各种类型的数据,并快速获取影响未来的信息能力,就是大数据技术的魅力。④ 对此人们首先运用大数据来预测未来,事实上以大数据运用人工智能算法进行分析的准确率非常高。毕竟,大数据的核心思想就是用规模剧增来改变现状。但必须分析它是如何加深对我们隐私的威胁的,同时我们还将面对一个新的挑战,即运用大数据预测来判断和惩罚人类的潜在行为。这是对公平公正以及自由意志的一种亵渎,同时也轻视了决策过程中深思熟虑的重要性。诚然,如果在犯罪行为发生之前,及时制止比事后再惩罚要好得多。但这却是冒险把罪犯的定罪权放在了数据手中,借以表达我们对数据和我们的分析结果的崇尚,但是这实际上是一种滥用。这样做即使其

---

① 周宝曜、刘伟:《大数据:战略·技术·实践》,电子工业出版社 2013 年版,第 61 页。

② 尹伟民:《证据能力规则之理性分析与现实选择——以民事诉讼为视角》,载《大连理工大学学报(社会科学版)》2012 年第 3 期。

③ Rootkit 指被作为驱动程序,加载到操作系统内核中的恶意软件。

④ 赵国栋、易欢欢:《大数据时代的历史机遇:产业变革与数据科学》,清华大学出版社 2013 年版,第 21 页。

未实施的犯罪行为也可以起到威慑作用,因为人们通常会认为,如果只是阻止了某人的犯罪行为而不采取惩罚措施的话,他就可能因为不受损失而再次犯罪,就可能会运用司法手段进一步惩罚这个未来的罪犯,这是一种非法治的危险做法。

而在海事管理领域,管理机构运用以往的大数据记录(如船龄、航运公司、各类证书、违规信息等等)预先评估、对船舶分类进行分级管理。可以提高管理的效率。然而,由于海事电子数据信息的割裂,目前船舶所经过各个港口的海事部门之间的信息并没有完全实现互通应用。海事部门通过电子数据挖掘掌握的信息是不一致的。因此,若没有形成海事电子数据信息共享,则可能对船舶作出错误的判断。

在小数据时代,证据分析会被放在一个特定的人群之中来进行界定,这是采用的"按图索骥"的方法。大数据分析规避了"按图索骥"的缺陷,因为大数据区分的是个人而不是群体,而是通过"预测"来作出判断。这种基于大数据的"预测"却将我们置于另一个难题中,即通过数据挖掘得到的海事电子数据能否直接成为海事管理中的证据。例如船舶的所有行为都会被逐一记录下来,运用大数据挖掘技术完全可以得到某些有"价值"的信息,是否可以从以往的行为对未来的事物进行判断,尤其是对其作出行政管理决策。运用海事电子数据的大数据分析,船舶未来的可能实施的违法违章行为的概率会被预测出来,但大数据分析却永远无法证实此船舶的违法违章行为是否会被实施。如果法律对其尚未实施的未来行为进行惩罚,这显然与法治的精神相违背。因为当事人被追究责任,居然是因为当事人可能永远都不会实施的行为,而当事人也无法用证据来证明他未来不实施的行为。大数据分析倘若运用不当,它就可能会变成公权机构用来打压民众的工具,轻则伤害民众的合法利益,重则损害公民的人身安全。这是大数据预测给证据法基本理念带来的挑战,会威胁到任何运用大数据预测对我们未来行为进行责任判定的领域。

二、大数据对海事电子数据的积极影响

大数据现已成为时代变革的力量,它不仅会改变电子数据的收集手段,而且还会为海事电子数据的收集与保全的方式提供技术方案。科学技术的发展使伪造电子数据资料变得极其容易,因此人民法院对于电子数据资料,应当辨

别其真伪,不要被其表面现象所迷惑。[①] 人们惯常的思维基础是不相信在虚拟世界中流动的数字化信息的真实性,在审视电子数据时必须寻求一种能够脱离开电子数据的虚拟世界而在现实生活中存在的替代物。但是,在大数据时代,获得新的电子数据是人们获得新的认知、创造新的价值的源泉。海事电子数据的证据制度必须适应大数据时代的发展潮流。

(一)大数据挖掘为海事电子数据收集提供了技术方案

大数据标志着"信息社会"终于名副其实。我们收集的所有数字信息现在都可以用新的方式加以利用。我们可以尝试新的事物并开启新的价值形式。但是,这需要一种新的思维方式,并将挑战我们的社会结构,甚至挑战我们的认同感。可以肯定的是,数据量将继续增长,处理这一切的能力也是如此。"现代人从大数据里挖掘价值的过程与古老的沙里淘金有着惊人的一致性,只不过对象从实物变成了抽象的代码。"大数据挖掘技术就是从平淡无奇的数据资料中发现、归纳和获取有价值的数据。美国曾于 2002 年提出了一项用于追踪恐怖活动的数据挖掘计划,该计划被称为整体情报预警(Total Information Awareness),整体情报预警计划受到隐私倡导者极大的关注,最终它并没有被国会通过。但基于"斯诺登事件"可知,其实此计划已被冠以"棱镜计划"而得以真正实施。

在纠纷的解决中,最为重要的问题就是相关证据的收集问题,利用数据挖掘发现电子数据"连接信息点"是证据分析与收集的一种方法。大数据挖掘就是要发现事物之间的相关关系。大数据挖掘通过应用相关关系,可以比以前更容易、更快捷、更清楚地分析事物。它最早最成功的应用是针对信用卡欺诈,通过搜集用户的刷卡记录,信用卡公司分析这些记录与持卡人信息的特点之间的关系,得出某类持卡人的一个典型消费模式,当这张信用卡被盗刷,或持卡人意图进行信用卡欺诈时,信用卡公司会通过刷卡终端搜集到处于这个模式之外的消费信息,进而标记持卡人并准备后续调查或拒绝交易。如今,在"大数据"背景下,基于地理信息系统、AIS 数据、VTS 等一系列海事电子数据的有机整合,各个港口的海事管理部门能及时、全面地对每一艘过往船只的基本信息、航行航线情况、调度信息等等形成详细的记录,基于各个"连接信息点"的发现,海事管理机构能够实现"链条式"的跟踪管理。

---

① 全国人大常委会法制工作委员会民法室编:《〈中华人民共和国民事诉讼法〉条文说明、立法理由及相关规定》,北京大学出版社 2012 年版,第 108 页。

（二）云计算为海事电子数据的保全提供了新技术方式

依据我国的证据收集制度,证据的收集与提供原则上都是由当事人来完成的,法官除法律规定的职权调查外,原则上没有证据调查与收集的义务。当然,我国法律在证据的收集方面还有一些例外的规定,例如为了克服或避免当事人意志以外的因素导致证据收集权与证明权的不平等而设立了证据保全制度。但是,民事诉讼中法官一般不会主动积极地帮助当事人调查证据,而需要由当事人申请。海事电子数据由于海洋的特殊地理环境以及电子数据的虚拟性,这种取证方式则可能因贻误时机而难以发挥其作用。[①]

在大数据时代最需要做的是努力使传统工作模式借助于大数据处理技术发挥更大的作用。电子数据往往以数据流的形式存在,具有很强的时效性,可充分利用云数据处理技术去收集保全海事电子数据。云分析几乎影响着每个人和每个商业领域。通常,人们不会注意到云,因为云为不同的应用程序提供"隐形的"支持。例如美亚柏科利用互联网云服务平台对电子数据的收集与保全,形成"公证云""存证邮"等电子取证服务平台等,构成大数据时代的事件快速反应措施。第一,云技术收集和保全电子数据在取证方面可随时调取,通过技术手段可先进行快速分析并得出结论。这需要相关取证软件供应商由过去传统的软件许可模式转变到新型网络许可模式。第二,云技术收集和保全电子数据大大缩短了电子数据的取证时间,相较于自然人,它的最大优势在于可完成与任何一种网上行为"同步工作"的要求。云服务平台的电子取证是24小时不间断的运行,随时都能发送、保存和展示信息。根本不需要临时寻找存储设备,从而大大缩短取证时间。第三,是为用户提供前期取证、中期存证以及后期出证的一站式服务,确保电子数据链条的完整性。

第三节　大数据时代海事电子数据的应对

大数据管理的基本支撑是通过考虑他人的个人责任对其进行评判,而不是借助"客观"数据处理去决定他们是否违法。在现实世界中,许多行为看起

---

① 刘显鹏:《论电子证据的认证规则体系——以〈民事诉讼法〉修订为背景》,载《大连理工大学学报(社会科学版)》2013年第2期。

来是"雁渡寒潭,雁过而潭不留影;风吹疏竹,风过而竹不留声"。但在大数据时代,所有的电子设备都可以留下数据痕迹,人类的行为可谓"处处行迹处处痕"。电子数据在收集的时候可能无意用作其他用途,但最终却产生了富有价值的用途。人们时时刻刻都在创建电子数据形成了一个庞大的数据源。如何充分利用大数据技术挖掘有价值的数据信息,建构完善的公平接近证据权利义务体系,成为海事电子数据制度适应大数据时代的机遇。

一、构建公平接近海事电子数据的制度

大数据并不是单纯的运算法则和计算机仪器,人类在大数据挖掘中扮演着重要的角色。如前文所述,大数据时代,当事人海事电子数据收集权利与义务的失衡,不仅造成了当事人海事电子数据收集难的问题,在不能保证当事人充分收集海事电子数据的情况下,直接适用"谁主张,谁举证"的规则进行判决也会造成事实上的不公平。[①] 这一问题的存在已经影响到程序公平与正义,更有甚者将严重阻碍实体公正的最终实现。在大数据时代下完善海事电子数据收集权利与义务制度,是当事人公平地接近证据、实现其诉讼权利必不可少的手段。

(一)平衡电子数据的隐匿事证自由权与证明请求权

根据我国证据规则的规定,有证据证明一方当事人持有证据而"无正当理由"拒不提供的情况,并且对方当事人主张的该证据内容是对证据持有人不利的,那么就可以推定该主张成立。也就是说除非有正当理由而拒绝提出电子数据的情况,法院是不得推定对证据持有人不利的主张成立,或者是该证据应证的事实为真实,此规定在我国台湾地区被称为证据持有人享有的"隐匿事证自由权"。我国法律并未明确规定"正当理由"是什么,一般理解认为,持有证据的当事人享有某种值得保护的利益,足以与证据收集权能受保障的当事人的利益相抗衡的,自应允许其拒绝提出文书,方属妥当,或者是享有"合理隐匿权"。

基于权利对等的要求,在赋予"隐匿事证自由权"的同时,也应当赋予当事人享有证明请求权,即对于在认定事实上所必要的证据上,应享有提出证据以证明事实的权利。如果不赋予当事人"证明请求权",而持有证据一方享有"隐

---

① 汤维建:《民事诉讼法全面修改专题研究》,北京大学出版社 2008 年版,第 105 页。

匿事证自由权",这样的权利分配,则是回归到举证责任分配的基本原则性规定,当事人需要对于其有利的法律规范要件负举证责任。而经济学认为人是理性的自利者,理性自利的当事人自然会践行"隐匿事证自由权",拒绝将相关事证提出,此一结果在大数据时代电子数据偏在的情况下,更显现出不公平、不公正的结果。也因此在特定情况下,举证责任分配的原则均有例外。如我国台湾地区"民事诉讼法"第 277 条规定:"当事人主张有利于己的事实者,就其事实有举证的责任。但法律另有规定,或依其情形显失公平者,不在此限。"在大数据时代电子数据极易产生证据偏在的情况下,有扩大当事人文书提出义务范围的必要。

(二)建构相应的法律制度以矫正海事电子数据偏在

证据偏在最大的危险是证据的销毁与篡改容易发生。为实现诉讼中"真实发现""公平"的基本价值,大数时代下海事电子数据偏在只能运用诉讼中的证据制度加以克服。一是对持有海事电子数据的当事人设置一定范围内的公法义务,强制其提交相关事证,例如借鉴书证的提交命令制。传统书证是指以文字、符号、图画等记载的内容和表达的思想来证明案件事实的,从法律角度来看,电子数据与传统的书证在传达案件信息的方式上是没有区别的。书证提出命令制是赋予举证当事人据以搜集他方所持文书作为证据的机会,可要求持有文书的对方当事人或第三人开示与诉讼有关联的文书资料,以贯彻当事人之间武器平等原则,保障其公平接近证据的证明权,并维持当事人在诉讼上公平公正竞争,促进诉讼及发现真实。很多国家立法都对当事人收集书证的程序作出了相关规定,只是在具体程序规定上存在一定的差异。如法国民事诉讼法规定了强制提出书证制度,既法官可以应他方当事人的请求,要求对方提交其持有的某项证据材料,如果该当事人拒绝提交,法官有权科处逾期罚款。在德国,文书提出命令是当事人所享有的主要证据收集方法。[①] 而依据我国台湾地区"民事诉讼法"第 342 条、第 343 条的规定,当事人有权"声请命他造提出文书",即在申请状中载明他造有提出文书义务,而文书由他造所执者,则应由当事人申请法院命他造提出。法院认为应证事实重要,并且申请人请求正当,即可裁定命他造提出文书。

二是设置海事电子数据证明妨碍制度来约束持有电子数据的当事人的行为。传统的证据发现和电子数据发现最重要的区别是电子存储信息的数量和

---

① 何家弘、张卫平:《外国证据法选译》,人民法院出版社 2000 年版,第 485 页。

删除的难度不同。由于有巨大的存储容量的电子系统,越来越多的数据被保存,但当新技术致使以前的系统过时,恢复这些数据却是不容易的。掌握电子数据的当事人利用种种故意或过失行为来损毁证据形成证明妨碍,那么就会使负有证明责任的当事人陷于证据缺乏的境地,进而使案件事实处于真伪不明。根据诉讼法的基本原理,受国家司法权管辖的任何人,只要其了解案件的真实情况,就有向法院作证的义务。日本在修订民事诉讼法时将这种义务扩展到文书提出范围上,即实现了文书提出行为的一般义务化。因而一般认为"当事人应对法院用以查明事实真相的诉讼程序中所运用的证据加以保存负有普遍性的义务"①。这种义务或来自法律规范的强制;或来自当事人自愿承担;或产生于案件提交法院,其权益受到威胁,或合理预见到以后会形成讼案时。当客观存在这种证明协力义务,而义务人无正当理由拒绝履行义务,对案件待证事实具有不可替代性的证据材料或证据方法构成妨碍致他人产生不利的裁判后果,即构成证明妨碍。对此,我国民事诉讼制度中设置了"证明妨害规则"。2015年2月实施的《关于适用〈中华人民共和国民事诉讼法〉的解释》第112条规定:"书证在对方当事人控制之下的,承担举证证明责任的当事人可以在举证期限届满前书面申请人民法院责令对方当事人提交。申请理由成立的,人民法院应当责令对方当事人提交,因提交书证所产生的费用,由申请人负担。对方当事人无正当理由拒不提交的,人民法院可以认定申请人所主张的书证内容为真实。"

从保障当事人海事电子数据收集权能的角度观察,在大数据时代电子数据偏在现象凸显,当事人一方因证据的结构性偏在而无法取得另一方所持有的电子数据,有碍其诉讼上的主张与举证,违反当事人之间的实质平等,海事电子数据制度自当借鉴文书提出命令、证明妨碍制度的设置对处于弱势地位的当事人提供了保护手段,使诉讼双方当事人能够获得充分提供审理所需要的电子数据的能力或渠道。

二、改变海事电子数据收集与保全的传统思维

在《知识资产——在信息经济中赢得竞争优势》一书中,博伊索特提出,没有经过传统工业化路径的中国,在进入信息社会的道路中,应该是有机会跨越几代技术,比早期工业化国家更快速、更低成本地建立新一代信息基础设施。

---

① 毕玉谦:《民事诉讼证明妨碍研究》,北京大学出版社2010年版,第265页。

但在这个过程中,没有学会走之前要学习跑,最大的问题还是思维的方式,从某种程度上讲,如何理解数据革命、云计算的深度将决定这个产业能够达到的程度,这是个关系未来的问题,也需要有人"站到桅杆顶端"。

(一)预测与偏见

有史以来,对于我们人类而言,遗忘一直是常态,而记忆才是例外。然而由于数字技术与全球网络的发展,这种平衡已经被改变了。前文分析的 AIS 电子数据、VTS 电子数据均被保存在相应的系统中,只要运用大数据挖掘技术,船舶过往的记录,如船龄、航运公司、各类证书、违规信息等等,就被检索出来并进行分析。经过大数据分析后,海事管理机构将船舶分类分级为"诚信船舶""高危险船舶"等等,这些电子痕迹将在某一天成为证据,那是无法被擦除的。但基于过去行为而对未来进行判断这种判断本身是不完善的、易出错的,然而,它们在商业决策特别是在招聘中却是经常使用的。如史黛西·施奈德(Stacy Snyder)喝酒状的照片被应聘学校搜索出,学校以不良影响为由而拒绝聘用。① 在司法领域,基于过去行为而形成的品性判断却是受到严格的限制的。《美国联邦证据规则》认为,品性证据可能导致陪审团偏见。"偏见意味着对被告人不利,会导致陪审团忽视依据证据作出合理判断的重要性。"②品性证据在法律上被视为双刃剑,既具有证明价值也可能引起偏见。由于它具有误导倾向,对于如何应用品性证据,其要求即严格又往往给予复杂的限制。③

大数据预测给证据法基本理念带来的改变,基于当事人过去行为的点点滴滴进行分析来预测未来的行为,极易令裁判者产生"推理型偏见""道德型偏见"。英国普通法允许"推理型偏见"的存在,但不允许"道德型偏见"的存在。④ 大数据预测的准确性越来越高,大数据时代人类的隐私保护策略都已失去意义。20 世纪,人类见证了太多由于数据利用不合理所导致的惨剧。

---

① [美]维克多·迈尔-舍恩伯格:《删除:大数据取舍之道》,袁杰译,浙江人民出版社 2013 年版,第 34 页。

② 齐树洁:《英国证据法新论》,厦门大学出版社 2011 年版,第 222 页。

③ [加]道格拉斯·沃顿:《品格证据:一种设证法理论》,张中译,中国人民大学出版社 2012 年版,第 2 页。

④ 齐树洁:《英国证据法新论》,厦门大学出版社 2011 年版,第 226 页。

（二）因果与相关

2002 年诺贝尔经济学奖得主普林斯顿大学的丹尼尔·卡尼曼（Daniel Kahnman）证明了人有两种思维模式：一是不费力气的快速思维，通过这种思维方式几秒种就能得出结果；二是比较费力的慢性思维，对于特定的问题，就是要考虑到位。① 运用快速思维模式会使人们偏向于用因果关系来看待周围的一切，即使这种关系并不存在。这是我们对已有的知识和信仰的执著。在古代，这种快速思维模式很有用。它能帮助我们在信息缺乏时快速作出决定。如最初的神示证据制度，就是人们相信超自然力量与案件真相的发现存在某种因果关系。但是，通常这种臆想的因果关系是并不存在的。如今在日常生活中，由于惰性或者是习惯性直觉的存在，我们很少慢条斯理地思考问题，所以还会经常臆想出一些因果关系，最终导致对世界的错误理解。在小数据时代，很难证明由直觉而来的因果联系是错误的，因为我们大部分的习俗和惯例都建立在一个预设好的立场上，那就是我们用来进行决策的信息必须是少量、精确并且至关重要的。但是，当数据量变大、数据处理速度加快，而且数据变得不那么精确时，之前的那些预设立场就不复存在了。

当人们已经习惯了从因果关系的视角来理解世界时，大数据总是被滥用于因果分析，而且人们往往非常乐观地认为，只要有了大数据预测的帮助，法官进行个人责任判定就会更高效。然而，通过大数据获得的电子数据证据不能告诉人们因果关系。相应地，进行个人责任推定需要行为人选择某种特定的行为，他的选择是造成这个行为的原因。但是大数据技术并不是建立在因果关系基础上的，所以它完全不应该用来帮助法官进行个人责任的推定。

当大数据时代由探求因果关系变成挖掘相关关系，人们怎样才能不损坏建立在因果推理基础之上的电子数据收集与认定呢？在小数据时代，很难证明由直觉而来的因果联系是错误的，因为人们大部分的习俗和惯例都建立在一个预设好的立场上，那就是用来进行决策的信息必须是少量、精确并且至关重要的。但是，当数据量变大、数据处理速度加快，而且数据变得不那么精确时，之前的那些预设立场就不复存在了。

相关关系分析为分析因果关系奠定了基础。正因为如此，英美证据法将

① 丹尼尔·卡尼曼：《思考，快与慢》，胡晓姣、李爱民、何梦莹译，中信出版集团股份有限公司 2012 年版，第 5 页。

相关性作为现代证据法律制度的基本原则。美国联邦证据规则 401 认为,只有相关的证据才有助于陪审团取得理性的成果,即建立在陪审团成员们运用其推理能力获得的成果。证据具有与没有该证据相比,使得某事实更可能存在或者不可能存在任何的趋势。① 我国证据法理论与实践中也认为证据的相关性是最基本的属性之一。在 2015 年 2 月实施的《关于适用〈中华人民共和国民事诉讼法〉的解释》第 104 条中规定,人民法院应当组织当事人围绕证据的真实性、合法性以及与待证事实的关联性进行质证。通过大数据挖掘可以从相关联系中找到一些重要的变量,这些变量可以用到验证因果关系的实验中去。在大数据时代电子数据的收集完全可以从相关关系出发,形成初步证据链条后,再依传统的证据收集方式进行证据调查。因为在大多数情况下,一旦完成了对大数据中的电子数据的相关关系分析,知道了"是什么"后就会继续向更深层次研究电子数据之间的因果关系,找出背后的"为什么"。大数据挖掘的电子数据提供的不是最终答案,只是参考答案,为司法提供暂时的帮助。

本章小结

大数据专家维克多·迈尔-舍恩伯格在《大数据时代:生活、工作与思维的大变革》一书中认为,就像互联网通过给计算机添加通信功能而改变了世界,大数据也将改变我们生活中最重要的方面,因为它为我们的生活创造了前所未有的可量化维度。在航海领域实施的 E-Navigation 战略将采用结构化、模块化的模式整合和使用新技术,使新兴技术能够适应目前已经应用的各种相关技术与服务,这在技术上实现数字化航海,E-Navigation 战略下的航海大数据时代到来了。伴随着数字航海技术的进步,海事电子数据的大量使用导致新的事实确认方式已经开始在司法领域挑战传统的事实认定法。② 电子数据将不再只是证据法的一个小分支,如今许多证据不再是以纸面的方式储存,而

---

① 王进喜:《美国〈联邦证据规则〉(2011 年重塑版)条解》,中国法制出版社 2012 年版,第 56 页。

② [美]达马斯卡:《漂移的证据法》,李学军等译,中国政法大学出版社 2003 年版,第 200 页。

逐步转换成为以数字的形态呈现。在海事纠纷解决中海事电子数据也将快速地成为一个主要的形态。海事电子数据制度在面对 E-Navigation 战略背景下,受大数据的影响,而有所扞格不入的结果,应当积极应对,利用大数据带来的技术更加保障当事人能享有公平接近证据的权利。

结　语

我国海洋国土面积广袤,海洋的生态服务价值和自然资源是国家安全以及经济社会发展的重要基础和保障。近年来,随着海上运输、渔业捕捞、石油勘探开发等生产活动的持续快速发展,发生在海上的突发事故不断增多,而各种原因造成我国海事证据研究非常匮乏,尤其是有关海事电子数据的研究更少。缺少了证据的支撑,海事纠纷解决如同"缘木求鱼",海事责任认定也就成了空中楼阁,难以实现。

在我国三大诉讼法修订之后,电子数据已成为法定证据种类之一。同时伴随着数字航海技术的进步,海事电子数据在海事司法实践中的大量使用导致新的事实确认方式已经对传统的事实认定法则构成挑战。然而,传统法律人在法学的学习过程中,甚少接触信息科技(information technology)知识的训练,更不用说对航海专业的海事电子数据知识的掌握。因此,普遍而言,法官在面对海事电子数据时难免会有排斥感,或者是以传统证据的概念来认证海事电子数据。对于海事电子数据该如何适用现行诉讼制度,如何审查判断海事电子数据成为诉讼实践中的一个问题,事实认定者也因为对于海事电子数据本质的不明了或错误认知,而难以在海事司法过程中给予正确的认定。

本书从海事司法实践出发,紧密围绕海事电子数据在司法实践运用的各个环节研究海事电子数据的理论与实践问题。

本书首先是从"海事""电子数据""海事电子数据"的基本概念入手,在明确基本概念的基础上,对理论界存在混淆的相关概念进行厘清。着重研究了海事电子数据与普通电子数据的特殊性。最后重点围绕海事电子数据最集中的两个领域——通信与导航的技术发展脉络进行海事电子数据的发展历史分析,主要的目的是明晰前沿科学技术在海事领域的发展,更重要的是可以为进一步分析海事电子数据的形成、特征以及在海事纠纷解决中的地位与功能提供研究思路。本书认为在确认海事电子数据未被篡改的情况下,其所记录数据的精确性、真实性和连续性弥补了传统海事证据材料的不足。

海事电子仪器是具有证据价值的海事电子数据的物质基础,由其产生的电子数据也是成为解决现代海事纠纷的重要证据材料。本书第二章主要是从航海技术的角度分析海事电子数据。从产生海事电子数据最基本的仪器到大型综合海事电子数据集成系统进行分析,只有深入地了解海事电子仪器的基本技术原理与系统构成,才能深入理解海事电子数据的产生方式、数据特点,才能对其进行证据法意义上的分类,才能了解影响海事电子数据证据价值的各种因素,从而为后面的研究打下基础。

从第三章开始,本书依照海事电子数据在司法实践运用的环节进行研究。首先是海事电子数据的收集与保全问题。海事电子数据与传统证据存在着许多差异,而基于海事电子数据特性出发,两者的不同基本上集中于证据的收集与保全环节。以传统方式对海事电子数据进行收集与保全,不仅不能获取电子数据,甚至可能会污染海事电子数据。为此,本书研究了海事电子数据收集与保全的主体、程序、方法等问题。尤其是特别针对海事电子信息的物质载体、海事电子数据中蕴含的待证事实信息以及海事电子数据的验证信息三个方面进行了研究。

第四章研究的是海事电子数据的证明问题,卞建林教授认为,证明应当是由包括国家公诉机关和诉讼当事人在内的特定证明主体为避免证明不力时承担不利后果,依照法律规定的程序和要求向审判机关提出证据,并在法庭审理中运用证据阐明争议事实,论证诉讼主张的活动。也就是说证明是证明主体运用证据,对证明对象的论证活动,包括举证和质证两个环节。本书认为,海事电子数据的证明是指以海事电子数据为基础,在电子数据收集、保全程序完成后对其中蕴含的事实信息进行识别,进而形成证据事实,实现待证事实证明这一过程。本章节重点研究了海事电子数据在船舶碰撞案中的特殊举证规则,并以真实性为中心专门研究了质疑海事电子数据的原因及方法。

在取证、举证、质证、认证四个环节中,认证被认为是中心环节。本书第五章集中对此问题进行了研究。从普通电子数据的认证为研究起点,对海事电子数据认证的具体要求以及海事技术鉴定的认证问题进行了研究,最后利用对海事电子数据认证规则的分析,形成电子数据认证的普遍性规则,为法官在海事司法实践中认证电子数据提供理论借鉴。

本书最后一章是大数据时代海事电子数据的证据法展望。不可否认的是大数据将改变我们的生活。而在航海领域实施的 E-Navigation 战略将采用结构化、模块化的模式整合和使用新技术,使新兴技术能够适应目前已经应用的各种相关技术与服务,这在技术上实现数字化航海,E-Navigation 战略下的航海大数据时代到来了。海事电子数据制度在面对 E-Navigation 战略背景下,受大数据的影响,而有所扞格不入的结果,应当积极应对。海事电子数据的研究刚刚起步,随着技术的进步、人们思维模式的转变,还将出现更多的司法实践问题,本研究将密切关注理论与实践新动向,继续深入研究。